AtV

Michael Pöppl, 1961 in Kempten/Allgäu geboren. Frühe Begeisterung für Theater und Fußball. Nach der WM 1978 von der Nationalmannschaft zurückgetreten. Studienabschluß mit einer Magisterarbeit über »Fußball in der deutschsprachigen Literatur«. Größter sportlicher Erfolg: Mit Dortmund Championsleague-Sieger 1997. Immer noch Nationalmannschaftsskeptiker. Lebt als freier Journalist in Berlin.

Fußball erklärt die Welt, denn im Fußball ist fast alles enthalten, was die Menschen bewegt und umtreibt: Freude und Trauer, Liebe und Verachtung, Sieg und Niederlage. So spiegelt dieses Buch die Befindlichkeiten der beiden deutschen Staaten seit 1945 auf und neben dem grünen Rasen wider. Ob Kollektivierungsbestrebungen und das Umsiedeln ganzer Mannschaften in der DDR, ob Wirtschaftswunder und das »Wunder von Bern«, ob Wiedervereinigung und WM-Gewinn 1990, ob Berti Vogts' Demission und Helmut Kohls Abgang – so gut wie immer finden sich erhellende Parallelen, Überschneidungen und Spiegelungen von Fußball und Gesellschaft.

»Fußball ist unser Leben« ruft noch einmal die großen Momente im deutschen Fußball in Erinnerung: Bei der Lektüre wissen wir wieder, wie es war, und manchmal bekommen wir sogar wieder eine Gänsehaut. Am Schluß sehen wir noch einmal genau hin und entdecken: Es hat sich seit damals alles geändert, und dennoch ist alles beim alten geblieben. Der deutsche Spieler, der uns mit seinem Tor zum Jubeln bringt, nachdem er seinen Gegner „auf dem Bierdeckel" ausgespielt hat, ist auch stämmig und hat gewaltige Oberschenkel. Er ist bloß ein bißchen dunkler und heißt nicht Müller, sondern Asamoah.

Michael Pöppl

Fußball ist unser Leben

Eine deutsche Leidenschaft

Mit einem Vorwort
von Eduard Geyer

Aufbau Taschenbuch Verlag

ISBN 3-7466-8079-4

1. Auflage 2002

Umschlaggestaltung Torsten Lemme
unter Verwendung eines Fotos von Gettyimages
Litho NOTICA Christoph Anzeneder
Druck Elsnerdruck GmbH, Berlin
Printed in Germany

www.aufbau-taschenbuch.de

Haß gehört nicht ins Stadion. Die Leute sollen ihre Emotionen zu Hause in den Wohnzimmern mit ihren Frauen ausleben.

Berti Vogts

Hätten wir 1918 die deutschen Kolonien nicht verloren, hätten wir heute in der Nationalmannschaft wahrscheinlich auch nur Spieler aus Deutsch-Südwest.

Gerhard Mayer-Vorfelder

Ich bin von allen deutschen Nationalspielern bisher am schwärzesten.

Gerald Asamoah

Grau is' alle Theorie. Maßgebend is' auffen Platz.

Adi Preißler

Für Eva und ihren 1. FCK.
Danke an meine Eltern und an Lars Ricken
für das 3:1 gegen Juve.

Inhalt

Fußball war schon immer mein Leben

Irgendein kluger englischer Trainer, ich glaube, es war Bill Shankley vom FC Liverpool, soll mal gesagt haben, daß Fußball keine Sache von Leben und Tod sei, es sei noch viel ernster. Da ist zwar etwas Wahres dran, aber ganz so ernst ist es dann doch nicht. Das Schöne an diesem Buch ist, daß man das auch mitbekommt.

Wenn ich selbst so zurückblicke, dann merke ich, wie sehr der Fußball mein Leben geprägt hat. Als die Herberger-Elf 1954 die Weltmeisterschaft in Ungarn gewann, war ich noch nicht mal zehn Jahre alt. Dennoch habe ich Wolfgang Hempels Reportage im DDR-Radio – wie viele andere in unserem Land – gespannt verfolgt. Auch wenn Fritz Walter und seine Männer offiziell damals schon die »andern Deutschen« waren, waren die meisten von uns im Osten genauso stolz auf sie.

Meine persönliche deutsch-deutsche Begegnung fand im Herbst 1973 statt. Im Europacup traf Dynamo Dresden auf den FC Bayern München. Zum ersten Mal spielte der Meister der DDR gegen den der BRD. Das Hinspiel hatten die Bayern zwar mit 4:3 gewonnen, aber nur mit viel Mühe. Unsere Ausgangslage war also ziemlich gut. Das Rückspiel in Dresden war völlig ausverkauft, 100000 Karten hätte man wohl loswerden können. Manch einer sah in dem Aufeinandertreffen das wahre Endspiel um den deutschen Meistertitel, und auch für uns ging es natürlich ums Prestige. Es herrschte eine ziemlich aufgewühlte Stimmung in der Stadt.

Sogar unter meinen Bekannten grassierte das Bayern-Fieber, für einige sollte ich Autogramme von den Spielern besorgen. Die trafen allerdings erst am Tag des Spiels ein. Sie hatten die Nacht noch auf bundesdeutschem Gebiet verbracht und in Hof übernachtet. Weil Bayern-Präsident Neudecker Angst hatte, wir würden seinen teuren Schützlingen Gift ins Essen streuen. Lächerlich, aber so waren die Zeiten damals, das kann man sich gar nicht mehr vorstellen. Das Spiel ging dann leider nur unentschieden aus, 3:3, und die Bayern waren eine Runde weiter. Aber so ist das nun mal beim Fußball, mal bist du der König und mal der Verlierer.

Aber das Leben ging weiter. Mit Fußball. Der ist mir heute als Trainer immer noch genauso wichtig wie damals als Spieler. Das kann jeder sehen, der mich bei den Spielen von Energie Cottbus beobachtet. Na ja, vielleicht ist Fußball ja doch ernster.

Eduard Geyer

Fußball ist unser Leben – Eine deutsche Leidenschaft

Seit der Fußballweltmeisterschaft 1990 – und nicht erst seit dem 3. Oktober – sind wir Deutschen wieder *ein* Volk, ein ziemlich seltsames sogar. Diese WM in Italien ist der Beginn einer langsamen Wiederannäherung, die bis heute noch nicht abgeschlossen ist. Und gleichzeitig sind sich Ost und West an diesem Juli-Abend näher, als sie sich je wieder kommen. Die feiernden Menschen auf der Straße sind erfüllt von einer Freude, die aus tiefstem Herzen kommt. Obwohl das Team von Franz Beckenbauer nur aus westdeutschen Spielern besteht, wird gesamtdeutsch gejubelt, und die meisten sind stolz auf ihre Nationalmannschaft, ohne gleich in dumpfen Patriotismus zu verfallen. Umgekehrt leiden die Deutschen in Ost und West, als die DFB-Elf bei der Europameisterschaft vor zwei Jahren aufgrund ihres jämmerlichen Gekickes vorzeitig ausscheidet.

Ein Blick auf den deutschen Fußball nach 1945 ist immer auch ein Blick auf die beiden Gesellschaftssysteme, in denen wir Deutschen leben. Im Fußball spiegelt sich alles, was die Menschen in den letzten Jahrzehnten bewegt: Glück, Größenwahn und Verzweiflung. Man tut dem Sport unrecht, betrachtet man ihn als unpolitisches »Opium für das Volk« oder als Ventil antibürgerlicher Aggressivität. Im Gegenteil, gerade am Beispiel Fußball lassen sich gesellschaftliche Entwicklungsprozesse auf das genaueste beobachten und erläutern. Destilliert man Kulturquellen wie Fernsehen, Feuilleton, Literatur und nicht zuletzt die zeitgenössische populäre Musik zum Thema Fußball, gewinnt man erstaunliche ethnologische Einsichten über unser seltsames Volk. Geschichtliche und kulturelle Parallelen fallen auf einmal ins Auge, wenn der Fußball als historische Folie dient.

So helfen uns Betrachtungen von Welt- und Europameisterschaften oder anderen fußballerischen Ereignissen und Phänomenen, die gesellschaftliche Entwicklung der deutschen Republiken von ihren Anfängen bis zur Gegenwart besser zu verstehen. Gerade der deutsche Fußball, der voller Mythen und Anekdoten steckt, bietet uns somit eine kurzweilige und amüsante Geschichtsstunde. Im Stadion, auf dem Rasen und nicht zuletzt hinter den Kulissen des Profisports finden wir alles, was die Nation erregt hat und immer noch beschäftigt: Wiederaufbau und Wirtschaftswunder, Liberalisierung und Revolten, Fortschrittsgläubigkeit und Zukunftsangst.

Politik wie Fußball resultieren aus der geistigen Situation der Zeit. Deshalb bekommt auch jeder Bundeskanzler den Bundestrainer, den er verdient. Diese These ist nicht neu, findet aber im vorliegenden Buch zusätzliche Belege. Das ist sicher auch für unsere europäischen Nachbarn interessant, die weder der deutschen Politik trauen noch die deutsche Nationalmannschaft mögen.

Dabei sind die Deutschen und ihr Fußball in den letzten Jahren weltoffener und internationaler geworden. Das beweist auch der Kader der derzeitigen Nationalelf, die zur WM nach Asien fliegen wird. Diesmal hat der Fußball die innenpolitischen Entwicklungen sogar vorweggenommen: Trendsetzend kommentiert der Teamchef Rudi Völler die Zuwanderungsdebatte im Bundestag, indem er mit Gerald Asamoah den ersten schwarzen Spieler aufstellt, der nicht in Deutschland geboren ist.

Und im Fußball funktioniert es wie im richigen Leben – andere Kulturen erweitern unseren Horizont, lassen uns spielerischer und effektiver werden. Wir können dadurch nur gewinnen – so wie Rudi Völler: Bei seinem ersten Einsatz im Trikot der deutschen Nationalmannschaft ackert sich Gerald Asamoah mit typisch deutschen Tugenden immer wieder durch die gegnerischen Reihen und erzielt das 1:0 gegen die Slowakei …

1.
Nachkriegszeit und fünfziger Jahre

Wiederaufbau und Kalorienkick

Kaum ist der Kriegslärm im Frühjahr 1945 verstummt und die Kapitulationserklärung unterschrieben, da wird in Deutschland schon wieder kräftig gebolzt. Man sollte glauben, daß die Menschen andere Sachen im Kopf haben, doch die Sehnsucht nach dem Ball erweist sich als allgegenwärtig. Es gibt nur wenige intakte Sportstätten, kaum Spielgerät oder Bekleidung, aber das ist richtigen Fußballspielern ziemlich egal. Das Spiel ist ja im Prinzip auch ganz einfach: Irgendwo auf einer einigermaßen ebenen Wiese oder einem Platz werden zwei Tore abgesteckt, ein Ball wird besorgt, auch wenn er nur aus Stoffetzen ist, und schon kann es losgehen.

Doch nicht nur der private Kick kommt schnell wieder in die Gänge: Am 20. Mai 1945, nicht einmal zwei Wochen nach der Kapitulation, strömen Tausende Berliner Fußballfans in Lichtenberg ins Stadion, um ein Spiel zweier Soldatenmannschaften zu verfolgen. Ein seltsames Bild in den Ruinen, angesichts all des Leids, der totalen Niederlage und der materiellen Not. Doch wie bei den lange entbehrten Konzerten, Theater- oder Kabarettveranstaltungen, die ebenfalls in den ersten Tagen nach der Stunde Null stattfinden, nutzen die Menschen jede Gelegenheit, den Sorgen und Alltagsproblemen zu entfliehen.

Der professionelle Fußball hat es erheblich schwerer. Sämtliche Organisationen sind von den Alliierten verboten und aufgelöst worden, somit auch die übergreifende Sportorganisation, der Nationalsozialistische Reichsbund für Leibesübungen (NSRL), und ebenso der DFB. Es gibt keine Vereine und Verbände mehr, Stadien, Sportstätten und Vereinsvermögen sind beschlagnahmt. Wie soll man also Spiele organisieren angesichts der völlig zerstörten Infrastruktur?

Die Zulassung von Neu- und Wiedergründungen wird von den alliierten Besatzern bestimmt, und wie alle anderen kulturellen Veranstaltungen sind auch Fußballspiele genehmigungspflichtig. Nicht alle halten sich an diese Auflagen. Für die nichtgenehmigte Austragung des Münchner Lokalderbys Bayern gegen Wacker wandert der Gastwirt Xaver Heilmannseder, Vorsitzender des FC Bayern, im Juni 1945 dann auch prompt für 48 Stunden hinter Gitter.

Die Oberliga im süddeutschen Raum, der von den Amerikanern verwaltet wird, nimmt offiziell schon Ende 1945 den Spielbetrieb wieder auf, in den anderen Teilen der Westzonen zieht man erst im September 1947 mit der Aufnahme des Ligabetriebes nach. Vor allem die Organisation der Spiele ist schwieriger geworden. Der bayerische Funktionär Paul Flier berichtet von zerstörten Bahnnetzen, Treibstoffknappheit, mangelnder Versorgung mit Lebensmitteln und Unterbringungsschwierigkeiten bei Auswärtsspielen. Betrachtet man die Vorstände der Vereine, so fällt auf, daß bestimmte Berufsgruppen überproportional vertreten sind. Aufgrund des Lebensmittelmangels profilieren sich vor allem die »BMW-Präsidenten«: Bauern, Metzger, Wirte.

Die Sportplätze sind oft in einem unbespielbaren Zustand oder, wie der legendäre »Zabo« der Nürnberger, von den Militärs beschlagnahmt. Fast ein Jahr lang müssen die »Clubberer« beim Nachbarn und Rivalen SC Fürth spielen. Auf dem Spielfeld des TuS Neuendorf-Koblenz wurden die Tore von den Amerikanern abgerissen und in einem Bombentrichter vergraben, um auf dem Areal – zum Entsetzen der Vereinsmitglieder – Baseball zu spielen! Völlig außer sich berichtet der Koblenzer Nationalspieler Josef Gauchel seinem Nationaltrainer Sepp Herberger davon und wie er dann auch noch mit Klauen und Zähnen die übriggebliebene Sportausrüstung vor den nachrückenden Franzosen verteidigen mußte. Denn Lederbälle, Fußballschuhe und Trikots sind reiner Luxus und kaum zu beschaffen. Mancher Verein wie Hanau 93 muß zunächst sogar im löchrigen Dreß spielen, die Löcher allerdings stammen von den abgetrennten Hakenkreuzen. Die amerikanische Militärverwaltung in Hanau erbarmt sich angesichts dieser offensichtlich freiwilligen Entnazifizierung und besorgt den Hanauern neue Trikots.

Auch das Personal für den Ligabetrieb ist schwer zusammenzubekommen. Eine ganze Generation Fußballspieler fehlt. Viele kehren verwundet aus dem Krieg zurück, unzählige sind gefallen oder werden noch vermißt. Der 18jährige Hubert Schieth, später Mittelstürmer von FC Rödelheim und Eintracht Frankfurt, wurde nach Hitlers Tod noch in die Kämpfe um die Reichshauptstadt verwickelt: »Ich dachte immer nur: Hoffentlich verlierst du nicht noch ein Bein, dann kannst du nie wieder Fußball spielen.« Er hatte Glück, ebenso wie Fritz Walter, der sich mit seinem Bruder Ludwig und einigen seiner »Roten Jäger«, einer Soldatenmannschaft, in einem rumänischen Auffanglager wiederfindet. Auch unter den rumänischen und ungarischen Bewachern ist der Fußballstar bekannt, und so wird im Lager schon bald wieder Ball gespielt. Dieser Tatsache verdanken die deutschen Fußballer, daß sie nicht in russische Kriegsgefangenschaft kommen. Fritz Walter kehrt im Oktober 1945 kahlgeschoren und abgemagert, jedoch ohne körperliche Schäden nach Kaiserslautern heim.

Sepp Herberger, der schon wieder unermüdlich die Zukunft der Nationalauswahl plant, nimmt diese Nachricht erleichtert auf. Spielt doch der Pfälzer eine entscheidende Rolle in seiner Strategie für den Wiederaufbau einer deutschen Mannschaft. Doch vorläufig kümmert er sich noch auf regionaler Ebene um den Fußball. Unbeirrt berät der ehemalige Reichstrainer die größeren Vereine wie den VfR Mannheim oder die Frankfurter Eintracht in der amerikanischen Zone. Und regelmäßig läßt er sich von seinem Neffen Johann mit dem Motorrad nach Öhringen fahren, um den dortigen kleinen Verein zu trainieren, der einen großen Vorzug hat: Auch dessen Präsident ist Gastwirt und Metzger und zahlt in Naturalien.

Viele der bekannten Vereine versuchen, sich bei sogenannten »Kalorienspielen« mit Nahrungsmitteln zu versorgen. Um an Lebensmittel zu kommen, sind die Profimannschaften gern bereit, über die Dörfer zu ziehen. Und das Interesse der Landbevölkerung ist groß. Wie der Schriftsteller Jörg Drews berichtet, kommt 1947 der 1. FC Kaiserslautern zu einem »Krummbeerschpiel« in das kleine Dörfchen Winnweiler. Als Trophäe ist ein Sack Kartoffeln pro Tor der Lauterer ausgesetzt. Zwölf Sack haben die Dorfbewohner zum Spiel mitgebracht. Beim Stand von 12:1 hört der damals Neunjährige den großen Fritz Walter rufen: »Ihr Buwe, jetz' mach mer kä Door mä!«

Der Anfang der Spaltung

Die Personalpolitik in den Fußballverbänden der Westzonen knüpft fast übergangslos an das »Dritte Reich« an, nur ein Beispiel dafür ist der bereits erwähnte Paul Flier, der schon damals aktiver Funktionär war. Auch Sepp Herbergers Mitgliedschaft in der NSDAP steht seiner Berufung zum Nationaltrainer letztlich nicht im Wege. In der Sowjetischen Besatzungszone (SBZ) begreift man den Sport dagegen schon von Beginn an als Mittel zur politischen und gesellschaftlichen Neuordnung. Vor allem verdiente »Arbeiter-Sportler« werden in die Vereinsführungen beordert, ehemalige Funktionäre aus dem bürgerlichen Lager sind chancenlos. Die Umstrukturierung der Sportverbände unter der Obhut der Freien Deutschen Jugend (FDJ) und des Freien Deutschen Gewerkschaftsbundes (FDGB) soll die demokratische Erneuerung vorantreiben. Gleichzeitig wird die Organisation in Betriebssportgemeinschaften (BSG) festgelegt, und alle Sportler müssen sich, wenigstens nominell, in Großbetriebe oder Landwirtschaftliche Produktionsgenossenschaften (LPG) einfügen. Die einzige Möglichkeit, einer staatlichen Bevormundung zu entgehen, ist der Verzicht auf die Ausübung des Sports.

Immerhin verdankt die Fußballwelt dieser Reglementierung solch schöne Vereinsnamen wie SC Aktivist Brieske-Senftenberg oder Sachsenobst Dürrweitzschen.

Erster Fußballmeister der SBZ wird 1948 die SG Planitz, die in einem interzonalen Vergleich um die deutsche Meisterschaft mitspielen soll. Doch den Spielern wird die Anreise zum Qualifikationsspiel gegen den 1. FC Nürnberg von den sowjetischen Alliierten verboten. Der zweite Teilnehmer, der FC Union Oberschöneweide aus Berlin, kann zwar im heimischen Olympiastadion antreten, verliert aber gegen den FC St. Pauli deutlich mit 0:7. Dies bleibt lange der einzige direkte Vergleich zwischen Ost- und Westfußball. Deutscher Meister 1947 wird der 1. FC Nürnberg. Schon im folgenden Jahr gibt es keine gesamtdeutsche Meisterschaft mehr.

Im Prinzip sind die alliierten Besatzungsmächte strikt gegen zonenübergreifende Organisationen, das gilt natürlich auch für den Fußball. Deshalb gehen die Sportfunktionäre Neugründungen erst einmal auf der Kreis- und Bezirksebene an. Fußball gespielt wird trotzdem, oft auch ohne Einwilligung der Besatzungsverwaltung. Erst 1948 kann der Deutsche Fußball-Ausschuß (DFA) gegründet werden, der in allen drei Westzonen wirken darf. Vorsitzender ist Dr. Peco Bauwens, der am 21. Januar 1950 auch zum DFB-Präsidenten gewählt wird. Der ehemalige Schiedsrichter ist für die Alliierten tragbar, denn er war kein Parteimitglied und mit einer Jüdin verheiratet.

Unbeeindruckt von der Gründung der beiden deutschen Staaten im Mai bzw. Oktober 1949 und dem Beginn des Kalten Krieges, bleibt das Interesse der Deutschen am Fußball ungebrochen. 600 000 bis 700 000 Vereinsspieler sind beim DFB gemeldet, und jeden Sonntag verfolgen bis zu fünf Millionen Zuschauer die Spiele von der Oberliga bis zur Kreisklasse. Zum Endspiel der deutschen Meisterschaft zwischen dem VfR Mannheim und Borussia Dortmund in der ehemaligen »Adolf-Hitler-Kampfbahn« von Stuttgart, dem späteren Neckar- und heutigen Gottlieb-

Daimler-Stadion, liegen über 650 000 Kartenwünsche vor. Die Mannheimer gewinnen das Spiel vor 92 000 Zuschauern mit 3:2 in der Verlängerung.

Vitaminbeutel und Zwangskollektivierung

Die Oberliga kommt in der SBZ schwerer in Gang als im Westen. Das Mißtrauen der sowjetischen Militäradministration gegenüber allen öffentlichen Zusammenkünften der besiegten Deutschen ist groß. Deshalb ist es anfangs kaum möglich, Spiele in einem größeren Rahmen zu organisieren. Die Spieler dürfen nur bei Vereinen in den Orten spielen, in denen sie wohnen, in Großstädten sogar nur im eigenen Stadtbezirk. Auch die Spielmöglichkeiten sind regional begrenzt. So bleibt es anfangs nur bei den immergleichen innerstädtischen Derbys wie in Dresden oder Leipzig oder bei »Erfurt-Ost gegen Erfurt-West«.

Ein regulärer Spielbetrieb findet erst wieder ab 1948 statt. Nachdem FDGB und FDJ die Organisation des Sports endgültig unter ihre Fittiche genommen haben, wird im Oktober der Deutsche Sportausschuß (DS) mit der Sparte Fußball gebildet, das Pendant zum westlichen DFB. Neben der Organisation der Oberliga ist er auch für den Aufbau einer Nationalelf zuständig. 1949 wird der Dresdner Fußballheld Helmut Schön zum Trainer der neu zu bildenden Ostzonenauswahl berufen. Beim Pfingsttreffen der FDJ kommt es zum ersten Vergleich: Gegen die starke Sachsenauswahl gewinnt Schöns Team mit 1:0. Mit Schöns sportlichem Erfolg sind die Funktionäre zufrieden. Doch er gilt als politisch unzuverlässig und tritt immer wieder mal ins Fettnäpfchen. So streicht er aus Zeitgründen, er ist immerhin noch als Spielertrainer bei der SG Dresden-Friedrichstadt und auch Coach der Sachsenauswahl, die obligatorische Politschulung vom Trainingsprogramm der Auswahlelf. Auch mit dem FDJ-Chef Erich Honecker hat Schön ständig Schwierigkeiten, schafft es aber dennoch, die

Erlaubnis für einen mehrwöchigen Trainer-Lehrgang in der Kölner Sporthochschule zu bekommen.

Diesen Lehrgang im Januar 1950 leitet der westdeutsche Bundestrainer Sepp Herberger, der Schön in mehreren vertraulichen Gesprächen klarzumachen versucht, auf welcher Seite der innerdeutschen Grenze seine berufliche Zukunft liege. Schön zögert aber noch, Dresden zu verlassen, bis es im April zum ernsthaften Eklat kommt. Beim Endspiel um die erste ostdeutsche Meisterschaft treten Schöns »Friedrichstädter« gegen die ZSG Horch Zwickau an. In Anwesenheit des stellvertretenden Ministerpräsidenten Walter Ulbricht und des FDGB-Chef Herbert Warncke erleben über 60000 Zuschauer in Dresden, wie das Spiel durch den Schiedsrichter manipuliert wird. Offensichtlich soll der Sieg der Betriebsmannschaft des volkseigenen Traktorenherstellers als sportliches Vorbild für die sozialistische Wirtschaft hingestellt werden. In dem von seiten der Zwickauer brutal geführten Spiel unterliegen die Friedrichstädter nach mehreren nicht gepfiffenen Fouls, bei denen auch der Dresdner Spielführer Hans Kreische böse verletzt wird, in Unterzahl mit 1:5. Das Publikum tobt und stürmt den Platz, die anwesenden SED-Funktionäre werden mit Flüchen überschüttet und mit gereckten Fäusten bedroht. Schiedsrichter Schmidt, dem sogar das Staatsorgan *Neues Deutschland* bestätigte, daß er »seinem Amt in keiner Weise gewachsen war«, muß unter Polizeischutz aus dem Stadion gebracht werden. Dennoch scheint der propagandistische Plan erfüllt. Über die rustikal spielende Meisterelf berichtet die Illustrierte *Zeit im Bild*: »Wie ihre Traktoren stellt sich auch die Mannschaft in den Dienst des Friedens. Mit ihrem Beitritt in die Gesellschaft für Deutsch-Sowjetische Freundschaft und ihrem Eintreten für das Deutschlandtreffen der Jugend in Berlin gibt sie ein gutes Beispiel.«

Nach dem Spiel muß Schön vor dem DS in Berlin antreten. Ihm wird vorgeworfen, er hätte das Publikum aufgehetzt. Wegen der angeblichen Undiszipliniertheit der Zuschauer und der Mannschaft wird der Verein SG Dresden-Friedrichstadt aufgelöst und soll in der VVG Tabak aufgehen. Fast die gesamte Mannschaft beschließt, Dresden zu verlassen, und landet in Westberlin, wo Helmut Schön öffentlich erklärt, sie seien in den Westen gegangen, »weil wir in Ruhe und Frieden unseren Fußballsport ausüben wollen«. Die Presse im Osten schweigt, auch in der *Neuen Fußballwoche* (*Fu-Wo*), der auflagenstarken Fachzeitschrift, wird das Verschwinden einer ganzen Oberligamannschaft mit keinem Wort erwähnt. Aber die bewährte Mundpropaganda funktioniert. Als die ahnungslosen Spieler Kurt Birkner, Rolf Drognitz und Hans Kreische, die mit der DDR-Auswahl unterwegs waren, zurück in Dresden erfahren, was geschehen ist, lassen sie sich mit einem Taxi nach Westberlin bringen und bleiben ebenfalls. So löst sich der einstige Traditionsverein und Publikumsmagnet von heute auf morgen auf. Einige der Spieler kommen bei Hertha BSC unter, ein Teil wandert weiter nach Westdeutschland. Die Dresdner sind freilich nicht die einzige Mannschaft, die Fluchtgedanken hegt. Einen Monat später verläßt das komplette Team von Union Oberschöneweide die DDR. Darauf beschließt der DS, jeglichen Kontakt zum DFB abzubrechen.

Um die Oberligavereine plangemäß in der Republik zu verteilen, lassen sich die Sportfunktionäre immer wieder Neues einfallen. Erst auf massiven Druck hat sich der erste DDR-Meister von 1948, die SG Planitz, in die ZSG Horch Zwickau integrieren lassen. Drei Veranstaltungen lang müssen die Funktionäre bei dem kleinen Verein agitieren, bis die Mitglieder nach der dritten Abstimmung endlich mit 101 zu drei Stimmen für die Fusion stimmen, ein Ergebnis, das anfangs genau andersherum ausgefallen war.

Nach dem Abgang der kompletten Mannschaft um Helmut Schön werden Spieler der Volkspolizei-Mannschaften aus der ganzen Republik nach Neustadt abkommandiert, und der neue Verein SG Deutsche Volkspolizei Dresden wird gegründet, der den Oberligaplatz der SG Dresden-Friedrichstadt zugewiesen bekommt. Die jungen Volkspolizisten, zumeist hochmotivierte Zweitligakicker, brauchen nicht großartig überredet zu werden. Die Chance, für Dresden in der Oberliga zu spielen, ist verlockend, außerdem bekommen sie – in Zeiten großer Wohnungsnot – neue Zwei- und Dreizimmerwohnungen zugewiesen. Trotz dieses Privilegs werden die Fußballer nicht übermäßig verwöhnt. Neben dem normalen Polizistengehalt gibt es eine Prämie von fünf Mark Essenszuschuß pro Spiel und einmal die Woche einen »Vitaminbeutel«.

Die Fans vor Ort stehen den uniformierten Fußballern vorerst kritisch gegenüber. Doch bald schon lernt man die Genossen auch beim Bier kennen, und die Atmosphäre lockert sich auf. Denn auch der sportliche Erfolg bleibt nicht aus. »Wir kämpften uns einfach in die Herzen der Dresdner hinein«, erklärt sich das heute Herbert Schoen, der damals als Stopper fungiert. Zusammen mit dem Mannschaftskapitän Günter »Moppel« Schröter wird er zu einem der Stars der Mannschaft, die in Dynamo Dresden umbenannt wird. In der Saison 1952/53 wird Dynamo Meister der DDR-Oberliga. Das kommt den Sportfunktionären in Berlin allerdings gerade recht, lange schon sucht man ein starkes Team für die Hauptstadt. Kurzerhand also läßt der Staatssekretär im Ministerium für Staatssicherheit, ein gewisser Erich Mielke, den sächsischen Volkspolizisten einen neuen Stellungsbefehl ausschreiben. In der nächsten Saison spielt der größte Teil der Mannschaft als Dynamo Berlin.

Solche Aktionen sind kein Einzelfall. Im Frühjahr 1953 wird der Armeesportklub Vorwärts Leipzig, der gerade abgestiegen ist, per Stellungsbefehl in die Hauptstadt versetzt. Dort ist, entgegen allen Funktionärsbemühungen, auch noch der letzte Berliner Oberligaklub Motor Oberschöneweide abgestiegen. Immerhin ist man hier klüger und läßt den ZSK Vorwärts Berlin zuerst in der zweiten Liga antreten. Die Einsicht lohnt sich: Die Armeesportler steigen unmittelbar auf und werden im Juli 1954 Pokalsieger und 1958 zum ersten Mal Meister der DDR-Oberliga.

Auch im hohen Norden läuft nicht alles, wie es sich die Sportfunktionäre vorstellen. Nachdem seit der Saison 1951/52 mit dem Abstieg von Motor Wismar und Vorwärts Schwerin keine Mecklenburger Mannschaft mehr in der Oberliga spielt, kommt im Jahr 1954 der Rostocker Stadtrats- und spätere FDGB-Vorsitzende Harry Tisch auf die glorreiche Idee, gleich einen ganzen Verein in die fußballerische Einöde zu verpflanzen. Im Erzgebirge, im tiefsten Sachsen, wird man fündig: Mit Wismut Aue, Motor Zwickau und Empor Lauter befinden sich gleich drei Oberligisten auf engstem Raum. Wie sich einer der Lauterer, der damalige Mannschaftskapitän Kurt Zapf, erinnert, gehen die Gespräche über Monate, und die Rostocker Funktionäre lassen sich einiges einfallen. Nicht nur nagelneue Wohnungen werden den Spielern versprochen: »Um die Sache schmackhaft zu machen, veranstalteten die verantwortlichen Männer eine Busfahrt mit uns und unseren Frauen, bei der sie uns die schönsten Erholungsheime in Kühlungsborn zeigten.« Den Fußballern ist klar, daß sie sich keine Sorgen mehr um ihren Urlaub zu machen brauchen. Und aus Empor Lauter wird innerhalb weniger Monate Empor Rostock, das später als Hansa Rostock bekannt wird. Schon im Oktober 1954, bereits mitten in der Saison, kicken die Neu-Mecklenburger im fast fertigen Ostseestadion. Von Empor Lauter bleiben nur die Fans zurück, die bei Spielen in Aue oder Zwickau ihre ehemaligen Helden gnadenlos auspfeifen.

Trotz Schiebereien und Verpflanzungen ist die DDR-Oberliga beliebt. Jedes Wochenende pilgern die Fans zu Tausenden in die Stadien, und dank der bürokratischen Sorgfalt, die dem preußischen Sozialismus immer schon zu eigen war, lassen sich – *post mortem* – auch Gesamtzahlen ermitteln: 87 247 595 Zuschauer in 8 046 Oberligaspielen sehen zu ihrer Freude oder zu ihrem Leid insgesamt 24 200 Tore. Die Verlautbarungen der *Neuen Fußballwoche* am Montag sind stets wichtiger als die im *Neuen Deutschland*. Wie es sich gehört, ist man sich bei der *Fu-Wo* aber auch der gesellschaftlichen Verpflichtung bewußt und kümmert sich um jugendliches Fehlverhalten. Im Herbst 1951 kämpft man unter der Überschrift »Runter mit den Tangomähnen! Fort mit den Gummibändern« für anständige Frisuren bei den Oberligakickern: »Es wird immer schlimmer! Schon einige Male haben wir in der *Fu-Wo* dezent auf die große Unsitte hingewiesen, beim Fußballspiel zur ›Bändigung‹ der Haartracht sogenannte Gummibänder, Weckglasgummis und sonstige ›Apparate‹ sich über den Kopf zu stülpen. [...] Es ist uns unerklärlich, wie die Trainer und Funktionäre solchen Unsinn überhaupt zulassen können. Wir sahen die ungarischen Spieler, Dynamo Moskau, und man schaue auf die übrige Weltklasse. Sie alle können spielen und belasten sich nicht mit solchen Modekrankheiten, die irgendein weicher Jüngling mit Tangomähne eingeführt hat und die nun alle nachmachen müssen. Deshalb, im Interesse der eigenen Gesundheit und eines würdigen Aussehens unserer Spieler: Weg mit den Gummibändern und sonstigen Geräten, die eine Haarpracht bändigen müssen, die für Tanzbodengestalten typisch ist, nicht aber für die Aktiven der demokratischen Sportbewegung.« Bei den betroffenen Spielern löst diese Gardinenpredigt nur ein trotziges »Nun gerade nicht!« aus. Die Funktionäre in Ost und West ahnen damals nicht im geringsten, welche Frisurprobleme im Lauf der Jahrzehnte wirklich noch auf sie zukommen.

Kalter Krieg und alte Kämpen

Im Sommer 1950 läuft im Kino der Unterhaltungsfilm *Der Theodor im Fußballtor* mit Theo Lingen, Hans Moser, Josef Meinrad und Lucie Englisch. Die etwas seichte Filmposse baut auf dem erfolgreichen Schlager von Kurt Feltz auf, den Lingen schon 1948 gesungen hat, mit damals noch kritischem Unterton: »Du bist kein Übermensch, du bist kein Untermensch, / du bist ein Sportsmann und hast deinen Sportverein.«

Die Deutschen ein sportliches Volk von unpolitischen Mitläufern? Bereits 1950 sind derlei politische Spitzfindigkeiten schon wieder passé. Doch mehr als unterhalten will die Verwechslungskomödie um zwei sture Fußballfreunde auch gar nicht. Einzig erwähnenswerter Bezug zur Fußballrealität ist, daß der Theodor im Kasten des TSV 1860 steht, als der Film im Grünwalder Stadion gedreht wird. Und es wirken sogar die Spieler der Sechziger mit, bei ihrer Partie gegen Fürth (1:3) dreht man einige der im Film vorkommenden Spielszenen.

Das Lied wird selbstverständlich ein Hit. Lingen bringt in einer neuen Liedfassung aus den sechziger Jahren nur noch eine ironische Fußballreportage über das Spiel »zwischen Schienbein 04 und Meniskus Kickers« zu Gehör, und so bleibt dem heutigen Publikum einzig die Refrainstrophe nachhaltig im Ohr:

> Der Theodor, der Theodor,
> der steht bei uns im Fußballtor,
> wie der Ball auch kommt,
> wie der Schuß auch fällt,
> der Theodor, der hält!
> Die Männeraugen werden wach,
> die Mädchenherzen werden schwach,
> wie der Ball auch kommt, wie der Schuß auch fällt,
> der Theodor, der hält.

Ein Blick auf das Deutschland der frühen fünfziger Jahre zeigt, daß sich der verlorene Krieg vor allem noch auf die wirtschaftliche Situation auswirkt. Doch die doppelte Staatsgründung von 1949 verspricht beiden Teilen Deutschlands einen zukunftsträchtigen Neuanfang. Die Pubertätsphase von BRD und DDR ist recht bewegt. Der einsetzende Kalte Krieg, der nach dem Ausbruch des Koreakrieges 1950 bereits »heiß« zu werden droht, bestimmt die Politik. Die beiden deutschen Staaten befinden sich nun endgültig in verfeindeten Lagern. In der neugegründeten DDR bestimmen der Aufbau eines »real existierenden Sozialismus« und der Klassenkampf gegen Bürgertum und Revanchisten den politischen Alltag. Eine irrationale Kommunistenangst treibt die westliche Welt um. In den USA verfolgt der McCarthy-Ausschuß alle vermeintlichen Kommunisten, Linke und Liberale. Und auch in der Bundesrepublik führt der Umgang mit dem politischen Gegner zu undemokratischen Auswüchsen und zum KPD-Verbot.

Dennoch herrscht verhaltene Aufbruchsstimmung, die Wirtschaft im Westen floriert bald. Die Einbindung der Bundesrepublik Deutschland in die Europäische Verteidigungsgemeinschaft (EVG) und eine internationale Rehabilitierung der Deutschen sind die wichtigsten Ziele der Regierung Adenauer. Vergangenheitsbewältigung scheint ganz einfach zu sein: Schuld am Zweiten Weltkrieg und am Holocaust sind die Nationalsozialisten, die jüngste deutsche Vergangenheit ist in der westdeutschen Öffentlichkeit kein Thema mehr. Alte Kämpen und alte Nazis, wie Adenauers Ministerialdirigent Hans Globke, sind trotz verhaltener Proteste wieder in führende politische und wirtschaftliche Positionen aufgerückt. Eine ernsthafte Entnazifizierung und Aufarbeitung der deutschen Vergangenheit wird den politischen Interessen im Kalten Krieg geopfert.

Ähnliches gilt auch für den bundesdeutschen Fußball. Ehemalige Nationalsozialisten verschwinden zwar aus führenden Funktionen des wiedergegründeten DFB, aber die traurige Rolle des Fußballbundes während des »Tausendjährigen Reiches« wird weitgehend verdrängt. Es scheint, als wäre der Verband nur aus Versehen unter den Einfluß der Nationalsozialisten geraten und hätte sich die ganzen zwölf Jahre auf rein Sportliches beschränkt. In den Annalen des DFB zum 75jährigen Jubiläum, d. h. 1975, findet sich kein negatives Wort über den DFB-Präsidenten Felix Linnemann, der von 1925 bis 1945 an der Spitze des Verbands stand und ihn schon kurz nach der »Machtergreifung« gleichgeschaltet an den NSRL übergab. Für seinen vorauseilenden Gehorsam wurde er 1933 Leiter des »Fachamts Fußball«. Es findet sich in dem Jubiläumsband auch kein Bedauern über rassistische Schikanen und den Ausschluß jüdischer Sportler aus den Vereinen. Nicht einmal die Rolle nationalsozialistischer Vorzeigesportler, wie zum Beispiel Otto »Tull« Harder vom HSV, wird hinterfragt, obwohl der immerhin als Aufseher des Konzentrationslagers Neuengamme zu mehrjähriger Haft verurteilt wird. Bei seiner Rückkehr bereiten ihm die HSV-Anhänger einen begeisterten Empfang im Stadion am Rothenbaum.

»Fast scheint es, als habe es während der dreizehn Jahre faschistischer Herrschaft nur ein einziges Problem gegeben: Wie bringen wir es fertig, die verschiedenen Spielsysteme, das kraftvolle, im Altreich geübte WM-System und den eleganten Offensivfußball aus Wien, zu verbinden.« So kritisiert der Tübinger Rhetorikprofessor und Fußballkenner Walter Jens die DFB-Oberen, die ihn zur 75-Jahr-Feier als Gastredner eingeladen haben – und sorgt damit zwar für Aufregung im Feuilleton, bewegt aber wenig bei den Funktionären des Verbandes. Die Ignoranz von seiten des DFB ist gar nicht weiter verwunderlich, schließlich hat man in den ersten Nachkriegsjahren ausgerechnet den Bock zum Gärtner gemacht: Der frühere Nazi-Propagandist Carl Koppehel ist erster Nachkriegschronist des Fußballverbandes. Er wurde 1937 vom Reichssportführer Hans von Tschammer und Osten zum Pressewart ernannt. Seine vordringliche Aufgabe war es, die Gleichschaltung der Vereine nach nationalsozialistischem Vorbild durchzusetzen.

Aus dem Spruch von IOC-Mitglied und NSRL-Funktionär Carl Diem »Ein guter Sportsmann ist immer auch ein guter Soldat« kann Sepp Herberger nach 1945 besten Gewissens ein neues Glaubensbekenntnis formen: »Wenn wir erst einmal zu wahren Sportsleuten geworden sind, dann sind wir auch zu Demokraten erzogen.« Im Spätsommer 1950 wird der DFB von der FIFA wieder in den Weltverband aufgenommen, die fünfjährige Schamfrist ist abgelaufen, und die Verdrängung funktioniert weiterhin bestens. Bis in die neunziger Jahre hinein weigert sich der DFB, kritischen Historikern seine Archive zu öffnen. Gerhard Fischer und Ulrich Lindner, die Autoren von »Stürmer für Hitler«, dem wichtigsten Buch zum Thema Fußball und Nationalsozialismus, können ein Lied davon singen. Meist sind sie von den Fußballverbänden und dem DFB mit der lapidaren Erklärung abgewimmelt worden, es gäbe aus der Zeit vor 1945 keine Akten mehr.

Zum 100jährigen Jubiläum verspricht man Besserung. Doch es kommt im Vorfeld heraus, daß die zwölf Jahre des Nationalsozialismus in der offiziellen Festschrift des DFB gerade mal auf 15 bis 20 Seiten abgehandelt werden sollen. Nach herben öffentlichen Protesten gesteht man der Epoche »Drittes Reich« kleinlaut ein ganzes Kapitel zu, das dann aber dementsprechend ohne Engagement ausgeführt wird. Die Blamage hätte sich der Verband sparen können. Nun sollen unabhängige Historiker endlich Licht in die düsteren Jahre des Fußballverbandes bringen. Diesmal mit Unterstützung aus Frankfurt.

Die Zeit der Patriarchen

Gesellschaftlich wie sportlich wird der »Übervater« zur prägenden Figur der Nachkriegszeit. Der erste Bundeskanzler der Republik, Konrad Adenauer, entspricht diesem Typus; ihm steht Sepp Herberger als Bundestrainer der Nationalmannschaft gegenüber. Trotz des Altersunterschieds verbindet diese beiden Patriarchen einiges: Beide halten sich für unersetzlich und sind es auch deshalb, weil wenige andere sich in dieser schwierigen Zeit nach Verantwortung drängen. Und beide sind in ihrer jeweiligen Position unangefochten. Adenauer, der rheinisch-katholische Preuße, hängt einem prinzipientreuen Konservatismus an. Widerspruch läßt er kaum zu. Und sein Wahlkampfmotto »Keine Experimente!« könnte auch für Sepp Herberger gelten. Der beharrt stur auf seinen Plänen zum Wiederaufbau der Nationalmannschaft um seinen Lieblingsschüler Fritz Walter und hält, lange vor seiner offiziellen Wiedereinsetzung, bereits Sichtungslehrgänge ab.

Doch die Berufung Herbergers als neuer Verbands- und späterer Bundestrainer im Februar 1950 ist umstritten. Wie der Herberger-Biograph Jürgen Leinemann schildert, werden ihm in der Vorphase durch den DFB alle möglichen Steine in den Weg gelegt. Die Motive der Funktionäre klingen eher eigennützig: Man überlegt tatsächlich, ob ein echter Neuanfang opportun wäre, wenn schon nicht bei den Funktionären, dann wenigstens auf den exponierten Posten. Herberger ist angreifbar, denn schon am 1. Mai 1933 ist er Parteigenosse geworden, wenn auch weniger aus Überzeugung als aus taktischen Gründen. Doch fürchten die Funktionäre vor allem seine autoritären Ansprüche, die ihre Mitsprache beim Nationalteam erheblich einschränken würden.

Herberger ist, im Entnazifizierungsverfahren als Mitläufer entlastet, bereits seit Kriegsende wieder rührig in Sachen Nationalmannschaft. Er sieht sich schon als zukünftiger Bundestrainer, da wird er durch eine Volte der Funktionäre schwer geschockt: Plötzlich soll er sich zusammen mit drei anderen Kandidaten erneut um seinen alten Posten bewerben. Seine Weigerung, sich von einer DFB-Kommission auf seine Eignung prüfen zu lassen, wird ihm als Arroganz und Überheblichkeit ausgelegt. Es taucht der Vorwurf auf, Herberger habe mit dem Oberkommando der Wehrmacht (OKW) zusammengearbeitet und mißliebige Nationalspieler an die Front schicken lassen. Diesen angeblichen Skandal kann er mit Hilfe von Fritz Machate, einem der angeblich betroffenen Spieler, auflösen. Nach Aussage vieler seiner Schützlinge habe sich Herberger während des Zweiten Weltkriegs sogar gegenteilig verhalten. Sooft es ging, habe er sich dafür eingesetzt, daß Nationalspieler von der Front fernblieben. Davon berichtet später auch Fritz Walter.

Nachdem sich alle Vorwürfe gegen den ehemaligen Reichstrainer als haltlos erweisen, kommt der DFB nicht mehr an ihm als neuem Bundestrainer vorbei. Noch einmal gibt es ein kurzes Geplänkel Herbergers mit dem DFB um die künftige Entscheidungsbefugnis bei der Mannschaftsaufstellung. Doch der Trainer setzt sich durch: Er allein und nicht der Spielausschuß wird in Zukunft entscheiden, wer bei Länderspielen aufgestellt wird. Nun ist der »Chef« endgültig wieder Nationaltrainer, ein Ziel, auf das er fünf Jahre hingearbeitet hat. Das erste Länderspiel einer deutschen Nationalmannschaft nach dem Zweiten Weltkrieg findet am 22. November 1950 in Stuttgart statt: Gegen die Schweiz siegt man in einer eher mäßigen Partie mit 1:0 durch einen Elfmeter, den Herbert Burdenski von Schalke 04 verwandelt.

Der strahlende Held dieser jungen Bundesrepublik wird Fritz Walter. Herberger erkennt schon früh das Talent und die Genialität des Pfälzers. »Der Fritz wurde nicht entdeckt – sein Talent drängte sich von selbst auf«, sagt er freilich über seinen Lieblingsschüler. Der Chef und der Fritz sind ein Team, was der eine in der Theorie erarbeitet, setzt der andere auf dem Spielfeld um.

Zum ersten Mal begegnete ich Fritz Walter mit sechs oder sieben Jahren. Ich erinnere mich an eine große Blechkiste mit bunten Bildern darauf, Ritter und mittelalterliche Marktszenen. »Original Nürnberger Lebkuchen«, buchstabiere ich. Das verstaubte Ding liegt auf dem schiefen Schrank im Dachboden, und ich komme bloß ran, wenn ich mich auf den alten wackligen Stuhl stelle, den Opa festhält. Der Deckel klemmt, und man muß mit dem Fingernagel unter das Schloß drücken, dann tut sich die Schatzkiste auf. Eine leere *Lucky-Strike*-Packung liegt oben, die ist bestimmt vom 15 Jahre älteren Onkel. Zwischen Karl-May-Bildern und Indianerfiguren liegt eine bunte Postkarte mit vier pummeligen Blondinen, die alle einen Pudel auf dem Arm haben: Eine Autogrammkarte von den Jacob-Sisters, die ich aus dem Fernsehen kenne. Ganz unten in der Kiste befindet sich ein Schwarzweißfoto mit aufgedruckter Unterschrift. »Das ist Fritz Walter!« sagt Opa ehrfürchtig. Ich merke, daß dieser glücklich strahlende Mann mit den zurückgekämmten Haaren etwas ganz Besonderes sein muß. In seiner Hand hält er einen Pokal. Darunter steht: »Fritz Walter – Kapitän der Weltmeisterelf 1954.« Wo das Foto herkommt, weiß Opa nicht mehr – »vielleicht aus einer Zigarettenpackung«. Die Indianer darf ich zum Spielen mitnehmen, das Foto nicht.

Erste Fehltritte in der »Völkerfamilie des Fußballs«

Die erste Weltmeisterschaft nach dem Zweiten Weltkrieg im Sommer 1950 hat aufgrund der politischen Isolation noch ohne die Deutschen stattgefunden. Herberger, der schon 1934 als Assistent von Otto Nerz und 1938 als Reichstrainer an den Weltmeisterschaften teilnahm, will unbedingt die Qualifikation für die WM 1954 schaffen. Doch der Weg dorthin ist lang und schwierig. Das bekommt auch die Mannschaft zu spüren. Nach zwei glücklichen Siegen gegen die Schweiz folgt die erste herbe Niederlage. In Berlin unterliegt eine unbeholfene deutsche Mannschaft der locker aufspielenden Türkei mit 1:2. Schnell, wie so oft im deutschen Fußball, kippt die öffentliche Meinung. Die Kritik an Herberger wird persönlich, sein altmodisches System der Manndeckung und der Unterordnung des einzelnen Spielers in das Mannschaftsgefüge wird offen in den Medien angegriffen. Jürgen Leinemann schildert, wie sich der Fußballjournalist Werner Becker im Rundfunk echauffiert: Sture Deckungsarbeit von reinen »Befehlsempfängern« habe er gesehen, eigene Initiative der Spieler vermißt und große Überheblichkeit festgestellt. Grimmig geht Becker auch den DFB an: »Wer heute noch nicht einsehen will, daß die belächelten Individualisten vom Bosporus gerade durch den von Herberger abgelehnten Individualismus eine auf System abgestellte deutsche Mannschaft auseinandergespielt haben, möge sich von einflußreicheren

Posten zurückziehen, um nicht mehr Unheil anzurichten, ehe wir in der Völkerfamilie des Fußballs richtig Tritt gefaßt haben.« Obwohl sich Herbergers Spieler hinter ihn stellen – Fritz Walter verfaßt gar einen Solidaritätsbrief an die Zeitschrift *Fußball* –, bleibt der Bundestrainer in den Medien und in der Öffentlichkeit umstritten. – Schon damals sind die Deutschen ein Volk von Bundestrainern.

Es kommt noch schlimmer. Mehr als ein Jahr später, im Oktober 1952 in Paris, verlieren die Deutschen gegen Frankreich mit 1:3. Die Reaktion der Presse ist vernichtend, entsprechend der Vorstellung der deutschen Nationalmannschaft, die mit Fritz Walter einen Totalausfall zu beklagen hat. Der Sportreporter Rudi Michel erzählt später im Interview, daß viele Franzosen extra zu dem Spiel gekommen seien, um Fritz Walter zu sehen, den sie noch von der Soldatenmannschaft der deutschen Besatzer kennen und dennoch bewundern. Michel nimmt an, daß der Mannschaftskapitän, dessen Sensibilität sprichwörtlich ist, nicht mit dem gewaltigen Erwartungsdruck klargekommen sei.

Nach der Partie sitzen die Spieler völlig deprimiert im Bus, der, von jubelnden und spottenden Franzosen umringt, weder vorwärts noch rückwärts kommt. Der Schauspieler Bernhard Minetti, der ebenfalls im Bus sitzt, erzählt, daß sein Freund Herberger sich damals plötzlich an Walter wendet und sagt: »Fritz, Sie sind doch der Kapitän! Wolle Se ihre Männer net singe lasse?!« Und die Walter-Elf singt Herbergers Lieblingslied *Hoch auf dem gelben Wagen*, erst zaghaft, dann gemeinsam und immer lauter. Und durch das Spalier der staunenden Pariser Fans, das sich gleich dem Roten Meer auftut, bewegt sich der Bus Richtung Heimat.

»Nach dem Spiel ist vor dem Spiel«

Die Gruppe, in der sich die bundesdeutsche Nationalmannschaft für die Weltmeisterschaft in der Schweiz qualifizieren soll, scheint leicht zu sein. Doch die Gegner agieren spielerisch besser, als von Herberger erwartet. Ein Sieg und ein Unentschieden gegen Norwegen und zwei nicht gerade grandiose Siege über das Saarland, das noch nicht zur Bundesrepublik gehört und als selbständige Nation auftritt, ermöglichen die Reise in die Schweiz. Die Sportkritik wirft der Mannschaft wieder einmal eingefahrenes und seelenloses Spiel vor.

Herbergers Personalentscheidungen sind umstritten, vor allem sein Liebling Fritz Walter, damals immerhin schon 34 Jahre alt, muß darunter leiden. Das ansonsten wohlgesinnte Publikum läßt den Mannschaftskapitän das auch spüren. Wenige Wochen vor Beginn der WM findet das Endspiel um die deutsche Meisterschaft zwischen dem 1. FC Kaiserslautern und Hannover 96 in Hamburg statt. Der Bundestrainer sitzt bei diesem Match, bei dem auf Lauterer Seite fast die halbe Nationalmannschaft mitspielt, auf der Tribüne. Die hochfavorisierten Pfälzer sind zu Beginn noch spielbestimmend. Nach dem 1:0 in der 13. Minute beginnen sie aber zu »zaubern«. Herberger ahnt Böses, und tatsächlich erzielen die Hannoveraner kurz vor der Pause den Ausgleich. Das Spiel wird, so der »Chef«, ein »mahnendes Menetekel für allen Hochmut«. Drei Minuten nach dem Wiederanpfiff verursacht der Lauterer Nationalspieler Kohlmeyer ein Eigentor. Vor 80 000 hämischen Zuschauern beginnt der FCK mit einem stürmischen Drängen und läuft immer wieder in die Konter der 96er. Am Ende steht es 5:1 für Hannover. Das Publikum tobt, und aus der Gegengeraden wird lautstark der Mann verhöhnt, dessen »Affenliebe zu Kaiserslautern« den deutschen Fußballfans ein Dorn im Auge ist. »Her-ber-ger, Her-ber-ger!« schallt es zum Bundestrainer herüber. Ihm ist klar, worum es geht: »Wut, Entrüstung und hämisches Bedauern trugen meinen Namen um das Rund des Stadions. Als die Rufe nach mir immer lauter wurden, habe ich mich gestellt und dem Fußballvolke gezeigt.« Im tosenden Pfeifkonzert stehend bekommt er einen Vorgeschmack dessen, was ihm noch blüht. Doch Herberger steht zu seinen »Männern«.

Nach dem Spiel kümmert er sich erst einmal um den verletzten Horst Eckel und um den völlig deprimierten Fritz Walter. Wie man weiß, gelingt es ihm, die Kaiserslauterer erneut zu motivieren. Für die Weltmeisterschaft in der Schweiz sieht er sogar einen Vorteil in dieser Niederlage. Vielleicht wären die Pfälzer ja bei einem Sieg »mit einer gewissen Nachlässigkeit« ins Trainingslager gekommen? Nun gilt es erst recht. Herbergers Mantra erweist sich wieder einmal als richtig: »Nach dem Spiel ist vor dem Spiel.«

Das Wunder von Bern

Das Jahr 1954 gilt nicht nur in der Geschichte des deutschen Fußballs als eigentliches Geburtsjahr der Bundesrepublik. Ausgerechnet ein Schweizer Sportplatz, das Berner Wankdorf-Stadion, wird zum transzendentalen Ort einer bis dahin wenig geliebten jungen Demokratie. Bezeichnend sind die Reaktionen in Deutschland, als 1999 die geplante Sprengung des Stadions der Young Boys Bern bekannt wird. »War das vielleicht die Schweiz, die da gegründet worden ist? Hieß der etwa Wilhelm Tell, der das dritte Tor geschossen hat? Tritt man so das Eigentum, das Kleinod, den historischen Augapfel seines großen Nachbarn mit den Füßen. Und baut man denn ein Einkaufszentrum in ein Denkmal hinein? Kann man sich das nicht auch als Schweizer denken, daß der Nachbar jetzt ganz schön wütend werden wird?« So polemisiert ausgerechnet die sonst so betuliche *FAZ*. Und Hunderte von zumeist älteren deutschen Fans besuchen im Sommer 2001 noch einmal die Stätte des Triumphes, nicht ohne – zum Leidwesen des Platzwarts – zu versuchen, ein Stück des geheiligten Rasens auszustechen und mit nach Hause zu nehmen.* Ähnlich mythenumgeben wie das Stadion ist auch das Ereignis

* Inzwischen kann man unter www.stadion-wankdorf.ch das schmähliche Tun der Eidgenossen auch noch im provozierenden Detail verfolgen. Mit einem Klick sieht man das hehre Stadion zusammenbrechen.

selbst. Der Sieg bei der Weltmeisterschaft war für viele Zeitgenossen die Grundlage für ein neues deutsches Selbstbewußtsein. Fritz Walter meint: »Er war nicht nur für den Fußball eine Ehre, sondern auch für unser Land, für die Generation nach dem Zweiten Weltkrieg. Der Erfolg von Bern gab allen das Gefühl: Wir sind wieder wer!«

Für den Kulturhistoriker Hermann Glaser bringt der Weltmeistertitel der jungen Republik endlich einen gemeinsamen, »zu einem Über-Ich verhelfenden Beziehungspunkt«, der eine bundesrepublikanische und demokratische Republik erst möglich macht. Deutschland meldet sich nach neun Jahren außenpolitischer und sportlicher Isolation wieder als Nation zurück, eine lange Durststrecke scheint überwunden.

Dieses Ereignis ist nicht nur ein politischer Wendepunkt. Es weckt vor allem eine verschüttet geglaubte tiefe Emotionalität. Als hätten die Deutschen die gesamte Nachkriegszeit gezögert, ihre Gefühle in der Öffentlichkeit zu zeigen, entsteht nun eine bis dahin kaum gesehene Massenbegeisterung. Fast scheint es sich um eine Art religiöse Erweckung zu handeln. Eine Hinwendung der »kleinen Leute« zum wahren Glauben, »als hätten sie nun, nach zwanzighundertjährigem geschichtlichen Irrweg, den alleinigen verheißungsvollen Sinn und die wahre Bestimmung ihrer nationalen Existenz entdeckt«, wie der Spiegel vom 7. Juli 1954 mutmaßt.

So wird die Geschichte der Weltmeisterschaft 1954 zum Ausgangspunkt für einen abstrusen, aber bevölkerungsübergreifenden Wunderglauben. Die deutsche Chronik dieser WM geht schwanger mit einer beinahe christlich anmutenden Mystik und einer kindlichen Verklärung: Der »Weise von der Bergstraße«, Herberger, der die Ungarn im ersten Spiel arglistig täuscht, der legendäre »Geist von Spiez« im Trainingslager der deutschen Mannschaft, der die Mär von den »elf Freunden« begründet, und natürlich der Beistand des Himmels, der nicht nur »Fritz-Walter-Wetter«, sondern auch »Fußballgötter« hervorbringt.

Das »Wunder von Bern« wird von keiner Elf aus Ballkünstlern vollbracht, wie sie etwa bei den favorisierten Ungarn zu finden sind. Die deutsche Mannschaft um Fritz Walter besticht durch Ausdauer, Zähigkeit und Kampfgeist. Um »bedingungsloses Ärmelaufkrempeln« geht es da, wie Helmut Böttiger Jahrzehnte später solch typisch deutsche Tugenden anpreist. Der linke Politologe Seitz sieht in »Herbergers Mannen« eher »Vorbilder von pfadfinderhaftem Korpsgeist und einer schwerblütigen Kameradschaft« und macht »einen fast soldatischen Männlichkeitskult« aus.

Doch damals interessieren derartige Ableitungen niemanden, Kameradschaft gilt als hehres Gut und ist keineswegs verpönt. Der Fußball und seine Protagonisten sprechen mit der Stimme ihrer Zeit: national, kämpferisch und chauvinistisch, manchmal auch naiv. Hauptsache, die Mannschaft funktioniert.

Sepp Herberger schafft es, die Spieler immer wieder an ihre physischen und psychischen Grenzen zu bringen. Anfänglich ist das noch leicht. Im ersten Vorrundenspiel gegen die Türkei, das nach Meinung des »Chefs« das wichtigste auf dem Weg ins Viertelfinale ist, gewinnen die Deutschen mit 4:1. Ein taktisch kluger Arbeitssieg, der auch bei einer Niederlage gegen die Ungarn im nächsten Spiel die Chancen fürs Viertelfinale offenhält.

Herberger rechnet nicht damit, gegen die Ballartisten aus Ungarn eine echte Chance zu haben. Er tritt mit einer B-Mannschaft an, um seine wichtigsten Spieler für das entscheidende Relegationsspiel gegen die Türkei zu schonen. Der Trainer weiß durchaus, wie er den Gegner wirklich einzuschätzen hat. Mit dem Ex-Nationalspieler Albert Sing vom Organisationskomitee hat er einen Späher im ungarischen Trainingslager, der genau darüber Buch führt, was gegessen und getrunken, wann ins Bett gegangen und wie trainiert wird. Dennoch stehen die Chancen nicht gut für die Deutschen: Das »magyarische Wunderteam« ist seit über vier Jahren in 32 Länderspielen ungeschlagen. Es kommt schlimmer, als Herberger lieb sein kann: Das Spiel endet mit einem desaströsen 3:8.

Herberger weiß, was jetzt in solch sensiblen Spielerpersönlichkeiten wie Fritz Walter vorgeht. Und wieder zeigt sich das psychologische Talent des »Chefs«. Im Bus schnappt er sich jeden einzelnen der nicht aufgestellten Fußballer, tritt ihnen freundschaftlich in den Hintern und raunt ihnen zu: »Am Mittwoch!« Und macht ihnen damit klar, das »zweite Türkenspiel« ist die Chance fürs Viertelfinale. Auf dem Heimweg ins Quartier läßt er die Männer wieder einmal singen, und dort dürfen dann auch ein oder zwei Bier getrunken werden. Sogar bei den Rauchern drückt Herberger diesmal ein Auge zu.

Am nächsten Morgen wird schon wieder gescherzt, und auf Nachfrage Herbergers, der sich auch um den Speiseplan kümmert, wünschen sich die Spieler »ungarisches Gulasch« zu Mittag, das sie dann auch bekommen. Und Max Morlock verspricht Fritz Walter für das Entscheidungsspiel gegen die Türkei einen »dollen Wirbel«.

Nicht alle können so souverän mit dieser Niederlage umgehen. Verbitterte Reaktionen aus Deutschland folgen, von einem »nationalen Unglück« ist die Rede. Die Presse hat im Trainer wieder einmal den Sündenbock gefunden. Und auch die Fans, nach dem Spiel gegen die Türken noch euphorisch, können die Schmach nicht wegstecken und machen ihrem Ärger Luft. Böse Briefe treffen in Spiez ein. Man schlägt Herberger vor, sich doch besser einen Strick zu kaufen und sich aufzuhängen. Andere schimpfen – schon eher marktwirtschaftlich geprägt: »Jede Mark, die noch für Sie bezahlt wird, ist zum Fenster hinausgeworfen!« Herberger kann mit diesen Haßtiraden leben. Wichtig ist ihm, daß die Spieler in Ruhe gelassen werden. Aber er liest ihnen diese Briefe laut vor und stärkt damit den Zusammenhalt in der Mannschaft. Alle stehen hinter dem »Chef«. Der »Geist von Spiez« funktioniert im Sinne seines Erfinders.

Im letzten Spiel der Vorrunde gegen die Türkei geht die Rechnung auch auf. Hochmotiviert gewinnt die Walter-Elf mit einem klaren 7:2, und Morlock wirbelt wirklich und schießt drei Tore. Das war es, was Herberger sehen wollte: »Ihr müßt 90 Minuten lichterloh brennen.«

Das Viertelfinalspiel gegen die kombinationsstarken Jugoslawen wird ein schwererer Brocken. Doch mit etwas Glück und einem »Tor mit Ansage« von Helmut Rahn gewinnt man 2:0. Und das Team brennt weiter. Im Halbfinale schlägt man die österreichische Elf mit einem vernichtenden 6:1. Ein schlimmer Tag für die favorisierten Nachbarn. Der grandiose Wiener Radioreporter Heribert Meisel schenkt dafür den Zuhörern in seiner Heimat eine Sternstunde der Sportberichterstattung. Granteld und mosernd über das österreichische Team, die deutschen Spielzüge aber durchaus begeistert würdigend, begleitet er das traurige Spiel. Und zieht – »als Verräter meines Stammes« – das erstaunte Fazit: »Hat man so was schon gesehen?« Begeisterte deutsche Fans versuchen sogar das Spielfeld zu stürmen, doch es wird ihnen per Lautsprecherdurchsage verboten. Und die »Hooligans« bleiben tatsächlich sitzen, im Jahr 1954 funktioniert das noch.

Aberglaube und Akribie

Aus dem Radio erfährt die Mannschaft, wer der Endspielgegner sein wird: Ungarn hat Uruguay in der Verlängerung mit 4:2 besiegt. Die seit vier Jahren ungeschlagenen Ungarn sind ganz klarer Titelfavorit. Aber Herberger ist das recht, er hat die Ungarn schon lange beobachtet, nicht nur Albert Sings Berichte aus dem Trainingslager helfen ihm dabei. Dank der Aufzeichnungen in seinem legendären Notizbuch weiß er, wie die Ungarn zu schlagen sind. Der vielbeachtete 6:3-Sieg der Ungarn über die englische Nationalmannschaft am 25. November 1953 in London bringt ihm die erhoffte Erkenntnis. »Ich weiß, wie es geht«, vertraut er dem mitgereisten Spieler »Jupp« Posipal an. Er hat gesehen, wo die ungarische Abwehr anfällig ist. Alle drei Tore der Engländer fielen nach Angriffen von der linken Seite. Und auch bei der 3:8-Niederlage in der Vorrunde kommen die Vorlagen für die deutschen Tore von links. Herberger und sein Notizbuch sind Teil der Legende von 1954, die es auch zu literarischem Ruhm bringt. Achtundzwanzig Jahre später greift der Schriftsteller Ror Wolf in seiner WM-Moritat *Neunzehnhundertvierundfünfzig* die Fabel auf:

> Sepp Herberger hat alles eingetragen
> in sein Notizbuch und darauf die Welt
> an einem Tage auf den Kopf gestellt;
> und dies geschah nach seinen Unterlagen.

So wissen es Ror Wolf und der Volksmund. Das stets präsente Notizbuch, das am Schluß zu einem Konvolut von 361 Aktenordnern führt, ist das Sinnbild für das »geheime Fußballwissen« des alten Fuchses. Die Legendenbildung ist schon vor dem Endspiel in vollem Gang.

> Der Chef jedoch, um alles aufzuschreiben,
> schickt seine Späher aus, geduckt und schnell,
> nach Solothurn, hinein in das Hotel,
> um dort zu sehen, was die Ungarn treiben.
> Salami, Gulasch, mächtige Portionen,
> Champagner knallend und gewaltig große
> Zigarren, ach ein Leben lax und lose
> in dem Hotel, in dem die Ungarn wohnen.

Ähnlich klingt auch die deutsche Presseberichterstattung. Kolportiert wird die lockere, ja beinahe lässige Trainingsauffassung der Ungarn. Als Beispiel sei das in der *Wochenschau* geäußerte Erstaunen über lockere Trainingsmethoden wie Hürdenfußball angeführt: »Andere Länder – andere Sitten!« vermerkt der Kommentator süffisant. Auch das trägt zum damaligen Mythos von den spielerisch überlegenen

»Pusztasöhnen« bei. Und die ungarischen Spieler scheinen das selbst zu glauben. Als sie zum Endspiel antreten, wirken sie sehr selbstsicher, ja beinahe überheblich.

Auch die deutschen Spieler sind optimistisch. Die Vorzeichen lassen ein Wunder möglich erscheinen. In der vorangegangenen Woche werden sie mit Glückwünschen überschüttet, selbst die deutsche Presse steht endlich wie ein Mann hinter der Nationalelf. Fritz Walter hat sämtliche per Post eingegangenen Glücksbringer von Fans auf seinem Nachttisch gesammelt: »Stoffhasen, Porzellanschweinchen, Glücksklee und funkelnagelneue Kupferpfennige.« Und noch ein gutes Omen sorgt bei den Deutschen für Euphorie. Nach Fritz Walters Erzählung hofft die ganze Mannschaft sehnlichst auf Regen. Morgens noch »sticht der Planet«, wie Werner Liebrich bemerkt, doch gegen Mittag beginnt es stark zu regnen. Auch der Wettergott ist also auf deutscher Seite: Das ersehnte »Fritz-Walter-Wetter« hat eingesetzt.

Sepp Herberger wäre nicht der Taktiker, als den man ihn kennt, verließe er sich nur auf himmlischen Beistand. Er hat sich bereits telefonisch bei mehreren Meteorologen erkundigt. Einem ungarischen Journalisten hatte er schon vor Tagen prophezeit, daß die Chancen der Deutschen bei Regen erheblich steigen würden. Denn durch tiefen und schweren Boden sind die konditionsstärkeren Deutschen den technisch brillanten Ungarn überlegen. Wie sehr Herberger den Regen einkalkuliert hat, wird im nachhinein klar: Er hat fürs trockene Warmlaufen vor dem Spiel schon vor Tagen eine Trainingshalle unter der Tribüne angemietet.

Finale

Die Wochenschaubilder vom Sonntag, dem 4. Juli 1954, zeigen menschenleere Straßen. Nur vor einigen Schaufenstern mit Fernsehgeräten gibt es Menschenansammlungen. Neben der Krönung der jungen englischen Königin Elisabeth II. im Juni 1953 ist dieses Spiel einer der ersten »Straßenfeger« der deutschen Mediengeschichte. Sind bei der Bundespost Anfang 1954 erst knapp 12000 Fernsehgeräte angemeldet, sind es zur WM schon 30000, im Verlauf des Jahres steigt diese Zahl sogar auf über 84000. Jeder zweite Apparat steht noch in Rundfunkgeschäften oder in Gasthäusern und Kneipen. Der einsetzende Siegeszug des Fernsehens in Deutschland ist unmittelbar mit dem Fußball verbunden. Doch noch sitzen die meisten Zeitzeugen vor dem Rundfunkempfänger, und so ist das Endspiel 1954 für sie untrennbar mit der Stimme von Herbert Zimmermann verbunden. Der bekannte Rundfunkreporter ist schon eine Art Star unter seinen Kollegen und bekannt für seine objektive und genaue Berichterstattung. Die Übertragung des Finales aus dem Berner Wankdorfstadion wird der größte Erfolg seiner Karriere.

Literarisch fand die legendäre Radioreportage Niederschlag in Friedrich Christian Delius‘ autobiographisch gefärbter Erzählung *Der Sonntag, an dem ich Weltmeister wurde*. Der damals elfjährige Friedrich erlebt am Radioapparat die Faszination und Begeisterung jenes Fußballspiels, das die Biographie der ersten Nachkriegsgeneration und die noch junge Bundesrepublik entscheidend prägen wird. Das Spielfieber erfaßt ihn schon während der Morgenmesse: »Als mir bei ›die Kraft und die Herrlichkeit‹ Fritz Walter und die deutschen Fußballer einfielen, schickte ich eine schnelle Bitte um Sieg zum Himmel, Amen.«

Nicht nur der junge Delius betet. Vor den Radioapparaten in der gesamten Republik sammeln sich die hoffenden Gläubigen. Noch heute kann man die spannungsgeladene Andacht nachempfinden, als der Assistent Zimmermanns, ein gewisser Robert Lembke, die Übertragung beginnt: »Hier sind alle Sender in der Bundesrepublik Deutschland und Westberlin, angeschlossen Radio Saarbrücken. Wir übertragen aus dem Wankdorfstadion in Bern das Endspiel um die Fußballweltmeisterschaft zwischen Deutschland und Ungarn. Reporter ist Herbert Zimmermann.«

Es herrscht eine seltsam feierliche Atmosphäre bei dieser Übertragung. Zimmermann spricht schon früh vom Mirakel: »Deutschland im Endspiel – das ist ein echtes Fußballwunder. Ein Wunder, das allerdings auf natürliche Weise zustande kam.« Die Angst vor dem übermächtig wirkenden Gegner scheint berechtigt. Schon in der sechsten Minute erzielt »der Major« Ferenc Puskas das 0:1 für Ungarn. Der Reporter bremst jegliche Euphorie: »Was wir befürchtet haben, ist eingetreten, der Blitzstart der Ungarn hat ihnen die Führung eingebracht.« Zimmermann, ganz fairer Sportsmann, betont, daß es Deutschland bisher noch nie in das Endspiel einer Weltmeisterschaft geschafft habe. Das Erreichen des Finales sei durchaus auch ein Grund, stolz zu sein »auf unsere tapferen Jungens«. Noch im Beteuern fällt das zweite Tor der Ungarn, nach einem bösen Patzer von Kohlmeyer und Turek. Das Spiel scheint entschieden. Wütend die Arme in die Seite gestützt, steht Fritz Walter am Anstoßpunkt. Jetzt erst recht, scheint sein Blick zu sagen, und das »Wunder« nimmt tatsächlich seinen Lauf: Die Deutschen kämpfen und holen zwei Minuten später durch ein Tor von Morlock auf. Das schon verloren geglaubte Spiel wendet sich. Und in der Radioreportage von Zimmermann tauchen immer mehr religiöse Metaphern auf: »Ich hatte noch nie eine Fußballreportage gehört, immer öfter fielen Wörter, die nichts mit Fußball zu tun hatten ... Wunder! ... Gott sei Dank! ... So haben wir alle gehofft, gebetet! ... und ich staunte, daß der Reporter das Wort ›glauben‹ mit mehr Inbrunst als ein Pfarrer oder Religionslehrer aussprechen konnte«, berichtet der Pfarrerssohn und Ohrenzeuge Delius.

Es wird immer enger vor dem ungarischen Tor, Zimmermann ahnt es: »Heute ist es kein 3:8, heute ist es keine B-Mannschaft. Heute spielt Deutschlands stärkstes Aufgebot.« Ein Eckball Fritz Walters führt zum Ausgleich durch Helmut Rahn. Das Spiel steigert sich, wird zu einem ausgeglichenen Hin und Her. Bei jedem Angriff der Ungarn leidet und jubiliert der Reporter: »Und wieder hielt Toni

Turek einen unmöglichen Ball, wieder Gefahr, der Ball im Tor, nein ... Turek, du bist ein Teufelskerl! Turek, du bist ein Fußballgott!« (Dieser Seufzer bringt dem wackeren Reporter später noch Blasphemie-Schelte durch den Bundespräsidenten Heuss ein und wird im Archiv durch Nachbearbeitung zu »Fußballheld« umgeschnitten.)

Wenige Meter von Zimmermann entfernt kommentiert ein weiterer deutscher Kollege das Spiel: Wolfgang Hempel für *Radio DDR*. Der bekennende Schalke-Fan hat so seine Probleme mit dem Spiel. Einerseits ist ihm von oben nahegelegt worden, die Mannschaft aus dem sozialistischen Bruderland Ungarn zu unterstützen. Andererseits hält der Erfurter Hempel es, wie die meisten seiner Hörer, mit dem (west-)deutschen Team. Er umgeht diesen Zwiespalt, indem er sehr rational und objektiv kommentiert. Der Druck auf beiden Seiten ist stark. Hempel verteidigt die Bruder-Mannschaft: »Hach, die Ungarn, ich habe das Gefühl, die Ungarn sind ohne Zweifel etwas schockiert, sie hatten einen nicht so starken Widerstand von der westdeutschen Mannschaft erwartet. Sie müssen voll aufspielen.«

Mit 2:2 geht es in die Pause, Gelegenheit für Herbert Zimmermann, Bilanz zu ziehen: »Wir waren schon am Verzweifeln, wir glaubten schon an ein 3:8. Doch dann kam der Ausgleich. 2:2, das ist mehr, als wir zu hoffen gewagt haben.«

Die zweite Halbzeit beginnt, fast alle Ungarn sind in der deutschen Hälfte und belagern das Tor von Turek. Der Führungstreffer liegt in der Luft, doch die deutsche Abwehr steht: »Jetzt Gefahr! Schuß! Auf der Torlinie gerettet, Nachschuß müßte kommen, noch mal auf der Torlinie gerettet! Das erste Mal Posipal, das zweite Mal Kohlmeyer, aber die Ungarn bleiben in Ballbesitz. Bozcik müßte schießen, gibt zu Czibor, Czibor schießt – abgewehrt, Liebrich rettet, noch einmal Nachschuß – Kocsis am linken Flügel – rettet, rettet, rettet! Und – jetzt ist die Gefahr beseitigt, durch – Liebrich!« Zimmermann ist völlig mitgerissen, er kommt nicht einmal dazu, zwischendurch einen Schluck

Wasser zu trinken, wie die Zuhörer erfahren. Und er fordert das Publikum auf, die Daumen zu halten: »Halten Sie sie, und wenn Sie sie vor Schmerz zerdrücken.«

Wie Wolfgang Hempel bemerkt, scheint den Ungarn die Zeit davonzulaufen: »Noch acht Minuten – unaufhaltsam läuft der große Zeiger der elektrischen Uhr hier im Berner Wankdorfstadion.« Ab und zu gelingt der deutschen Mannschaft ein Befreiungsschlag, dann droht auch Gefahr vor dem ungarischen Tor von Grosics. Die beiden Reporter erleben die 84. Minute unterschiedlich. Wolfgang Hempel sieht das Unvermeidliche kommen: »Schäfer flankt, Schäfer flankt, da ist Rahn, daaa, Rahn schießt, nein, dribbelt, schießt – Tor!« Jubel im Stadion – Hempel schweigt. (Hat er sein Mikrophon ausgeschaltet?)

Noch einmal dieselbe Szene aus Zimmermanns Mund: »Sechs Minuten noch im Wankdorfstadion in Bern, keiner wankt. Der Regen prasselt unaufhörlich hernieder. [...] Jetzt Deutschland am linken Flügel [...] Schäfer nach innen geflankt, Kopfball, abgewehrt, aus dem Hintergrund müßte Rahn schießen, Rahn schießt! Tooor! Tooor! Tooor! Tooor! (Jubel im Stadion) – Tor für Deutschland. (Pause) [...] 3:2 für Deutschland – halten Sie mich für verrückt, halten Sie mich für übergeschnappt – ich glaube, auch Fußball-Laien sollten ein Herz haben, sollten sich an der Begeisterung unserer Mannschaft und unserer eigenen mitfreuen.« Und in seiner Aufregung verhaspelt er sich gleich noch einmal: »Aber jetzt! 3:2 für Ungarn! – (Aus dem Hintergrund Assistent Lembke: Für Deutschland!) – Für Deutschland! – entschuldigen Sie, ich bin auch schon verrückt, Entschuldigung, 3:2 für Deutschland!«

Der junge Friedrich Delius ist fassungslos: »Während das Gerät in allen Fugen knisterte und der Reporter schwieg wie erschossen, drangen aus dem Hintergrund Schreie, [...] und ich riß, obwohl ich noch nichts begriff, eher hilflos als triumphierend die Arme hoch und rief leiser, als ich wollte: Tor!«

Der Fußballkrimi geht weiter: Die Ungarn greifen nun

an »wie von der Tarantel gestochen« (Zimmermann), ein Abseitstreffer von Puskas wird nicht gegeben, weiter geht der Ansturm, doch immer wieder ist ein Verteidigerbein dazwischen – »Liebrich rettet, rettet, rettet uns!« –, immer wieder hält »Fußballgott« Turek. Hempel resigniert: »Die letzte Chance für Ungarn dahin!« Und Zimmermann hadert mit der Stadionuhr: »Der Sekundenzeiger, er wandert so langsam – wie gebannt starre ich hinüber. Geh doch schneller, geh doch schneller! Aber er tut es nicht!« Die letzten Augenblicke, die Deutschen wehren die Ungarn nur noch mit Mühe ab, und dann geschieht für ganz Fußballdeutschland und Herbert Zimmermann das Unglaubliche, das Erhoffte, das Ersehnte – der Schlußpfiff: »Aus! – Aus! – Aus! – Aus! – Aus! – Das Spiel ist aus! Deutschland ist Weltmeister!«

Unbeschreiblicher Jubel, das Stadion, das fast zu einem Drittel mit deutschen Fans besetzt ist, kocht vor Begeisterung. Wolfgang Hempels Stimme klingt beinahe ungläubig, aber durchaus erfreut: »Da: Schlußpfiff! – Schlußpfiff im Berner Wankdorf! Das Unvorstellbare ist passiert, die westdeutsche Nationalmannschaft wird Fußballweltmeister 1954. – Die ganze Fußballwelt steht auf dem Kopf.« Und der DDR-Kommentator schafft gerade noch einmal den Spagat zwischen Begeisterung und Pflicht und betont die sozialistische Fairneß: »Die Ungarn sind großartige Verlierer, sie gratulieren den deutschen Spielern, die sich vor Freude einfach nicht mehr zu halten wissen.« Gerade das bringt dem DDR-Reporter viel Kritik von seinen eigenen Landsleuten ein, die beim Sieg »der Unseren« mehr Freude und Engagement von ihm erwartet haben, wie später sein Kollege Rudi Michel erzählt.

Die Gegenüberstellung dieser beiden heute noch genauso packenden Radioübertragungen bietet eine gute Möglichkeit, die geistige Wirklichkeit dieser Zeit wahrzunehmen. Denn die Fußballfans in der DDR sitzen natürlich vor dem Radio, hören Hempel oder auch Zimmermann und fiebern mit der westdeutschen Mannschaft.

Noch weitgehend unverstellt durch mentale Ost- oder Westbarrieren, zeigt sich der Sport als verbindendes Element. Sieben Jahre vor dem Mauerbau fühlt man sich noch nicht als Bundes- oder DDR-Bürger, ist die Separation noch nicht deutsch-deutsche Normalität. Man wundert sich vielmehr über die Absurdität der Trennung.

Heimkehr und Freudentaumel

Nach der Überreichung der Weltmeistertrophäe wird die Nationalhymne der Bundesrepublik gespielt. Die Fans stimmen lauthals ein, und so kommt es zum Eklat. In die seit 1952 offizielle dritte Strophe »Einigkeit und Recht und Freiheit« mischt sich der Text der verbotenen ersten. Auch die Radiohörer bekommen das mit, wie auch der jugendliche Ohrenzeuge Delius: »Deutlich verstand ich *brüderlich zusammenhält* und die miteinander aufsteigenden Stimmen *über alles in der Welt*, ein dumpfer Jubel in der Wiederholung aus befreiten Kehlen, *Deutschland, Deutschland über alles, über alles in der Welt*, ehe der Gesang in wildes Johlen ausuferte, das nach Ej! oder Ja! oder Heil! klang.«

Das neu erwachte nationale Selbstbewußtsein, dieses »Deutschland, Deutschland über alles«, das da anscheinend so plötzlich über die deutschen Fans kommt, ist keine Sehnsucht nach der Zeit des Nationalsozialismus. Es zeigt vor allem, daß die Auseinandersetzung mit der nationalsozialistischen Vergangenheit bisher kaum stattfindet. Doch es ist mehr als blanker Nationalstolz, was die Deutschen in diesem Moment bewegt. Dies zeigen die Ereignisse auf der Heimfahrt.

Wie Alfred Georg Frei in seinem reich bebilderten Band *Finale Grande* darstellt, wird die »Rückkehr der Weltmeister« im Sonderzug aus der Schweiz durch die süddeutsche Provinz über Lindau nach München zu einem einzigen Triumph. Hunderttausende feiern die Mannschaft auf den Bahnhöfen und entlang der Strecke. Am 5. Juli erreicht der

Zug die deutsche Grenze, nachdem es kurz zuvor noch einen Tumult in Jestetten gegeben hat. In der kleinen deutschen Enklave vor der Grenze soll der Weltmeister-Zug nicht halten. Die Jestettener Bürger drohen damit, sich auf die Gleise zu setzen, und erreichen unter allgemeinem Jubel, daß der Zug außerplanmäßig stoppt.

In Gottmadingen stehen die Traktoren der Firma *Fahr* an der Bahnstrecke Spalier und »hornen«, auch die Fabriksirene tönt. Die gesamte Belegschaft mit 3000 Angestellten winkt dem Zug hinterher. Überall wehen Vereinsfahnen, werden zur Feier des Tages bunte Trachten getragen.

Das Wirtschaftswunder erreicht nun auch die Weltmeister. Reichlich werden sie bei jedem Halt mit all dem beschenkt, was die bunte Warenwelt inzwischen hergibt: Blumen, Pralinen und Wein in Singen, wo die Blaskapelle vor lauter Gedränge ohne Noten musizieren muß. Und so spielt man eben nicht die Nationalhymne, sondern den Marsch *Auf dem Bodensee*. »Der Bahnhof war schwarz von Menschen«, berichtet Fritz Walter. Über 25000 Deutsche wollen ihre Weltmeister sehen. Die Spieler sind überwältigt und gerührt.

»Mädchen in ihren blütenweißen Arbeitskleidern« (*Südkurier* vom 6. 7. 1954) überreichen eine Auswahl der neuesten Suppenprodukte aus den *Maggi*-Werken. In Radolfzell werden Unterwäsche-Sets der Firma *Schiesser* an die Spieler verteilt. In Konstanz trauen sich die Spieler angesichts der begeisterten Menschenmasse gar nicht aus dem Zug. Rudi Michel schildert, wie er im Auftrag des Südwestfunks mit dem Auto aus der Schweiz kommt, um Interviews zu machen: »Entlang der Bahnstrecke von Singen bis Konstanz war *ein* Menschenstrom.« Dort angekommen, ist der Reporter vor lauter Menschen nicht in der Lage, den Bahnhof zu betreten. Er macht aus der Not eine Tugend und interviewt die umstehenden Schaulustigen. So gelangen wir in den Genuß authentischer – und gar nicht fanatischer – Originaltöne.

In Lindau, wo übernachtet wird, herrscht das gleiche

Bild. Glücklich drängelnde Menschen überall, kaum ein Durchkommen in der Menge. Nur mit Hilfe der Polizei können sich Fritz Walter und seine Kollegen Zutritt zum Hotel verschaffen. Doch auch im Vestibül ist keine Ruhe: Gratulanten und Autogrammjäger, wohin man sieht. Die Spieler schreiben, »bis die Finger schmerzen«, so Fritz Walter, und flüchten dann auf ihre Zimmer. Vor den Fenstern schreien sich die Menschen die Kehlen nach Herberger und seinen Helden heiser. Tosender Beifall und gleißendes Scheinwerferlicht, als die Weltmeister den Balkon betreten. Erst um Mitternacht ist Ruhe. Die Spieler sind sichtlich erschöpft. Auch das Hotel sieht in dieser Nacht ziemlich »zerrupft« aus: Zertretene Blumenrabatten, umgeworfene Zäune und abgerissene Regenrinnen, an denen die Fans zu den Spielern hochgeklettert sind.

Am nächsten Tag geht es pünktlich los, der Fahrplan muß eingehalten werden. Nach dem offiziellen Empfang im Lindauer Spielkasino führt die Fahrt weiter durch das Allgäu. Und der Freudentaumel ebbt nicht ab: »Von jedem Bauernhof, jeder Wiese, jeder Baustelle und jeder Siedlung sprangen sie an die Bahnstrecke, winkten, schrien und lachten«, heißt es im *Allgäuer Anzeigenblatt*. Auch der Geschenksegen hält an. In Immenstadt gibt es einen 30-Kilo-Laib Bergkäse, der zu Blasmusikklängen überreicht wird. Kinder in Trachtenkostümen übergeben einen aus Blumen gebundenen Fußball und für jeden Spieler einen kleinen Krug Gebirgsenzian. In Kempten verlassen Herberger und einige der Spieler ausnahmsweise den Zug, um sich auf dem Bahnhofsvorplatz von der herbeigeströmten Menge feiern zu lassen. Und wieder gibt es Blumen und natürlich Allgäuer Käse. Das Abteil mit den Geschenken für die Weltmeister ist schon völlig überfüllt. Mindestens noch fünfmal hält der Zug an den kleinen Bahnhöfen auf der Strecke nach München, bevor die bayerische Landeshauptstadt erreicht ist.

In München ist geflaggt, die Kinder haben an diesem Tag sogar schulfrei. Überall sind Menschen auf der Straße, Trauben von Neugierigen haben Baugerüste, Überdachungen und Bushäuschen erklettert und warten auf den Autokorso vom Bahnhof. Die Polizisten haben es längst aufgegeben, die Kletterer zurückzupfeifen. »Sehen Sie, Herr Nachbar, man freut sich halt. Wir hatten ja letztens nicht soviel, woran man sich freuen konnte«, zitiert der *Münchner Merkur* einen der Isarstädter. Bürgermeister Thomas Wimmer holt die Weltmeister am Bahnhof ab und begleitet sie auf dem Weg zum Marienplatz. Dort im Rathaus überreicht er den Spielern die Silberplakette der Stadt München. Dann werden Kaffee und Kuchen, ausnahmsweise auch Cognac gereicht. Ein Foto zeigt den Bus mit den Spielerfrauen, der in der begeistert feiernden Menge steckengeblieben ist. »Wie ein treibendes Schiff auf weitem Meer ragt er verloren aus den Menschenwogen«, beschreibt, ungewohnt lyrisch, Fritz Walter diese Szene. Als sich die Mannschaft mit dem Pokal auf dem Balkon zeigt, bricht riesiger Jubel aus. »Rahn, Rahn, Rahn«-Chöre ertönen, »Herberger, Herberger« schallt es und natürlich immer wieder »Fritz!«.

Die Weltmeister werden weitergereicht. Zuerst der Empfang beim Ministerpräsidenten, jeder Spieler erhält einen bayrischen Löwen aus Nymphenburger Porzellan; dann ein kurzes Abendessen – Schweinshaxn mit Knödeln und Bier – im Gästehaus des DFB, ständig unterbrochen von Autogrammwünschen und Geschenkübergaben: »Brieftaschen, Portemonnaies«. Schon muß man weiter zum Löwenbräu-Keller, wo die »Wogen des Frohsinns und der Gemütlichkeit«, so die *Münchener Illustrierte*, bereits überzuschwappen drohen: volle Maßkrüge, Blasmusik, Fans, Funktionäre und Ansprachen, vor allem jene berüchtigte Rede von Peco Bauwens. Unter tosendem Applaus faselt der DFB-Präsident: »Dieser Sieg hat gezeigt, daß es Schatten auf dem Sport und dem deutschen Volk nicht mehr geben kann, wenn es jemand ehrlich mit uns meint.« Und Bauwens weiß, dieser Sieg war nur möglich, weil die Walter-Elf »mit der deutschen Fahne im Herzen auf den Gegner« zugestürmt ist. Als sich Bauwens immer tiefer in seinen Deutschtümeleien verheddert, er gar ankündigt, sich jetzt des »Führerprinzips« bedienen zu wollen, blendet sich der *Bayerische Rundfunk* aus der Live-Übertragung aus und spielt Tanzmusik. Im Löwenbräu-Keller geht dieses chauvinistische Gefasel zum Glück unter. Helmut Rahn läßt die Blasmusikkapelle einen Boogie-Woogie spielen, sogar der »Chef« tanzt mit, gemäßigt. Endlich, weit nach Mitternacht, geht es zurück in die Sportschule Grünwald. Da man sich am nächsten Tag trennen wird und die Spieler in ihre Heimatstädte zurückkehren werden, sitzt man noch etwas länger und holt das im Trainingslager versäumte Biertrinken ausführlich nach.

Der Fauxpas des DFB-Präsidenten ist aber nicht vergessen. Der Sportjournalist Sepp Schirrmacher von der Zeitschrift *Der Fußballtrainer* fühlt sich am historischen Ort an den »anderen Führer« erinnert, der jährlich hier an das »Deutschtum« appellierte. Und Hans Müller von der *Schwäbischen Zeitung* befürchtet gar »eine ausgewachsene Mittelohrentzündung mit anschließendem Brechdurchfall« zu bekommen. Es gibt massive Schelte für den nationalkonservativen DFB-Präsidenten. Auch hier greift der Bundespräsident, genannt »Papa Heuss«, noch einmal als oberstes Korrektiv ein. Er maßregelt »den guten Bauwens« dafür vor 80000 Fans und laufenden Kameras beim Empfang der Weltmeister am 17. Juli 1954 im Berliner Olympiastadion: »Der meint gar, gutes Kicken ist schon gute Politik. Das muß nicht so sein!« Ebenfalls rügt Heuss die deutschen Fans in Bern für das Singen der verbotenen ersten Strophe der Nationalhymne und spricht – ganz Pädagoge – seinen anwesenden Landeskindern den richtigen Text der dritten Strophe noch einmal Wort für Wort vor.

»Jetzt kommt das Wirtschaftswunder!«

Auch die folgenden Tage bleiben ereignisreich. In ihren Heimatstädten fliegen den Spielern die Herzen der Fans zu. Den fünf »Lauterern« wird quer durch die Pfalz ein fast

»südländischer« Empfang bereitet. Über 100000 Menschen warten am Bahnhof in Kaiserslautern auf Fritz und Ottmar Walter, Werner Liebrich, Werner Kohlmeyer und Horst Eckel. Und wieder: Autokorso, Freudentaumel, Eintrag in das Goldene Buch der Stadt. Natürlich gibt es auch Geschenke: goldene Krawattennadeln, Urlaub auf der badischen Burg Schöneck und für jeden der fünf Spieler eine Nähmaschine von *Pfaff* für die »Frau Gemahlin«. Ein ähnlicher Empfang erwartet in Köln Hans Schäfer und Ersatzspieler Paul Mebus, in Nürnberg wird Max Morlock als »personifiziertes Ideal der Jugend« gefeiert und bekommt, ebenso wie sein Kollege Karl Mai im benachbarten Fürth, einen DKW geschenkt. In Hamburg nutzt der Arbeitgeber von Josef Posipal und Fritz Laband die Gelegenheit zur Schleichwerbung. Im weißen Cadillac mit der Aufschrift »Betten-Holm« werden die beiden zum HSV gebracht. Am ersten Arbeitstag gibt es als Belohnung vom Chef dann noch eine Lambretta von NSU.

Jetzt kommt das Wirtschaftswunder,
jetzt kommt das Wirtschaftswunder!
Jetzt gibt's im Laden Karbonaden schon und Räucherplunder.
Jetzt kommt das Wirtschaftswunder,
jetzt kommt das Wirtschaftswunder!
Der deutsche Bauch erholt sich auch und ist schon sehr viel runder.
Jetzt schmeckt das Eisbein wieder – in Aspik!
Ist ja kein Wunder – nach dem verlorenen Krieg!

So singen Wolfgang Neuss und Wolfgang Müller zwar erst 1958 im Film *Wir Wunderkinder*. Auf niemand paßt das aber jetzt schon besser als auf die neuen Fußballhelden. Die Bescherung, die über die Weltmeister kommt, liest sich wie der Wunschzettel des kleinen Mannes: ein Auto oder Motorroller, Sekt und Pralinen, Nähmaschinen, ein Fernsehapparat – Schrankgeräte für die Gewinnerelf, Tischgeräte für die Ersatzspieler –, Einbauschränke und Polstermöbel, Kühlschränke und Urlaub im Badischen.

Diese Geschenke sind nicht uneigennützig, die Firmen wissen, wie werbeträchtig die Fußballer nun geworden sind. Der größte Coup gelingt in dieser Beziehung dem Unternehmer Hans Glas im niederbayrischen Dingolfing. Zwei Wochen nach den offiziellen Empfängen in Berlin und Bonn ist noch einmal eine ganze Kleinstadt auf den Beinen. Bei feierlicher Beflaggung und fröhlicher Blasmusik überreichen seine *Goggomobil*-Werke jedem der zwölf Endspielteilnehmer (inklusive Sepp Herberger) einen Motorroller in der Luxusausführung. »11 Weltmeister haben nur *einen* Ball, aber jeder hat seinen eigenen *Goggo*.« So heißt der neue Werbespruch der Firma Glas und schafft es damit sogar in die *Wochenschau*.

Fußball und internationale Politik

Drei Gründungsväter, schreibt Joachim Fest, der frühere Herausgeber der *FAZ*, habe die Bundesrepublik gehabt: Einen politischen – Kanzler Konrad Adenauer –, einen wirtschaftlichen – Wirtschaftsminister Ludwig Erhard – und einen »mentalen« – den Kapitän der Fußballnationalmannschaft Fritz Walter. Der Fußballer gehöre in eine Reihe mit den deutschen Persönlichkeiten, die die Fundamente für die junge Bundesrepublik Deutschland gelegt und den Deutschen wieder Selbstvertrauen in der schweren Zeit nach dem Zweiten Weltkrieg gegeben hätten.

Kein politisches Ereignis dieser Zeit, auch nicht das Zustandekommen der Pariser Verträge und die Einbindung Deutschlands in die NATO im Jahr 1955, ist so identitätsfördernd wie der Gewinn der Weltmeisterschaft. Das wird zuerst im europäischen Ausland bemerkt. Die französische *L'Equipe* prophezeit nach dem 6:1-Halbfinalsieg der Deutschen über Österreich: »Die deutsche Wiedergeburt auf wirtschaftlichem Gebiet drückt sich nun auch im Fußballerischen aus.«

Das Mißtrauen der Nachbarn gegenüber den Deutschen ist natürlich geschichtlich begründet. Daß der sportliche Sieg zu einem neuen deutschen Nationalismus führen könne, befürchtet die französische Tageszeitung *Le Monde* am 8. Juli 1954. Pierre Fabert zieht bei seiner Betrachtung über die Integration der Bundesrepublik in die EVG als erster Parallelen zwischen Adenauer und Herberger, Politik und Fußball: »Was haben Adenauer und die Wehrmacht mit Herberger und dem Fußball zu tun? Ich denke daran, weil Zehntausende fanatischer Deutscher, die nach Bern kamen, um ihre Mannschaft zu unterstützen, mich daran haben denken lassen. Sport? Sicher, aber nicht nur Sport. Fanatismus des Stolzes, der Überlegenheitssucht, der Revanche. Die Masse irrt sich nicht, und wenn es sich um eine deutsche Masse handelt, ist die Diagnose eindeutig: Achtung!«

Der Chefideologe des DDR-Rundfunks Karl-Eduard von Schnitzler spricht dagegen der Masse genau diese Absicht ab. Die Fans und die naiven Spieler, so kommentiert er, hätten sich vielleicht nichts Böses beim Absingen der falschen Nationalhymne gedacht: »Aber die Bonner Minister, die auf einmal ihr sportfreundliches Herz entdeckten – sie haben es getan, sie haben Böses gedacht, und sie wollen diese Welle der echten sportlichen Begeisterung in eine bestimmte Richtung lenken, in eine Richtung, in der nicht mehr sportlicher Lorbeer winkt, sondern der Soldatenrock, den Fritz Walter zum Beispiel schon einmal trug [...]. Was heute Adenauer und Heuss mit den elf Siegern von Genf anstellen wollen, ist nichts anderes als das, was Hitler 1936 bei der Olympiade vorexerziert hat: der Mißbrauch des Sports als Fassade für die Kriegsvorbereitung, der Versuch, sportliche Begeisterung in Chauvinismus zu verwandeln.«

Entgegen aller Skepsis aus dem Ausland zeigt sich, daß der Erfolg bei der Weltmeisterschaft auch außenpolitisch hilfreich sein kann. Die Nationalmannschaft erhält im Sommer 1955 eine Einladung zum Länderspiel in der Sowjetunion. Die Beziehungen zum einstigen Kriegsgegner sind noch extrem belastet, es herrscht politische Eiszeit. Da es noch keine diplomatischen Beziehungen zur UdSSR gibt, wird auf Vereinsebene über Dynamo Moskau verhandelt. DFB und Auswärtiges Amt reagieren anfangs eher unwillig, doch nach einigen Tagen Bedenkzeit stimmt man der Einladung zu. Zehntausende von deutschen Kriegsgefangenen und Internierten befinden sich zehn Jahre nach Kriegsende noch immer in russischen Arbeitslagern. Die deutschen Diplomaten hoffen durch die sportliche Annäherung auch auf politisches Tauwetter.

Eine schwierige Aufgabe wartet auf die deutsche Mannschaft. Die Weltmeister sind nach ihrem Triumph in ein böses Formtief geraten. Vier Niederlagen in sechs Spielen müssen sie einstecken. Das gute Verhältnis zwischen Herberger und Fritz Walter leidet sichtbar: Angebliche Filmpläne des Stars sind nicht nur dem DFB zu unseriös. Der Trainer meint, sein Spieler sorge sich zu sehr ums Geld, und gibt dessen Frau Italia schuld an dieser Situation. Erst allmählich lösen sich die Spannungen wieder.

Überdies gilt der neue unbekannte Gegner als eines der besten Teams der Welt. Den Russen wird »übermenschliche Kondition« nachgesagt, sie spielen, laut Helmut Rahn, »den modernsten Fußball aller Nationen«. Herberger kommt dieses Spiel wie gerufen, um den langsam verblassenden Glanz der Nationalmannschaft wieder aufzupolieren.

Der Empfang in Moskau ist überwältigend. Der sowjetische Fußballverband holt den Weltmeister mit Blumen am Flughafen ab, die russischen Reporter drängen sich um das Team. Auch das Hotel ist eine Überraschung: Man ist im edlen *Sowjetskaja* untergebracht, große prächtige Räume mit dicken Teppichen, Polstersesseln und komfortablem Bad. Und auch die Umkleidekabine entspricht nicht der mitteleuropäischen Norm. »Wo auf der Welt hatten wir jemals Kabinen mit solchem Luxus angetroffen?« staunt Fritz Walter: »Die Umkleideräume in Moskau waren wie die Hotelzimmer mit weichen Teppichen ausgelegt. Couches und Clubsessel standen in Mengen herum.«

1500 Fans aus beiden deutschen Staaten begeben sich auf die lange Eisenbahnreise in die Sowjetunion. Auch die beiden Radioreporter Herbert Zimmermann und Rudi Michel machen sich auf den Weg. Sie leisten sich den Luxus zu fliegen, was ihnen, wie sich später herausstellt, die Zugfahrt mit von Schnitzler erspart, wie sich Rudi Michel heute noch freut. Bei ihren Ausflügen zu den Sehenswürdigkeiten Moskaus staunen sie mehr und mehr über die Freundlichkeit der Menschen und die Ordnung und Sauberkeit, die fast überall herrschen. Seinen Gesamteindruck schildert der anfangs mißtrauische Herbert Zimmermann, der seinen liberalen Kollegen Michel nur noch »Russen-Rudi« nennt, auch den Zuhörern zu Hause: »Alles, was hier der Gemeinschaft direkt oder indirekt dient, ich denke hier an Universität, Ausstellungshallen, Staatsbauten oder Untergrundbahnen, alles das ist geradezu hervorragend und vorbildlich. Daneben aber liegen kleine Holzbauten, liegen Hütten und alle diese Dinge, die lediglich dem einzelnen Individuum dienen, mit denen sieht es reichlich schlechter aus.« So wird die Fußballreportage für die deutschen Hörer zu einem ersten friedlichen Kennenlernen der so fremden sowjetischen Kultur und Lebensart. Erstaunlich, wenn man sich die pathologische »Russenangst« im Lande und den demagogischen Umgang mit den »Soffjets« (O-Ton Adenauer) durch die CDU-Regierung damals betrachtet.

Das Spiel am 21. August findet vor fast 90000 Zuschauern statt, die den Weltmeistern herzlich applaudieren. Die Spieler revanchieren sich, indem sie Blumen ans Publikum verteilen, bevor das Spiel beginnt. Alles ist »bis ins kleinste festgelegt«, wie Helmut Rahn berichtet. Das Spiel selbst ist schnell erzählt. Am Ende siegen die Gastgeber mit 3:2, die Deutschen nehmen eine achtbare Niederlage hin. Das bringt ihnen viel Sympathien bei den Fans und ihren Gegnern. Und auch politisch bewegt sich etwas. Bereits am 9. September reist Adenauer mit einer riesigen Delegation von Diplomaten, Ministern und Parteivertretern zu Verhandlungen nach Moskau. Ungefähr einen Monat später treffen die ersten freigelassenen Kriegsgefangenen im Lager Friedland ein.

In seiner liebenswert naiven Art kommentiert Helmut Rahn in den 1959 erschienenen Erinnerungen mit dem Titel »Mein Hobby: Tore schießen« die Zusammenhänge von Fußball und Politik: »Wenn alle Menschen auf der Welt sich so gut verstünden wie wir Sportler – es gäbe keine Aufrüstung, keinen kalten und keinen heißen Krieg ...«

Die Literaten und das runde Leder

Das benachbarte Ausland tut sich schwer mit dem frischgebackenen Weltmeister, wenn auch manchmal nur aus ästhetischen Gründen. Der österreichische Schriftsteller Friedrich Torberg, Anhänger des ungarischen Fußballs, ist vom Sieg der deutschen Mannschaft geradewegs schokkiert: »In meinen Augen war es ein Sieg des nüchternen Zweckfußballs über die technisch ungleich schönere Spielweise der Ungarn, ein Sieg der nur aufs Endziel gedrillten Roboter über die Vertreter der Fußballästhetik.«

Und auch zu Hause hat es der deutsche Fußball nicht leicht. Von seiten der Intellektuellen und der Dichter sieht man solchen nationalen Enthusiasmus nicht gern. In Wolfgang Koeppens Roman *Das Treibhaus* zeigt sich deutlich das Unverständnis der Dichter: »Der Verein Borussia Dortmund spielt gegen den Hamburger Sportverein. Es ist völlig gleichgültig, wer siegt; niemand wird deshalb hungern, weil Hamburg gewinnt, niemand wird entsetzlich sterben, weil Borussia mehr Tore schießt; aber zwanzigtausend Zuschauer beben.«

Koeppen ist – wie man sehen kann – kein Fußballfan, er kann die Begeisterung und die Spannung des Spiels nicht nachvollziehen. Für seinen Protagonisten, den Bundestagsabgeordneten Keetenheuve, hat Volkes Begeisterung nur Erschreckendes, bei der Wochenschau im Kino sieht er im Enthusiasmus der Massen nur Faschistoides: »Der Sport versöhnt die Völker. Zwanzigtausend schauen auf einen Ball. Es ist höchst langweilig. Aber dann holt das Teleobjektiv der Filmkamera einzelne Gesichter aus den Zwanzigtausend heraus: erschreckende Gesichter, verkrampfte Kinnladen, haßverzerrte Münder, Mordgier im Blick. Wollt ihr den totalen Krieg? Ja, ja, ja!«

Anfang der fünfziger Jahre steht für viele Intellektuelle wie Koeppen Fußball als Synonym für das Oberflächliche, das Unpolitische oder das Fanatische. Die Begeisterung der Massen nach dem Gewinn der Weltmeisterschaft sehen sie kritisch. Die Distanz zwischen den Schriftstellern und dem gemeinen Volk war selten größer. Im Gegensatz zur bürgerlichen Hochkultur boomt auf dem Buchmarkt das Triviale; Heimatromane, Kriminalstories wie *Jerry Cotton*, Kriegs- und Landserhefte erreichen Auflagen von einigen hunderttausend Exemplaren. Parallel dazu locken, neben amerikanischen Produktionen, eher seichte deutsche Filme wie *Das Schwarzwaldmädel* (1950) oder *Sissi* (1955) die meisten Zuschauer in die Kinos.

Andererseits eignet sich das Triviale hervorragend zur literarischen Provokation, wie Arno Schmidt beweist. In seinem postatomaren Science-Fiction-Roman *Die Gelehrtenrepublik* bedient er sich dazu des Fußballs. Sein Romanheld, der Journalist Charles Henry Winer, durchquert bei seiner Reise durch das verstrahlte Amerika auch den von der Außenwelt abgetrennten »Hominidenstreifen« von Nevada. Im Sperrgebiet stößt Winer auf Zentauren, eine Spezies, die sich aufgrund der atomaren Verstrahlung entwickelt hat. Und die spielen Fußball: »›Die Kerls schießen Elfmeter ? ! : Neulich ist einem unserer Torhüter die Brusthaut davon aufgeplatzt !‹ / (Halt; das noch: ›Aber beim Köpfen? : der Vorteil des Hornes !‹ : ›Das geht natürlich arg über die Bälle‹).«

Wie sehr Schmidt auf diese Provokation setzt, noch dazu durch Profanisierung von Gestalten der griechischen Mythologie, zeigt sich im Kommentar, den er dem fiktiven Übersetzer Chr. M. Stadion überläßt. In einer Fußnote schreibt der über die Zentauren: »Die folgenden Szenen sind typisch amerikanisch! Wir beanstandeten Deutschen hätten vermutlich dafür gesorgt, daß sie Griechisch gelernt hätten, und überhaupt natürlich geblieben wären.«

Es gibt aber auch ernsthafter gemeinte literarische Versuche zum Thema. Leider zeugen auch diese von fußballerischer Unzulänglichkeit. Günter Grass scheitert in seinem Gedichtband *Die Vorzüge der Windhühner* von 1956 beim Gedicht »Nächtliches Stadion«:

> Langsam ging der Fußball am Himmel auf.
> Nun sah man, daß die Tribüne besetzt war.
> Einsam stand der Dichter im Tor,
> Doch der Schiedsrichter pfiff: Abseits.

Zwar benutzt Grass das (kleine) Instrumentarium der Fußballsprache, doch der Inhalt ist unsinnig (man muß nur die Abseitsregel nachlesen). Es bleibt beim Metaphorischen, das Gedicht »atmet den existentialistisch angehauchten Geist der Adenauer-Zeit« und bleibt fußballerisch irrelevant, so der Germanist Karl Riga: »Schon das ›nächtliche Stadion‹ im Titel ist solch eine Transformation: der Autor zielt ja auf kein Fußball-Nachtspiel, sondern es geht ihm um die Einschwärzung der Realität im Sinne jener sinndunklen Lyrik, wie sie sich aus der französischen Moderne ableitete, die gerade in der Mitte der fünfziger Jahre erneut als ästhetischer Maßstab ins Spiel gebracht wurde.«

Wirklich freundliche Erwähnung hat der Fußball der Nachkriegszeit nur in einer literarischen Fußnote erfahren, wie Helmut Böttiger berichtet: »Günther Eich entwarf in seinen berühmten Hörspielen in den fünfziger Jahren abstrakte, südliche Landschaften, irgendwo im Abseits, da, wo das Existentielle seine reinen Sinnbilder schafft. Eines davon heißt *Die Brandung vor Setúbal*. Noch im selben

Jahr, 1957, das genaue Datum des Poststempels ist unleserlich, schickte ihm Uwe Johnson eine Karte. Vitoria Setúbal war im Messepokal Hertha BSC mit 0:1 unterlegen, und neben den Zeitungsausschnitt schrieb Uwe Johnson: ›Da hast du es.‹«

Sehnsucht und Fernweh

Wirtschaftlich befindet sich Deutschland 1958 auf dem Höhepunkt des Aufschwungs. Das Wirtschaftswunder des Ministers Ludwig Erhard bringt auch den Haushaltskassen der »kleinen Leute« einen Anteil am Wohlstand. Die Arbeitslosenzahlen gehen zwischen 1950 und 1960 von 11 auf 1,3 Prozent zurück. Durch die Nachfrage nach Arbeitskräften steigen auch die Löhne. Man arbeitet nicht mehr für die bloße Existenz und leistet sich wieder etwas. Neben Gütern des häuslichen Lebens wie Möbeln, Kühlschränken oder Fernsehgeräten ist es vor allem das Automobil, das den Lebensstandard hebt. 1953 erreicht der Bestand an PKWs erstmals die Millionengrenze, bis 1961 verfünffacht sich diese Zahl. Die stark zunehmende Motorisierung der Bevölkerung bewirkt eine neue Mobilität, und das nahe Ausland lockt. Zunächst ist es noch das benachbarte Österreich, das – vor allem schon der halbwegs verständlichen Sprache wegen – die Deutschen in Scharen lockt. Das *Weiße Rössel am Wolfgangsee* zieht 1952 Hunderttausende ins Kino. Drei Jahre später in *Liebe, Tanz und 1000 Schlager* führen Caterina Valente und Peter Alexander den Zuschauer dann schon in etwas exotischere Gestade: »Komm ein bißchen mit nach Italien.« Freddy Quinn repräsentiert in seinen Filmen schließlich auf mustergültige Art die vorherrschende Gefühlsverwirrung seiner Zeit, indem er den singenden Seemann gibt, der zwischen Heimatgefühl und Reisefieber hin und her gerissen ist. Freddy, der acht Millionen Singles von *Heimweh* (besser bekannt ist die erste Liedzeile »Brennend heißer Wüstensand«) verkauft, verkörpert die Symbiose der Sehnsucht nach der »guten alten Zeit« mit der Neugier auf »die Welt da draußen«, zwischen *Schön, schön, schön war die Zeit* und der *Gitarre und das Meer*.

Taktische Schwächen

Bei der WM 1958 in Schweden zeigt sich aber, daß die Westdeutschen sich in ihre Rolle als Europäer und Weltbürger noch nicht so ganz eingelebt haben. Nicht nur sportlich bläst dem amtierenden Fußballweltmeister der Wind ins Gesicht. Die Wirtschaftskraft der D-Mark macht die Besucher aus Deutschland zwar begehrt, aber deshalb nicht unbedingt beliebt. Eine Tatsache, die die meisten Bundesbürger zwar verunsichert, aber nicht einschüchtert. Im Bewußtsein der deutschen Wirtschaftskraft und des Sieges von 1954 legen sie eine trotzige Aggressivität gegenüber dem Rest der Welt an den Tag. Auch in der deutschen Politik wird nun gerne wieder ein kruder Nationalstolz gepflegt. Und einige, vor allem konservative Volksvertreter, nutzen die Gunst der Stunde. Während innenpolitisch heftige Debatten über eine geplante atomare Bewaffnung laufen, schickt Verteidigungsminister Franz Josef Strauß vor Beginn der WM ein Telegramm ins deutsche Trainingslager, in dem er im Namen der Bundeswehr »Glück und Erfolg« wünscht. Der *Spiegel* interpretiert gewohnt mißtrauisch, Strauß habe sich »auf eine Wolke des deutschen Gemüts gesetzt, um sich von ihr noch höher tragen zu lassen«. Nach dem ersten Sieg in der Vorrunde, einem unerwartet klaren 3:1 gegen die starken Argentinier, kommen schon die ersten Glückwunschtelegramme aus Bonn, unter anderem von Bundeskanzler Adenauer.

Doch diesmal eignet sich der Fußball nicht für eine politische Einvernahme, denn der deutschen Mannschaft fehlt in diesem Turnier jeglicher Glanz. Die Mär von den »elf Freunden« hat Kratzer bekommen. Zu den Schwierigkeiten Herbergers mit Fritz Walter kommen nun private Probleme Helmut Rahns dazu. Der kann seinen plötzlichen

Ruhm nicht ganz verkraften, läßt sich gehen und landet kurz vor der WM sogar wegen Alkohol am Steuer und Widerstand gegen die Staatsgewalt für zwei Wochen im Gefängnis. Dank der Einsicht der Gefängnisbehörde bekommt Rahn aber Hafturlaub, um am Vorbereitungstraining teilzunehmen. An ihm liegt es aber nicht, daß diese Weltmeisterschaft so ungut für die Deutschen endet. Im Gegenteil: Reumütig rackert Rahn im Training und auf dem Spielfeld. Der anfangs noch unwissende »Chef« empfängt ihn sogar mit den belobigenden Worten: »Sie haben aber ganz schön abgenommen.« Und verzeiht seinem Sorgenkind, weil er meint, bis zur WM sei alles wieder vergessen. Rahn zeigt sich dankbar und schießt in Schweden sechs Tore.

Das wirkliche Problem aber ist die deutsche Spielweise, denn sie ist längst nicht mehr modern genug. Im internationalen Fußball herrschen inzwischen andere Spielsysteme und Taktiken vor, denen die bieder aufspielenden Deutschen mit ihrem taktisch konservativen Trainer weit unterlegen sind. Die brasilianische Mannschaft begeistert die Mitwelt durch ihr konsequent raumdeckendes und ballorientiertes Spiel. Helmut Rahn staunt zu Recht über den brasilianischen »Fußball in Vollendung«, schränkt aber ein: »Mit unserer landläufigen europäischen Art zu spielen hatte er jedoch wenig zu tun.«

Glaubt man den zeitgenössischen Berichten, ist die WM 1958 in Schweden vor allem durch diese Diskrepanz zwischen Amateuren und Profispielern geprägt. Die deutsche Mannschaft wird mit ein bißchen Glück und viel Kampf sogar Gruppenerster, der entscheidende Dreh und die entsprechende Abgeklärtheit, heute würde man von Coolness sprechen, fehlen aber. Nach einem unverhofften 1:0-Sieg gegen Jugoslawien, Torschütze ist wieder einmal Helmut Rahn, gelangt man bis ins Halbfinale. Dort jedoch ist das deutsche Team den souveränen Profis aus Schweden nicht nur spielerisch unterlegen.

Durch die jahrelange Weigerung des DFB gegenüber jeglicher Professionalisierung ist der deutsche Fußball ins Hintertreffen geraten. Es mangelt vor allem an international erfahrenen Spielern. Die Einführung einer professionellen Liga – vor allem auf Initiative von Bundestrainer Herberger – wird zwar heftig diskutiert, doch fürchten die Funktionäre um den Amateurgedanken und beklagen den Untergang des Vereinswesens. Die halbprofessionellen Deutschen dürfen in ihren Vereinen nicht mehr als 320 Mark monatlich verdienen. Im europäischen Ausland zu spielen bringt deutlich mehr ein, doch gilt das im Deutschland der fünfziger Jahre noch immer als Vaterlandsverrat. Um den Spielern jegliche Abwanderungsgedanken auszutreiben, werden sie von den Vereinen umfassend versorgt. Dem Kapitän der Nationalmannschaft, Fritz Walter, lag bereits 1951 ein Angebot von Athletico Madrid, dem Club des berüchtigten »Sklaventreibers« Helenio Herrera, vor: 500000 Mark Jahresgage werden ihm zugesichert. Der Vertrag kommt nicht zustande. Fritz Walter erzählt später, seine Frau Italia habe ihm die Unterzeichnung ausgeredet: »Schätzchen! Du kannst, du willst doch gar nicht weg. Du und dein Betze. Der FCK, die Nationalelf und der Herr Herberger«, berichtet die *Rheinpfalz*. Natürlich der Herr Herberger. Auf sein Betreiben hin sorgt nämlich der 1. FC Kaiserslautern mit Fürsprache und Krediten dafür, daß sein wichtigster Mann ein Auskommen hat. Der gelernte Bankangestellte Fritz Walter bleibt der Pfalz und Deutschland erhalten, er wird Wäschereibesitzer und Kinobetreiber. Und auch sonst ist der Ehrenspielführer der Nationalmannschaft umtriebig. In seinem 1955 erschienenen Buch wirbt er für Adidas und – in fußballerisch vollendeter Rhetorik – für Versicherungen: »Von der Spieltaktik her weiß ich, daß man rechtzeitig Gefahren erkennen muß, um sofort abwehren zu können. Das ist im Leben genauso wie im Spiel. Letzten Endes kommt es auf die richtige Vorsorge an. Deshalb habe ich als alter Taktiker die Folgerung gezogen und eine *Allianz*-Lebensversicherung für meine Familie abgeschlossen.«

Wie sich zeigt, ist diese Vorsorge gar nicht so falsch. Das

Spiel im »Hexenkessel von Göteborg« wird zu einem weiteren Kapitel aus der Sagenwelt des Fußballs. Die Rede von der »welschen Tücke« des in Italien spielenden Knut Hamrin und die Klage vom unfairen Verhalten der schwedischen Fans halten sich bis heute. Noch im 1997 erschienenen Bildband «Die großen Spiele der deutschen Nationalelf« wird das Spiel unter der Überschrift «Die letzte Schlacht des großen Fritz Walter« im besten Wochenschau-Ton angekündigt: »Im Hexenkessel des Göteborger Ulevi-Stadions mußte Deutschland seine Hoffnungen, den Titel von 1954 zu verteidigen, begraben. Nach einem heroischen Kampf verlor die Mannschaft mit 1:3 gegen Schweden. Das Team von Sepp Herberger beendete dieses denkwürdige Spiel praktisch mit neun Mann, nachdem Juskowiak vom Platz gestellt worden war und Fritz Walter sich nach einer überharten Attacke nur noch humpelnd fortbewegen konnte.«

Ähnlich lautet 1958 auch der Tenor der deutschen Presse. Keine andere Niederlage in der deutschen Fußballgeschichte wird dermaßen aufgebauscht und führt zu nachbarschaftsfeindlichen Aktionen. Was aber ist wirklich los am 24. Juni 1958 in Göteborg? Ist da wirklich ein von »Einpeitschern« aufgeheiztes Stadion voller fanatischer Schwedenfans? Oder ist es ein WM-Heimspiel einer schwedischen Nationalmannschaft mit einer, wie jeder Sportreporter heute sagen würde, »tollen Atmosphäre«? Aus heutiger Sicht mutet diese Kritik seltsam an. Denn es gibt keine feindlichen Schmähgesänge oder Feuerzeugwürfe auf Spieler, wie sie leider heutzutage bei jedem Drittliga-Spiel üblich sind, sondern zwar laute, aber harmlose Schlachtrufe wie »Heja, Sverige, heja, heja!«. Die deutschen Fans und die anwesenden Reporter Rudi Michel und Herbert Zimmermann haben so etwas noch nicht erlebt. Die Jubelchöre der schwedischen Fans werden von fahnenschwenkenden »Vorturnern« dirigiert und sorgen für einen unglaublichen Geräuschpegel. Diese »Einpeitscher«, die mit Megaphonen am Spielfeldrand stehen, sind ein

Novum in der WM-Geschichte. Auch aus einem anderen Grund ist der DFB über die Veranstalter verärgert. Schon im Vorfeld des Spieles gibt es Ärger, da die Schweden nicht genug Karten für die deutschen Fans zur Verfügung stellen wollen. Erst die Drohung des DFB, die deutsche Mannschaft zurückzuziehen, wirkt.

Allein die Wahl des Schiedsrichters erbost die Funktionäre und die mitgereisten Fans. Man wittert eine Verschwörung gegen die Deutschen, denn Herr Zsolt ist Ungar! Das Spiel gestaltet sich aber, unbeeindruckt von der Kulisse, durchaus ausgeglichen. Schäfers 1:0 in der 24. Minute – nach einer Flanke vom jungen Uwe Seeler – sorgt dann auch erst einmal für Ruhe bei den schwedischen Fans. Der Ausgleich erfolgt zehn Minuten später durch Skoglund. Böse Zungen behaupten, der Schwede habe sich den Ball mit der Hand vorgelegt. Das 1:1 ist auch gleichzeitig der Halbzeitstand. Nach der Pause beginnen die Deutschen mit massivem Druck. Die Schweden haben Glück, und Seelers Schuß geht wenige Millimeter am Torpfosten vorbei. Dann beginnt das Drama. Die deutschen Fans sind aufgebracht, als wieder einmal ein angeblich elfmeterreifes Foul nicht vom Schiedsrichter geahndet wird. Man wittert eine antideutsche Verschwörung, eine schwedisch-ungarische Rachekampagne für Bern. In der 59. Minute scheint der ungerechtfertigte Platzverweis von Erich Juskowiak diese These zu bestätigen. Die Empörung steigert sich noch, als Fritz Walter bei einem unglücklichen Zusammenprall mit Parling verletzt wird. So schwer – ein Auswechseln war damals noch nicht erlaubt –, daß er sich nur noch humpelnd fortbewegen kann. Ein absichtliches Foul? Aus Sicht der Fans bestimmt.

Die Wahrheit liegt wie immer auf dem Platz. Radiokommentator Rudi Michel erinnert sich daran, daß die angeheizten schwedischen Fans zwar höllisch laut sind, sich die deutsche Mannschaft davon aber kaum beeindrucken läßt. Der Bruch im Spiel sei erst durch das unüberlegte Foul von Juskowiak geschehen. Der ist mit der Bewachung des »Kurre« Hamrin einfach überfordert, und als er von ihm zum wiederholten Male geschoben und getreten wird, tritt Juskowiak nach. Hamrin läßt sich ganz professionell fallen und wälzt sich schmerzverzerrt auf dem Boden. Zugegeben, nicht ganz fair, aber die hohe italienische Schule beeindruckt den Schiedsrichter und führt zu Juskowiaks Platzverweis. Rudi Michel verwahrt sich bis heute dagegen, aus den Vorkommnissen eine Art von »Dolchstoßlegende« zu konstruieren. Auch die direkt Beteiligten sehen das ähnlich. Helmut Rahn schildert die Ereignisse in seinem Buch so: »Die Schweden spielten hervorragend. Vor allem Hamrin, ihr glänzender Linksaußen, stellte Erich Juskowiak vor ein unlösbares Problem. Und weil Jus das selbst spürte, wurde er wütend und ließ sich zu seiner berühmt gewordenen Affekthandlung hinreißen. Die Quittung: Platzverweis! [...] Aber auch wenn Jus auf dem Platz geblieben wäre, Hamrin hätte immer einen Weg an ihm vorbei gefunden.« Nach Meinung der deutschen Öffentlichkeit ist Juskowiak natürlich hereingelegt worden. Das Fazit des Spieles: Mit nur noch neun Mann auf dem Platz unterliegen die Deutschen »heroisch« mit 1:3. Die Spieler gratulieren den siegreichen Schweden, wie es sich für faire Sportler gehört. Doch an der »Heimatfront« sind schon die schreibenden Truppen aufgezogen.

So beginnt der eigentliche Skandal. Die deutsche Presse geifert über den Deutschenhaß im Stadion, allen voran die *Saar-Zeitung* (das Saarland ist erst seit 1957 Teil der Bundesrepublik): »Der instinktsichere ›kleine Mann‹ hat aus den fanatischen Heja-Rufen des aufgepeitschten schwedischen Zuschauerplebs den Grundton abgrundtiefer Gehässigkeit herausgehört, wenn nicht den Grundton eines Hasses, der sich nicht nur gegen die deutschen Fußballspieler richtet, sondern gegen die Deutschen schlechthin. Das offizielle Schweden hat hämisch genießend zugelassen, daß rund 40000 Repräsentanten dieses mittelmäßigen Volkes, das sich nie über nationale oder völkische Durchschnittsleistungen erhoben hat, den Haß über uns auskübelten, der nur aus Minderwertigkeitskomplexen kommt. [...] Es ist der Haß eines Volkes, dem man das Schnapstrinken verbieten muß, weil es sonst zu einem Volk von maßlosen Säufern würde.«

Und der »kleine Mann« reagiert: An deutschen Tankstellen werden schwedische Autofahrer beschimpft und nicht bedient, die Reifen schwedischer Autos werden zerstochen, schwedische Künstler müssen Gastspielreisen absagen, und sogar deutsch-schwedische Geschäftsbeziehungen werden von deutscher Seite abgebrochen. Als Krönung des Ganzen verschwindet schließlich die obligatorische »Schwedenplatte« von vielen deutschen Speisekarten.

Im letzten Spiel der deutschen Nationalelf müssen die Spieler ohne ihren Kapitän Fritz Walter antreten, der zu sehr angeschlagen ist. Es ist seine letzte Weltmeisterschaft. Im Spiel um Platz drei gegen Frankreich läßt Herberger noch einmal alle antreten, die bisher nicht zum Einsatz gekommen sind. Mit 3:6 unterliegen die ehrgeizig offensiven Deutschen gegen taktisch klug spielende Franzosen. Mit drei Treffern beschließt Mittelstürmer Just Fontaine seinen bis heute ungebrochenen Rekord: 13 Tore bei einer Weltmeisterschaft.

Was gibt es über diese WM sonst noch zu sagen? Brasilien wird im Finale gegen die Schweden mit 5:2 verdient Weltmeister, und ein neuer Stern leuchtet am Fußballhimmel: Der siebzehnjährige Edson Arantes do Nascimento, genannt Pelé, verzaubert ganze Generationen von Fußballfans: »Der Höhepunkt war der Moment, als Pelé im Strafraum, zwischen Elfmeterpunkt und Fünfmeterraum, den Ball flach auf den Stiefel kriegte, mit dem Rücken zum Tor stehend; er lupft den Ball, er kickt ihn als Rückzieher über den Kopf des Verteidigers, kurvt gleichzeitig um den Verteidiger herum und – drischt den herunterkommenden Ball direkt und volley ins Netz.« Der Journalist und Drehbuchautor Johannes Dräxler sieht dieses Endspieltor von Pelé als Siebenjähriger in der Wochenschau. Im Stadion und im Kino herrscht danach »für einen

Augenblick vollkommene Stille […] wie nach einer überirdischen Erscheinung.« Dieser junge Spieler ist der erste internationale Fußballstar mit Fans in aller Welt. Sein Name wird zum Synonym für schönsten Fußball, und schöner als Ror Wolf weiß ihn keiner zu rühmen:

Leonidas war groß und ist versunken.
Und Ademir war größer und verschwand.
Der Allergrößte aber, vorderhand,
ist nun Pelé. Man hat ihm zugewunken.
Sein Ruhm ist heller als der frische Schnee,
und darauf dunkel zaubernd tanzt Pelé.

2.
Die sechziger Jahre

Mauerbau und Spiegelaffäre

Der Bau der Berliner Mauer am 13. August 1961 ist ein tragischer Höhepunkt des Kalten Krieges. Weil täglich Tausende von Bürgern, vor allem junge qualifizierte Arbeiter, die Republik verlassen, droht die DDR wirtschaftlich und personell auszubluten. Die SED unter Ulbricht beschließt, die Grenzen dichtzumachen. Als sich am 20. August amerikanische und sowjetische Panzer am Checkpoint Charlie gegenüberstehen, droht die Situation zu eskalieren. Nur mit viel Glück kommt es nicht zur bewaffneten Auseinandersetzung zwischen den Blöcken.

Die innerdeutschen Konflikte werden nunmehr propagandistisch ausgetragen, vor allem die Springerpresse mit *Bild*, *BZ* und *Berliner Morgenpost* sieht sich als Verteidigerin des »freien Westens«. Als steingewordenes Manifest dieser Geisteshaltung thront seit 1966 das Springer-Hochhaus direkt am Mauerstreifen. Auf der anderen Seite in diesem Propagandakrieg stehen das *Neue Deutschland*, das Parteiorgan der SED, und Karl Eduard von Schnitzlers *Schwarzer Kanal* im Fernsehen der DDR, die den »Antifaschistischen Schutzwall« verteidigen. In den Anfangszeiten beschallen sich die voneinander getrennten Brüder und Schwestern mit Lautsprechern direkt über die Mauer hinweg. Vom Westen dröhnt Swing nach Osten, Verlautbarungen nach Westen. Manchmal beweisen sogar die DDR-Grenzer Humor: Als Adenauer Berlin besucht, schallt ihm am Brandenburger Tor »Da sprach der alte Häuptling der Indianer, wild ist der Westen, schwer ist der Beruf – Uff! Uff!« entgegen.

Trotz der tragischen Teilung beginnt in dieser Periode der deutsch-deutschen Abgrenzung eine wirtschaftliche und gesellschaftliche Konsolidierung in beiden Staaten. Im

Westen ist die Arbeitslosigkeit nie niedriger gewesen, die Wachstumsraten bewegen sich im zweistelligen Bereich. Die Entstalinisierung in der Sowjetunion unter Chruschtschow führt auch in der DDR der frühen Sechziger zu innenpolitischer Entspannung. Die Wirtschaft gedeiht, trotz aller Versorgungsengpässe, nun auch im Osten. Zentral geplante Industrieanlagen und Plattenbaukomplexe werden aus dem Boden gestampft. Auch die Kollektivierung der Landwirtschaft gilt seit 1960 als abgeschlossen. Der »Aufbau des Sozialismus« bringt trotz allgemeiner Unzufriedenheit eine sichtbare Verbesserung der Lebensumstände mit sich.

Die Bundestagswahlen im Westen bringen 1961 die regierende CDU um ihre absolute Mehrheit. In den Koalitionsvereinbarungen mit der FDP wird Adenauers Rücktritt innerhalb von zwei Jahren beschlossen. Das Ende der Ära Adenauer ist eingeleitet. Im Herbst 1962 bewegt die *Spiegel*-Affäre das gesamte Land. Auf heimliches Betreiben von Verteidigungsminister Franz Josef Strauß werden mehrere Mitarbeiter des ihm mißliebigen Hamburger Nachrichtenmagazins durch den Bundesnachrichtendienst (BND) verhaftet. Das Verlagsgebäude wird bis November von der Polizei besetzt, Druckfahnen zensiert, Verleger Rudolf Augstein sitzt 104 Tage in Untersuchungshaft. Anlaß ist Conrad Ahlers Bericht *Bedingt abwehrbereit* über Unzulänglichkeiten der Bundeswehr. Die bundesrepublikanische Presse solidarisiert sich mit den Kollegen, sogar regierungskonforme Blätter wie *Die Welt* sorgen sich um die Pressefreiheit. Nach massiven öffentlichen Protesten und nach parlamentarischen Untersuchungen durch die SPD treten die fünf FDP-Minister zurück. Bundeskanzler Konrad Adenauer, der sich noch vor den CSU-Minister gestellt hat und einen »Abgrund von Landesverrat« wittert, muß nun in neuen Koalitionsverhandlungen mit der FDP weitreichende Zugeständnisse machen, Strauß verliert sein Ministeramt und bleibt in Bayern.

Abwerbegerüchte und Entsagung

Ein Abgrund von Landesverrat droht auch dem deutschen Fußball. Ausgerechnet »uns Uwe«, der populärste Spieler der aktuellen Nationalmannschaft, will Deutschland verlassen. Seeler, der Sproß des HSV-Idols »Old Erwin«, wird im Frühjahr 1961 vom italienischen Spitzenclub Internazionale Milano umworben. Der als »Sklaventreiber« bekannte Trainer Helenio Herrera, der sich einst vergebens um Fritz Walter bemüht hat, beobachtet den jungen Hamburger beim Bundesligaspiel in Hamburg und bekommt es mit Sepp Herberger zu tun, der ihm auf der Tribüne nicht von der Seite weicht. Am nächsten Tag trifft der Bundestrainer seinen Hoffnungsträger und redet ihm ins Gewissen. Seeler zeigt Herberger den Vertragsentwurf, der ihm 500000 Mark Festgeld und jährliche acht Millionen Lire garantiert. Als Spieler in der Oberliga Nord verdient er gerade mal 460 Mark monatlich. Herberger kann das nachvollziehen, denkt aber, daß der bodenständige Seeler in Mailand nicht glücklich werden wird. Und der Bundestrainer verspricht, sich um Seelers Zukunft zu kümmern. Durch seine Kontakte verschafft er Seeler die *Adidas*-Repräsentanz für Norddeutschland, die ein bißchen Zusatzverdienst garantiert, und sorgt dafür, daß der HSV ihm einen Kredit zum Bau einer Großtankstelle gewährt. Sogar beim Bundespostminister Richard Stücklen, einem ausgewiesenen Fußballfan, versucht Herberger für Seeler eine Lizenz für ein Fuhrunternehmen zu bekommen.

Die »Abwanderungssucht« der deutschen Spitzenfußballer, die vor allem von italienischen Vereinen umworben werden, erregt die deutsche Öffentlichkeit. Sogar der Rektor der Hamburger Universität meldet sich mit einem offenen Brief zu Wort und ruft, als Theologe, Seeler dazu auf, den Versuchungen des schnöden Mammons zu widerstehen und sich seiner Vorbildfunktion »für die Jugend unseres Volkes« zu erinnern. Seeler widersteht und entsagt den Millionen in der Fremde, er entscheidet sich fürs

Einfamilienhaus und die bürgerliche Existenz. Im Interview gibt sich Seeler bescheiden. »Man kann nicht mehr als ein Steak essen«, sagt er der Presse.

Angesichts heutiger Profiverträge und Geldtransfers im internationalen Fußball wirkt das alles ein bißchen amateurhaft. Weniger erstaunlich ist das Ganze, wenn man Seeler als Repräsentanten seiner Zeit sieht: Er ist der bekannteste Fußballer der Nachkriegsgeneration und steht für Einsatz, Ärmelaufkrempeln und Beharrlichkeit – einer, der nie aufgibt und dem nichts geschenkt wird. Sein Streben in die weite Welt – und das geht den meisten Deutschen so – erschöpft sich im Urlaubmachen, denn diese fremde Welt bleibt nicht ganz geheuer. Seelers Bodenständigkeit ist nicht gespielt, Schauspielerei gehört damals noch nicht zum Profigeschäft: »Man weiß, daß ich nicht gerade von Natur aus ein Wandervogel bin.« Und die Fans danken es Seeler, sein zweiter Kosename, »uns Uwe«, beinhaltet diese Vereinnahmung bereits: Uwe ist und bleibt einer von uns. Zeichen dieser höchsten Popularität sind die »Uwe, Uwe, Uwe«-Chöre im Stadion und eine bis heute andauernde unerschütterliche Verehrung. Volksheld Uwe wird sogar ein eigener Schlager gewidmet. Bill Ramsey singt wenig inspiriert:

> Gib doch den Ball zu Uwe Seeler,
> da machst du niemals einen Fehler,
> denn stürmt der Uwe erst mal vor,
> dann gibt's bestimmt auch gleich ein Tor.

Auch bei Horst Szymaniak, der nach Sizilien zum SC Catania wechseln will, mischt sich Sepp Herberger in die Transferverhandlungen. Bei dem 28jährigen Karlsruher Spieler hat er weniger Bedenken. Im Gegenteil: Szymaniak ist zwar gelernter »Kumpel«, hat aber keine fertige Ausbildung. Der »Chef« versteht, daß ihm das Handgeld helfen kann, sich später eine Existenz aufzubauen, ohne die obligatorische Lottoannahmestelle oder den Tabakladen aufzumachen – ein Karriereende, das damals erstaunlich viele Spieler trifft. »Schimmi«, so die Schlußfolgerung, würde bei einer Ablehnung des Transfers die Motivation verlieren, noch bei seinem Verein, dem Karlsruher SC, zu spielen. Und so erreicht Herberger nach klärenden Gesprächen, bei denen er Managerfunktionen übernimmt, die Freigabe durch den DFB und läßt sich vom italienischen Club zusichern, daß Szymaniak auch in Zukunft für Länderspiele zur Verfügung steht.

Twist und Halstuchmörder

Dank der amerikanischen Besatzungssoldaten, die spätestens seit dem Mauerbau und Kennedys Berlinbesuch im Jahr 1962 zu »unseren amerikanischen Freunden« geworden sind, richtet sich die westdeutsche Gesellschaft immer mehr an den USA aus. Neue Schlagworte machen die Runde: Die »Managerkrankheit« wird entdeckt, ebenso der »Generationenkonflikt«. Denn der neue fremdartige Lebensstil beeinflußt und prägt die Jugend seit Mitte der fünfziger Jahre. Jungen und Mädchen tragen Nietenhosen, trinken *Coca-Cola* und benehmen sich viel zu freizügig. Filme aus Hollywood, Italien und Frankreich füllen die zahlreichen Kinos. Während sich die Kriegsgeneration mit Romy-Schneider-Filmen und Heimatschnulzen tröstet, prägen coole Kerle wie James Dean und Marcello Mastroianni die Jungs, selbstbewußte und frühreife Frauen wie Gina Lollobrigida und Brigitte Bardot die Mädchen. In der Welt der Erwachsenen, der Kriegsgeneration, wirkt diese Auslandsbegeisterung der »Halbstarken« verdächtig. In seltener Einmütigkeit schimpfen Ost- und Westmedien über den eigentlich biederen »Rock 'n' Roll-Gangster« Bill Haley, bei dessen deutscher Konzerttournee es 1956 zu Krawallen und Saalräumungen durch die Polizei kommt. Doch die verpönte »Negermusik« setzt sich bei den Jugendlichen durch. Der Rock 'n' Roll wird Anfang der sechziger Jahre vom Twist abgelöst. Chubby Checker stürmt mit seiner »Sexualgymnastik« (Erich Mende) die Hitparaden. Auch die Mode ändert sich, man wird wieder eleganter: Enge Hosen, Sakko und spitze Schuhe trägt der Herr in den Tanzschulen, die sich auf den neuen Trend schnell eingestellt haben, die Dame in Flauschpullover oder kurzem enganliegendem Kleid bindet den Pferdeschwanz nun stilvoll zur »Bienenkorbfrisur«.

Wer schwingt die Hüften einfach hin und her?
Wer stellt die Knie geradeaus und quer?
Wer zeigt beim Tanzen alles, was er kann,
und rührt sein Baby dabei gar nicht an?
Ihr wißt genau schon, wer das ist, nur Mister Twist!

Wie Billy Sanders singen international bekannte Sänger, etwa Johnny Cash oder Conny Francis, nun auch auf deutsch: »Die Liebe ist ein seltsames Spiel«. Die Musikindustrie entdeckt den westdeutschen Markt, und die Deutschen ihre Lieblingsgastarbeiter: Amerikanische und englische Entertainer wie Bill Ramsey, Gus Backus und Chris Howland – alle ehemalige Besatzungssoldaten – werden Teil der Unterhaltungsindustrie. Das Zentralorgan der Westjugend wird die Zeitschrift *Bravo*, die, ursprünglich 1956 als Film- und Fernsehzeitschrift angelegt, schnell auf den fahrenden Schlagerzug aufspringt und eine Nase für Jugendtrends entwickelt. Doch Chefredakteur Peter Boenisch, später Regierungssprecher unter Helmut Kohl, setzt eher auf Deutsches. Stars der frühen *Bravo* sind die braven Jungs und Mädels von nebenan, so wie Conny Froboess und Peter Kraus, auch Freddy Quinn ist *Bravo*-kompatibel. Man bleibt vorerst eher deutsch und spießig, das ändert sich erst mit dem Erfolg der Beatles. Sogar mit dem Twist täuscht sich das Heft und macht kurzen Prozeß: »Der Twist ist nichts weiter als wieder aufgewärmter, weniger genießbarer und dafür noch lärmenderer Rock 'n' Roll.«

Sogar in der DDR kommt man nicht an der rhythmischen Jugendbewegung vorbei. »Es genügt nicht, die kapitalistische Dekadenz in Worten zu verurteilen, gegen die ›Hotmusik‹ und die ekstatischen Gesänge eines Presley zu sprechen. Wir müssen etwas Besseres bieten!« So Walter Ulbricht, nachdem man vergeblich versucht, Rock 'n' Roll und Twist zu verbieten. Man kreiert die skurrile Eigenschöpfung Lipsi, den Helga Brauer, einer der populärsten DDR-Schlagerstars, singt: »Heute tanzen alle jungen Leute im Lipsi-Schritt, nur noch im Lipsi-Schritt.« Trotz offizieller Propaganda, Kinofilmchen und republikweiter Lipsi-Wettbewerbe im Kreis der FDJ verschwindet der Tanz bald wieder in der Versenkung. Trotz des immensen finanziellen Aufwands für den Lipsi, man hatte sich sogar die Patentrechte gesichert, wird in der DDR dann doch lieber – ab 1962 auch mit offizieller Genehmigung – getwistet.

Noch steht nicht in jedem bundesrepublikanischen Haushalt ein Fernsehgerät, Ende 1960 gibt es aber schon vier Millionen angemeldete Apparate. Wer keinen hat, der kennt jemanden mit einer Glotze: Opa, Tante, Bruder, Freunde oder Nachbarn. Das Pantoffelkino ist anfänglich noch ein familienzusammenführendes und kommunikationsförderndes Medium und übt immer mehr Einfluß auf den Lebensrhythmus der Westdeutschen aus. Oben auf dem Fernseher liegt überall griffbereit die *HÖRZU*, ab 1964 kann man nach Gründung des ZDF sogar aus zwei Fernsehprogrammen auswählen. *Die Tagesschau* gehört ab 1965 zum abendlichen Ritual, ebenso wie die großen Abendunterhaltungssendungen *Einer wird gewinnen* mit Hans-Joachim Kulenkampff oder *Vergißmeinnicht* mit Peter Frankenfeld. Mit den Durbridge-Krimis erzielt das neue Medium Traumquoten: 93 Prozent aller Apparate sind eingeschaltet, als im Januar 1962 *Das Halstuch* läuft. Die Frage nach dem Halstuchmörder treibt eine ganze Nation um. Und das Fernsehen bekommt gleich seinen ersten Skandal. Am Abend vor der letzten Folge wirbt der Kabarettist Wolfgang Neuss mit folgendem Inserat im Westberliner

Abend für seinen Film *Genosse Münchhausen*: »Ratschlag für morgen (Mittwoch abend). Nicht zu Hause bleiben, denn was soll's: Der Halstuchmörder ist Dieter Borsche ... Also: Mittwoch abend ins Kino!« Neuss hatte zwar auch nur geraten, aber es war tatsächlich Borsche, der dann als Täter überführt wird. Neuss, der einstige Publikumsliebling aus Filmen wie dem *Wirtshaus im Spessart* hat es sich endgültig beim Publikum verscherzt. Vom »Spielverderber« und »Verräter der Nation« schreibt die Springer-Presse, körbeweise gehen Drohbriefe ein, und auf der Straße wird er angepöbelt. Kommentar Neuss: »Na, weißte, geh du mal übern Kudamm, und hinter dir sagt 'n Arbeiter, ernsthaft und ohne Spaß: ›Da geht ja die Verrätersau!‹ Na, danke. Da biste satt.«

Tritte und Trauer

Als »Verräter« wird nun auch Horst Szymaniak betitelt. Der umstrittene »Legionär« steht dennoch bei der WM 1962 in Chile im Kader von Sepp Herberger. Der Augsburger Helmut Haller und der Kölner Karl-Heinz Schnellinger haben ebenfalls Auslandspläne, Schnellinger hat seinen Vertrag mit dem AS Rom schon in der Tasche. Für die »Alten« sind die jungen Großverdiener als Nationalspieler untragbar. »Meines Erachtens ist es ein Armutszeugnis für den deutschen Fußball, wenn der Nationaltrainer auf Spieler zurückgreift, die im Ausland Geld verdienen«, schäumt Max Morlock, der in Chile als Journalist dabei ist.

Das WM-Turnier selbst wird eines der weniger schönen, nicht nur für die Deutschen. Nach einem schwer erkämpften Gruppensieg verliert man unglücklich gegen Jugoslawien im Achtelfinale mit 0:1. Aber auch die Spiele der anderen Mannschaften machen die Zuschauer eher depressiv. Vom schönen Offensivfußball, auf den man nach der WM in Schweden hoffen durfte, ist fast nichts geblieben. Die Mannschaften treten alle sehr defensiv an, das filigrane Spiel von Teams wie Brasilien wird gnadenlos weggegrätscht.

Schon im ersten Spiel gegen die ČSSR muß Pelé verletzt vom Platz. Und ein Gespenst geht um in Chile: der italienische *Catenaccio*. Diese Weiterentwicklung des »Schweizer Riegels« basiert auf dem Rückzug des Liberos hinter die Abwehr und ist im wesentlichen darauf ausgerichtet, schon im Mittelfeld die Spielzüge des Gegners zu zerstören. Für die Freunde der Offensive der reinste Horror, schlägt in Chile die Geburtsstunde des rein ergebnisorientierten Fußballs, was den Italienern bis heute nicht zu verzeihen ist. (Giovanni Trappatoni, einer der damaligen knallharten italienischen Verteidiger, bringt diese Spielweise mit dem FC Bayern in den neunziger Jahren zur Vollendung.)

Die Spiele in Chile gehen in die Geschichte ein als die härteste aller Weltmeisterschaften. Es scheint, als wolle man den Kalten Krieg auf dem Rasen austragen. Brutale Fouls, Schlägereien, Pöbeleien und überforderte Schiedsrichter prägen das Bild, das am Ende übrigbleibt. Beim Spiel in der deutschen Gruppe zwischen Italien und Chile ist durch entsprechende Korrespondentenberichte italienischer Reporter die Stimmung von Anfang an aufgeheizt. 70000 aufgeputschte Zuschauer feuern eine Mannschaft an, die sich nur mit rüdesten Methoden durchzusetzen weiß. Der überforderte britische Schiedsrichter Ken Aston wagt es nicht, einen der Chilenen vom Feld zu stellen, selbst nicht in der 40. Minute, als Sanchez den Italiener David zusammenschlägt. »Wenn Aston es schon nicht gesehen hat, dann hätte er es zumindest hören müssen, wie mir das Nasenbein eingeschlagen wurde«, beschwert sich David hinterher. Wenigstens verweist der Schiedsrichter, auch nicht zu Unrecht, zwei Italiener des Feldes. So endet das Spiel – erwartungsgemäß – mit 2:0 für Chile. FIFA-Präsident Stanley Rous erwägt nach diesem Spiel, auf weitere gemeinsame Turniere zu verzichten: »Ich halte es für das beste, wenn in Zukunft die Südamerikaner ihre Meisterschaft ausmachen und wir Europäer unsere. Wir ersparen uns Verdruß, Blamagen und vermeiden das Risiko, daß der Fußball stirbt, daß er zugrunde geht an solchen Spielen.« Die Bilanz mit den Worten des WM-Chronisten Ror Wolf: »Es waren keine allzu schönen Spiele / in Santiago, Zweiundsechzig, Chile.«

Zu defensiv habe die deutsche Mannschaft gespielt, als habe sie versucht, nur das Renommee zu halten, meint Reporter Rudi Michel in der Nachbetrachtung. Bei der Rückkehr nach Deutschland ist die Kritik an Herberger groß. Herberger, der in Übersee die Medienkampagne in Deutschland nicht mitbekommt, ist erstaunt: »Das ist die größte Überraschung, die hier auf mich zugekommen ist. Wir haben geglaubt, aufgrund der Ereignisse und aufgrund des Erlebnisses, das wir drüben hatten, daß die Heimat mit uns zufrieden war. Das kann sie nämlich, unsere Mannschaft hat Großartiges geleistet drüben. Was ich hier höre, ich muß sagen, ich bin aus allen Wolken gefallen.«

Die nachfolgenden Spekulationen über seinen Rücktritt belasten Herberger sehr. Er möchte sich noch nicht das Ruder aus der Hand nehmen lassen. Die Vorbereitung für die Weltmeisterschaft 1966 in England soll seine Karriere beschließen. Und er möchte die Mannschaft in gute Hände übergeben: Nachfolger soll sein Assistent Helmut Schön werden. Er beschließt, erst nach dem ersten Jahr der Bundesliga, auf deren Einführung er seit Jahren drängt, zurückzutreten. – Der Bundestag des DFB hatte kurz nach der Weltmeisterschaft als letzter Verband der bedeutenden FIFA-Mitglieder endlich die Einführung einer Profiliga beschlossen.

Zwei Zeitalter gehen Anfang der sechziger Jahre zu Ende, zwei alte Männer treten ab. Im Oktober 1963 muß Adenauer seinen Posten an seinen ungeliebten Nachfolger Ludwig Erhard übergeben. Am 23. November tritt Sepp Herberger vor die Presse und kündigt seinen Abschied zum Ende der Saison 1964 an. Er geht gerade noch rechtzeitig, um seinen Nimbus zu wahren. So bleibt das Positive in Erinnerung. Für die deutschen Fans wird Sepp Herberger immer der »Chef« der Weltmeisterelf und der »Vater des Wunders von Bern« bleiben.

Der Rahmen unseres Küchenfensters hat gerade Platz für zwei: mich und das Kofferradio. Wenn es regnet, ist das handtaschengroße rote Ding immer am Laufen, und ich sitze in meiner Nische und singe die Texte (die ich absurderweise noch heute alle kenne) leise mit. *Da sprach der alte Häuptling der Indianer* und *Die Zuckerpuppe aus der Bauchtanztruppe* sind mir die liebsten. Wenn das Wetter gut ist, rennen wir draußen auf dem Hof herum, knallen den Plastikball so lange gegen die Holzwand, bis die »alte Hexe« aus dem Parterre kommt und uns den Ball unter lautem Keifen wegnehmen will, uns aber nie kriegt, weil sie nicht mehr gut laufen kann. Oder ich sehe dem Nachbarn zu, wie er an seinem Motorrad schraubt und dabei im Radio Fußball hört. Es riecht nach Motoröl und filterlosen Zigaretten. Ich lausche und erfahre, daß diese Töne aus Hamburg kommen. Ganz oben an der Nordsee liegt das, am anderen Ende von Deutschland. Und ich staune – so weit weg –, und der Mann im Radio ist ganz aufgeregt, und alle Hamburger rufen: »Uwä, Uwä, Uwä!«

Die zyklisch und immer wieder gerne beschworene Krise des deutschen Fußballs endet erst mit der WM-Qualifikation gegen Schweden. Das Hinspiel im November des Vorjahres war das Debüt des neuen Bundestrainers Helmut Schön und endet unentschieden mit 1:1, das Rückspiel im September 1965 in Stockholm wird zu einem Neubeginn für die deutsche Nationalmannschaft. In einem furiosen und offensiven Spiel gewinnt sie mit 2:1. Zwei Hauptdarsteller treten hier besonders hervor: Der nach langer Verletzungspause zurückgekehrte Uwe Seeler, der das entscheidende Tor schießt, und der gerade mal zwanzigjährige Franz Beckenbauer, der die Fachwelt durch seine unnachahmliche Ballbehandlung verzückt. Dieser Erfolg hat mehrere Gründe: Der neue Trainer Helmut Schön vertritt eine modernere Spielauffassung als sein Vorgänger, zudem hat er die Mannschaft radikal verjüngt. Vor allem mit dem Hoffnungsträger Beckenbauer im Mittelfeld entwickelt sich eine bisher kaum gesehene deutsche Spielkultur. Beim Match gegen Schweden liegt das Durchschnittsalter der Spieler bei unter 25 Jahren, in der WM- Vorrunde sogar bei 22. Ein Generationswechsel bahnt sich an: An die Seite der alten, kampferprobten Recken tritt eine »junge, technisch versierte Intelligenz«. Der dritte und vermutlich entscheidende Faktor ist die zunehmende Professionalisierung der Spieler durch die Bundesliga, die jungen Talenten Spielpraxis auf hohem Niveau verschafft.

Die Geburt der Bundesliga ist von seiten der Funktionäre über viele Jahre verzögert worden. Während es in allen europäischen Fußballnationen bereits Profiligen gibt, sind deutsche Spieler in ihren jeweiligen Oberligen immer noch damit beschäftigt, über die Dörfer zu ziehen. Über 70 Mannschaften verteilen sich auf drei regionale Ligen. Über 46 Vereinsbewerbungen für die Bundesliga gehen beim DFB ein. In einem für die Öffentlichkeit nicht immer ganz nachvollziehbaren Verfahren, bei dem neben leistungsbezogenen Kriterien auch regionaler Proporz eine Rolle spielt, werden 16 Vereine bestimmt, die die erste Bundesligasaison 1963/64 bestreiten sollen.

Die Bedingungen für die Spielberechtigung sind verständlich, so sollen die entsprechenden Stadien über mindestens 35000 Zuschauerplätze und eine Flutlichtanlage verfügen. Die Spielergehälter werden ebenfalls reguliert. Man einigt sich auf 1200 Mark inklusive Prämien als Obergrenze und läßt auch gleich ein Schlupfloch offen. Gefragtere Spieler, sogenannte Führungsspieler, sollen bis zu 2500 Mark bekommen können. Immerhin ist es nun möglich, von der Ablöse, deren Höchstgrenze bei 50000 Mark liegt, zehn Prozent an die Spieler zu zahlen. Durch diese provinzielle Herangehensweise ist genau das nicht aus der Welt geschafft, was das neue Statut eigentlich verhindern sollte: der Ausverkauf vielversprechender Talente. In Italien kann man locker das Zehnfache verdienen. Bei allem guten Willen fehlt den schon etwas älteren Herren vom DFB – Fußball soll ja schließlich kein Geschäft werden – anscheinend doch der Sinn für die Realität.

Die Teilnehmer der ersten Bundesligasaison sind: 1. FC Köln, Meidericher SV, Eintracht Frankfurt, Borussia Dortmund, VfB Stuttgart, Hamburger SV, 1860 München, Schalke 04, 1. FC Nürnberg, Werder Bremen, Eintracht Braunschweig, 1. FC Kaiserslautern, Karlsruher SC, Hertha BSC Berlin, Preußen Münster und der 1. FC Saarbrücken. Die übergangenen Vereine sind erwartungsgemäß wütend und enttäuscht. Vor allem die Teilnahme der Braunschweiger und der Münsteraner verblüfft, der FC St. Pauli oder Bayern München sind nicht dabei. Auch der Vorstand von Alemannia Aachen protestiert. Von seiten der Fans wird Schiebung vermutet. Auf Anregungen, die Liste auf 18 oder gar 20 Vereine aufzustocken, um Ungerechtigkeiten aufzufangen, reagieren die Herren vom DFB mit einer eindeutigen Absage. Am 24. August 1963 erfolgt zeitgleich in allen Stadien um 15 Uhr der Anpfiff für die 1. Bundesliga, die bald zum liebsten Kind der Deutschen wird. Über 200 000 Zuschauer verfolgen den ersten Spieltag im Stadion. Das erste Tor fällt bereits nach 58 Sekunden: Friedhelm Konietzka erzielt im Bremer Weserstadion das 1:0 für Borussia Dortmund. Ein Tor, das niemand außerhalb des Stadions sehen kann, denn das Fernsehen, das nur einige der acht Spiele zeigt, ist nicht anwesend. Das tut der Begeisterung der Fans aber keinen Abbruch. Über die nächsten Wochen und Monate zeigt sich jeden Samstagnachmittag, wie attraktiv die Profiliga für die Zuschauer ist. Knapp sechs Millionen Stadionbesucher verfolgen die erste Saison live. Und noch wird nur samstags gespielt. »Samstags gehört Papi mir!« ist der vielzitierte Slogan der IG Metall, die um die Einführung der Fünftagewoche kämpft. Doch Papi geht, angesichts der neu gewonnenen Freizeit, dann doch lieber ins Stadion oder verfolgt beim Autowaschen *Sport und Musik im Radio*. Die legendäre Sendung wurde damals vom WDR und dessen Moderator Kurt

Brumme entwickelt und hat bis heute als *Bundesligakonferenz* ihren Kultcharakter bewahrt. Anfangs wird nur über drei Spiele live berichtet – immer wieder unterbrochen von fetziger Hammondorgel- oder Big-Band-Musik. Die Einschaltquoten sind enorm und liegen noch heute, in der Kernzeit ab 16.50 Uhr, bei über elf Millionen Zuhörern (Inzwischen läuft immerhin Bruce Springsteen in den Pausen). Innerhalb weniger Jahre wird die ARD-»Konferenz«, die in Zusammenarbeit der Länderanstalten entsteht, zu einer der meistgehörten Sendungen.

Unter den Zuschauern im Stadion findet man auch den neuen Bundeskanzler Ludwig Erhard. Der gebürtige Fürther ist ein großer Fußballfan und Ehrenmitglied beim 1. FC Köln. Das Volk verleiht ihm den Spitznamen, den man auch dem Volkshelden Uwe Seeler verpaßt hat: »der Dicke«. Ganz im Gegensatz zu seinem asketischen Amtsvorgänger ist Erhard ein durchaus sinnenfroher Mensch, raucht bis zu 15 Zigarren am Tag und liest am Kabinettstisch jeden Montag, wie die meisten, den *Kicker*. Der *Spiegel* macht sich lustig über »das Volk, dessen Kanzler den *Kicker* liest«. Und es ist wieder einmal Wolfgang Neuss, engagierter Mitspieler beim FC Schmiere, der in der *Sport-Illustrierten* kontert: »Mir ist lieber, der Kanzler liest den ›Kicker‹ und ›Das Kapital‹ von Karl Marx, als dauernd die Bibel mißzuverstehen.«

Sepp Herbergers Voraussagen über die Stärkung des deutschen Fußballs durch die Bundesliga erweisen sich als richtig. Im Mai 1966 beweist Borussia Dortmund im Endspiel um den Europapokal der Pokalsieger seine internationale Konkurrenzfähigkeit. Im Glasgower Hampden Park treten Alfred »Aki« Schmidt, Sigi Held, Lothar »Emma« Emmerich, Reinhard »Stan« Libuda und Rudi Assauer unter Trainer Willi »Fischken« Multhaup gegen den FC Liverpool an. Nach dem 1:0 durch Held im Anschluß an eine geniale Flanke von »Emma« ist das Spiel, das die überlegenen Engländer bisher dominieren, auf den Kopf gestellt. Tausende von mitgereisten BVB-Fans auf den teuren

Tribünenplätzen – auch ein »Zeichen des Wirtschaftswunders!« meint Radiokommentator Kurt Brumme – jubeln und verstummen wenige Minuten später, als der Druck der Liverpooler zum Ausgleich führt. Die Abseits-Reklamationen der Dortmunder Spieler werden vom Schiedsrichter genauso ignoriert wie die erhobene Fahne seines Linienrichters. Die »wenig disziplinierten Anhänger von Liverpool« (Brumme) erstürmen vor Freude das Feld und schnappen sich den Ball, es dauert Minuten, bis weitergespielt werden kann. Hart am Mann geht es in die Verlängerung, und ausgerechnet Ballkünstler Libuda steht hilflos in der Gegend herum. Kein Spielzug will ihm gelingen. »Jeder Zentimeter dieses Rasens ist umkämpft, und jede Mannschaft merkt, wie teuer jeder Quadratmeter im Hampden Park verkauft wird.« Doch der Fußballgott ist heute ein Dortmunder: Der Ball, von Siggi Held gespielt, prallt im Mittelfeld an einem Gegenspieler ab, rollt in der 107. Minute vor die Füße von Libuda, der zieht mit dem rechten Fuß ab und schießt das Leder im hohen Bogen aus 30 Metern ins Tor, samt dem langen Verteidiger Yeats, der sich rückwärts laufend im eigenen Netz verfängt. »Dat Tor vom Stan« bringt nicht nur ganz Dortmund in Wallung, das ganze Stadion tobt, die deutschen Spieler bilden einen Knäuel über dem schmächtigen Schützen. Das 2:1 wird mit Mühe und Kampf über die Verlängerung gebracht, und die Sensation ist perfekt: Zum ersten Mal gewinnt eine deutsche Mannschaft den Europapokal der Pokalsieger und reiht sich, so Brumme, ein unter die großen Namen wie »Real Madrid, Benfica Lissabon, Inter Milano und wie die großen Mannschaften des Kontinents heißen«. Und nicht nur die hunderttausend schwarz-gelben Fans vom Dortmunder Borsigplatz feiern die Rückkehr ihrer Helden. Der Sieg gegen eine englische Mannschaft in einem schottischen Stadion gilt als gutes Vorzeichen für die Weltmeisterschaft.

Das Tor von Wembley

Die erste Weltmeisterschaft im »Mutterland des Fußballs« soll gleichzeitig das einhundertjährige Jubiläum der englischen Football Association (FA) krönen. Mittelpunkt dieses Turniers ist das »swinging London«, das mit seiner Mode- und Musikszene die gesamten Sechziger prägt. Die Beatles beherrschen die Musikindustrie und der Film *A Hard Day's Night* fasziniert die deutsche Jugend. Die *Bravo*-Blitztournee der Beatles durch Deutschland stößt 1966 bei der Erwachsenengeneration immer noch auf Unverständnis. Ruhe und Anstand sind gefährdet. Nicht einmal die Frisur wird als Modetrend erkannt, gemäßigt Langhaarige müssen sich in der Öffentlichkeit als »Gammler« bezeichnen lassen, Mädchen, die Miniröcke tragen, werden anfangs auf der Straße von alten »Damen« angepöbelt.

Das Turnier in England soll erstmalig zu großen Teilen im Fernsehen übertragen werden. Im Vergleich zu 1954 steht die deutsche Elf bei der WM in England unter einem viel höheren Erwartungsdruck. Das Interesse der Öffentlichkeit hat, nicht zuletzt wegen der gesteigerten Medienpräsenz, erheblich zugenommen. Die Spieler selbst sind zu Idolen geworden. Fußball-Sammelbilder sind der Grund dafür, daß sich der Umsatz einer Tankstellenkette deutlich erhöht, weil viele Söhne ihre Väter dort zum Tanken schikken. Die Erinnerungen des Journalisten Albert Hefele sind typisch für die Zeit: »Meine Fußball-Leidenschaft steht erstmals in voller Blüte. Ich hüte das blaue Aral-Album wie den Schatz des Pythagoras und klebe Zeitungsausschnitte in karierte Hefte. Außerdem haben wir endlich ein TV-Gerät und italienischen Besuch. Den meine Mutter aus dem Ausländerheim (das gab es damals noch), in dem sie putzen ging (das auch), mitgebracht hat. Vier gelenkige Herren in zu kleinen Anzügen, die ihre anfängliche Scheu rasch ablegen und unser stilles Wohnzimmer zunehmend mit beachtlichem Radau überziehen. In Ermangelung eigener Erfolge adoptierten sie einfach unsere deutschen

Ballzauberer. Noch heute sehe ich die sorgenvoll gekräuselten Augenbrauen meines Vaters angesichts eines im Überschwang gegen die Lampe scheppernden Südländers. Und wie er vorsorglich die beige Fernsehweste bis ganz oben hin zuknöpft.«

Das Endspiel der deutschen Mannschaft gegen England im Wembley-Stadion wird zum Höhepunkt einer nicht allzu schönen Weltmeisterschaft. Immer noch herrscht die spielzerstörende Defensive vor, der *Catenaccio* scheint das Spielsystem zu sein, das am meisten Erfolg verspricht. Auch der Umgang auf dem Spielfeld ist rauh geblieben, böse Fouls und überharter Einsatz prägen so manches Spiel. Deutschland wird mit einem 5:0 gegen die Schweiz, einem 0:0 gegen die mauernden Argentinier und einem 2:1 gegen Spanien Gruppenerster und gelangt ins Viertelfinale. Bei diesem letzten Spiel versetzt Lothar Emmerich die Welt in Staunen, als er, fast schon auf Höhe der linken Eckfahne, aus unmöglichem Winkel das »Tor des Jahrhunderts« zum 1:1 erzielt. Durch den Gruppensieg bleibt den Deutschen der Gastgeber England erst einmal erspart.

Zwei Überraschungen bietet das Turnier schon jetzt: Weltmeister Brasilien scheidet in der Vorrunde aus, wieder einmal wurde Pelé zusammengetreten. Im letzten entscheidenden Gruppenspiel gegen Portugal unterliegen die Südamerikaner den brillanten Portugiesen mit Eusebio, dem neuen Star der WM. Auch der hohe Favorit Italien, als Erfinder des *Catenaccio* eigentlich gefürchtet, fliegt aus dem Turnier. Gegen die Überraschungsmannschaft aus Nordkorea unterliegen die Azzurri mit 0:1 und müssen vorzeitig nach Hause fahren, wo sie von wütenden Fans mit Tomaten und Eiern empfangen werden. Aber auch diesmal hat der schöne Fußball keine Chance. Portugal, das es immerhin bis ins Halbfinale schafft, liefert zwar einige ansehnliche Spiele, so das 5:3 gegen Nordkorea, bei dem Eusebio allein vier Tore schießt, scheitert aber im Halbfinale an den Gastgebern. Der ballverliebte Stil der Portugiesen hat keine Chance gegen effektives *kick and rush.*

Die Viertelfinalbegegnung des deutschen Teams mit Uruguay sorgt für erhebliche Aufregung. Mit überharten Fouls zeigen die »Urus«, daß südamerikanischer Fußball nicht immer schön sein muß. Trotz Treten, Zerren, Ellenbogenchecks und mit etwas Glück gehen die Deutschen durch Haller in Führung. Kurz nach der Pause foult Uruguays Kapitän Horatio Troche weit weg vom eigentlichen Spielgeschehen den Dortmunder Emmerich. Der liefert seine beste Leistung in diesem Spiel und fällt theatralisch um. Aufgeregt informiert der Linienrichter den Schiedsrichter, und Troche wird vom Platz gestellt. Beim Abgang schnappt er sich den deutschen Kapitän Seeler und verpaßt ihm vor den Augen des Referees eine saftige Ohrfeige. Als in der 60. Minute auch noch Silva die rote Karte sieht, gibt es für die Deutschen kein Halten mehr. Mit 4:0 ziehen sie ins Halbfinale gegen Rußland ein. Und gewinnen respektlos gegen die Männer um Lew Jaschin, der trotz des 2:1-Siegs der Deutschen als bester Torwart dieses Turniers in die Geschichte eingeht.

Die WM von 1966 ist heute Legende, allerdings nicht aufgrund ihres spielerischen Niveaus, sondern wegen einer bis heute umstrittenen Schiedsrichterentscheidung, die noch immer so emotionsbeladen ist, daß es besser ist, das Wort abzugeben:

> Ein Mann kam an mit Namen Bachramov,
> er kam aus Rußland, und ein andrer Mann,
> mit Namen Dienst, er kam aus Basel an.
> Nun war gesorgt für Unterhaltungsstoff.

So führt Ror Wolf die beiden unseligen Protagonisten ein, um die es bei allen Diskussionen über das Endspiel im Londoner Wembley-Stadion geht. »Das dritte Tor von Wembley« ist ein feststehender Begriff in der bundesdeutschen Geschichte geworden. Um jede Polemik zu vermeiden: Anders als lyrisch läßt sich dieser tragische Fall nicht darstellen.

Ein Mann mit Namen Hurst schoß auf gut Glück,
es riß die Arme hoch ein Mister Hunt.
Kein Mensch hat diesen Fall genau erkannt;
denn von der Latte tropft der Ball zurück.
Ein Mann mit Namen Dienst, wie schon gesagt,
sah auf die Linie und auf seine Beine.
Er gab das Tor. Beweise gab es keine.
Er lebt. Man hat ihn nicht davongejagt.
Bei England platzten nun die letzten Knoten.
Und Deutschland warf sich fassungslos zu Boden.

England wurde Weltmeister und Deutschland unglücklicher Zweiter. Kein Prosatext kann diese traurigen Zeilen Ror Wolfs übertreffen, und mehr sollte man dazu auch gar nicht sagen. Die deutschen Spieler gratulieren dem Sieger, wie es sich gehört. Aber bis heute streitet jeder beteiligte deutsche Spieler ab, daß der Ball drin war. Auch das vierte Tor ist übrigens nicht regelgerecht. Kurz bevor Hunt zum dritten Mal in diesem Spiel trifft, laufen schon jubelnde Fans aufs Feld, Dienst hätte abpfeifen müssen. Die *Bild* stellte dementsprechend fest: »Wir haben 2:2 verloren.«

Das Bild des geschlagenen Uwe Seeler, der mit eingezogenem Kopf am Arm eines Bobbys aus dem Stadion geführt werden muß, bleibt in der kollektiven Erinnerung und ist Teil der Wembley-Saga. (Der Streit darüber, ob dieses Foto schon in der Halbzeitpause geschossen wurde, ist müßig.) Kein Tor hat die Nation bis heute so geeint, für jeden deutschen Fan war das »Wembley-Tor« nicht drin. Einzige Ausnahme ist Bundespräsident Heinrich Lübke, der für seine rhetorischen Patzer bekannt ist: »Es war ein Tor. Ich habe es genau gesehen, meine Herren. Das dürfen Sie mir glauben«, hat er, so Wolfgang Overath, den Nationalspielern mitgeteilt. Jemand, der zur Queen sagt: »Equal goes it loose«, um den Beginn einer Veranstaltung anzukündigen, der darf das. Dennoch haben ihm seine Landeskinder das nie verziehen, auch wenn er sie sonst immer wieder zum Lachen brachte.

Der Bundespräsident ist aber auch der einzige, der es genau gesehen hat. Bis heute gibt es keine Möglichkeit, weder mit Hilfe von Filmauswertungen noch durch Computersimulationen, zu beweisen, daß der Ball nun wirklich hinter der Linie war. Die Diskussion über »das dritte Tor« wird so noch ewig weitergehen. Wolfgang Overath meint: »Über das dritte Tor von England kann man einen ganzen Roman schreiben.« Vielleicht wird sich ja doch eines Tages einer der deutschen Literaten des Themas annehmen, oder gar einer der deutschsprachigen Dramatiker – den Bösewicht hat Albert Hefele ja auch schon gefunden: »Ansonsten ist es ein Drama, und schuld hat der ebenso eitle wie perfide Linienrichter Bachramov, der übrigens einige Zeit später mit 66 Jahren verstirbt. Das sollte doch zu denken geben. Am 3. 2., das stimmt natürlich nicht. Aber es wäre zu schön gewesen.«

Ablehnung und Annäherung

Ähnlich wie auf dem Rasen bewegt sich nun auch in der Literatur mehr zum Thema Fußball. 1962 lobt der Dichter Peter Rühmkorf seinen Kollegen Günter Grass für seine »wegweisende Realistik«: Man »zog es vor, von Dingen zu sprechen, zu denen man nicht nur ein platonisch-literarisches Verhältnis hatte: Dienstmädchen, Hammelfleisch, Kinnhaken, Küchenfenster, Gasometer, Stehplatz«. Eine junge Generation von Schriftstellern beschäftigt sich nun intensiver mit dem Alltagsleben und somit auch mit dem Fußball, der durch die Einführung der Bundesliga und natürlich auch durch die zunehmende Verbreitung des Fernsehens in den sechziger Jahren an Präsenz gewinnt. Dies führt jedoch nicht unbedingt zu mehr Akzeptanz unter den arrivierten Schriftstellern.

Der spätere Nobelpreisträger Heinrich Böll schreibt Anfang der sechziger Jahre über die, gar nicht fürsorgliche, Belagerung seines normalerweise idyllischen Wohnortes Müngersdorf durch die Fans des 1. FC Köln an jedem

Heimspieltag. Er klagt über zugeparkte Straßen, laute Fahnenträger und sich in die Vorgärten erleichternde Fans. Die üblichen Beschwerden der Anwohner eben, seltsamerweise kippt diese fußballfeindliche Einstellung irgendwann, und Böll erzählt: »Manchmal gehen wir nach der Halbzeit auch ins Stadion [...] Die Spiele sind immer spannend, gute Unterhaltung.« Während Böll die Atmosphäre im Stadion und die »flinken, intelligenten Akrobaten« lobt, mokiert er sich über die Fans, die er der »Biertischbesserwisserei« bezichtigt. Über die Vertraulichkeit, mit der die Spieler vereinnahmt werden, befindet der Schriftsteller schulmeisterlich: »Der gelobte oder getadelte Spieler wird beim Vornamen genannt, als wäre man mit ihm zur Schule gegangen; das Possessivpronomen *unser* ist so obligatorisch wie peinlich.«

So schreibt keiner, dem der Fußball ein Anliegen ist. Ähnlich wie schon Wolfgang Koeppen versteht Böll nicht viel vom Spiel und empfindet nichts für dessen Protagonisten. Seine Hauptfigur in *Ansichten eines Clowns*, Hans Schnier, spielt zwar Fußball, aber das Spiel ist ihm verleidet: »Dieses verfluchte, stundenlange Fußballspielen im Internat; wir wußten alle, daß es müde machen sollte, damit wir nicht auf Mädchengedanken kämen, das machte mir das Fußballspielen widerlich.« Läßt das auf persönliche Erfahrung des Schriftstellers schließen? Heinrich Böll am Ball? Schwer vorzustellen. Zwar zeigt ein Foto der Gruppe 47 – den längeren Haaren nach aus den sechziger oder siebziger Jahren – wie bei einer Tagung in der Nähe von Füssen im Garten Fußball gespielt wird, doch Böll ist darauf nicht zu finden.

Uweh Uweh Uweh!

Ein wichtiges Ritual bei Länderspielen ist das Absingen der Hymne. Für viele kritisch denkende Menschen in den Sechzigern eher ein Grund, sich mit Grausen abzuwenden. Dennoch fordert 1967 der Berliner Kneipenliterat Günther

Bruno Fuchs zum patriotischen Mitsingen auf: »Bitte, lassen Sie sich nicht allzu lange bitten, denn die Nationalhymne Ihres Herzens ist ja die volle Herzenssache der ganzen Nation. Und deshalb beginnen Sie bitte, uns die Nationalhymne zu singen, denn wo man Nationalhymnen singt, da laß dich freudig nieder, böse Menschen singen andere Lieder.« Neben Hymnen für die deutsche Kirchenmaus, die deutsche Toilettenfrau oder den gesamtdeutschen Weihnachtsmann findet sich in Fuchs' Werk auch diese:

Nationalhymne des deutschen Fußballers in Ruhe

Meine
Welt ist
rund. Ich bin
kein armer
Hund. Ich
ritt
als
blauer
Dragoner
mit
klingendem Spiel
durch das
Tor.
Hosianna!

Drei musikalische Genres verarbeitet der »Meister der kleinen Form«, wie er von Klaus Wagenbach genannt wird, hier gleichzeitig: den Schlager *Der lachende Vagabund*, 1958 gesungen von Fred Bertelmann; das martialische Kavallerielied *Die blauen Dragoner*; und ein bißchen Kirchenlied: *Hosiannah!* Also doch keine Fußball-Lyrik? Aber wenn man genau hinsieht, ist alles drin: Volkes Meinung zu überbezahlten Fußballprofis, die militärische Fußballsprache der Reporter und natürlich das beinahe religiöse Glück des Fans. Vielleicht hat Fuchs, der »dicke, freundliche Berliner«, ja auch nur Spaß am Wortspiel, wenn er solche Texte in Kreuzberger Kneipen vorträgt.

Einen weiteren Berliner Schriftsteller, Friedrich Christian Delius, hat schon früher das Fußballdichten erwischt. Er setzt 1968 im *Patio-Fußballmagazin*, einer provokativ-spontihaften Literaturzeitschrift, einen Limerick in die Welt, der mehr Kreativität unter der sozialliberalen Koalition fordert:

Ein jüngerer Herr namens Seeler
spielt Fußball ohne Fehler.
Und schießt er ein Tor,
mit Bein oder Ohr,
dann jubeln Willy Brandts Wähler.

Ebenfalls mit einem Gedicht bringt Uwe Herms im gleichen Heft den Ball ins literarische Spiel, seine Klage *Weh, unser guter Fußball ist tot* ist eine Hommage an den Dadaismus und Uwe Seeler zugleich:

Wehhhhhhh:
Unser guter Fußball ist tot!
Uweh uweh uweh
Wo wäscht nun ein Bein das andere
Wo bleiben die Ausputzer
Wo bleibt unser Volk der Ausputzer
Wo steht nun das Telephon
Uweh uweh uweh

Nur da ist der Ball ganz Mensch
Wo er spielt

Der Germanist Karl Riha, Herausgeber des *Patio-Fußballmagazins*, der wahrscheinlich ersten deutschsprachigen Fußball-Anthologie überhaupt, sieht Herms literarisches Vorbild in Hans Arps dadaistischem Text *Kaspar ist tot*. Der gleichnamige Dichter nutzt für seine Wortspielereien und fußballerischen Anspielungen den Refrain mit dem Namen des Mannes, der den deutschen Fußball geprägt hat: «Uwe-Uwe-Uwe« schallt es aus Tausenden von Kehlen bei jedem Bundesliga- und Länderspiel. Die originale Stadionatmosphäre ist im Gedicht schon enthalten: »Oh Uweuweuwe unser guter Fußball ist tot / Oh Fuß oh Wade oh Rasen oh Ball«.

Fuß, Wade, Rasen, Ball, Dribbelwerk, Kerzen, der Ball tropft vom Kopf, die Gasse, das Ei; all diese Fußballidiome benutzt Herms in seinem Text und zeigt, so Riha, welche Konsequenzen der Tod des Fußballs hat: »Das ganze Sprachfeld wird veröden, eine große Ratlosigkeit wird ausbrechen – in den nun leeren Sportarenen, in den Zeitungen und in unseren Hirnen.« Ahnt der kluge Germanist, selbst dem Fußball verfallen, den Fluch des *Catenaccio*? Er läßt sich von dieser düsteren Fußball-Untergangsstimmung anstecken: »Und wahrlich, wahrlich – für den Verlust, der uns betroffen hat, kann uns kein Trost werden. Einzig bleibt uns die Erinnerung an jenes seltsame Ei, das uns einmal so zu Entzückungen hinriß, wenn es über den grünen Rasen tanzte, Kapriolen schlug.«

Und noch einer, der seltsamerweise immer wieder mit dem Thema Fußball und Literatur in Verbindung gebracht wird, tut sich mit einem Gedicht hervor. In Peter Handkes Textsammlung *Die Innenwelt der Außenwelt der Innenwelt*, die 1969 erscheint, stößt man in vier Texten auf das Wort »Fußball«, nie aber in solch komplexem und zur Analyse herausforderndem Zusammenhang wie in folgendem:

Die Aufstellung des 1. FC Nürnberg
vom 27. 1. 1968

WABRA

LEUPOLD POPP

LUDWIG MÜLLER WENAUER BLANKENBURG

STAREK STREHL BRUNGS HEINZ MÜLLER VOLKERT

Spielbeginn:
15 Uhr

Riha erklärt das Gedicht zur Kunst, »so gut wie jeder beliebige Fußballschlager, der sich an ein paar berühmte Beine hängt«. Ende der sechziger Jahre gilt der Band als Provokation, die Kritik ist gespalten. Ist Handke also ein

Fußballdichter, gar ein Fan des 1. FC Nürnberg? Im Nebeneinander verschiedener Gebrauchstexte wie der *Aufstellung des 1. FC Nürnberg* und ausgesprochen poetischen, sensiblen, subjektiven Texten sehen die zeitgenössischen Kritiker einen offensichtlichen Widerspruch in dem »Dilemma desjenigen Gerechten, der einerseits informieren will und andererseits am alten Begriff von Subjektivität festhalten« will und muß, so Karl Heinz Bohrer; andere wie Jörg Drews werfen Handkes Sprachexerzitien »Sterilität und Dürftigkeit« vor. Die Beurteilung von Handkes Werk bleibt – wie das Spiel des FC Bayern – ambivalent und von der Position des Betrachters abhängig, je nachdem, ob man den Dichter – respektive Stefan Effenberg – mag oder eben nicht.

Allein durch die Aufmerksamkeit, die der Text im Feuilleton erreicht, ist Handke die gewollte Provokation gelungen. Für Literaturkritiker mag das dann schon ausreichend sein. Das ist die eine Welt. Gäbe man *Die Aufstellung* aber eingefleischten Nürnberger Fußballfans zu lesen, würde wahrscheinlich ein Disput einsetzen, wieso diese Aufstellung nicht stimmt, denn sie ist eindeutig falsch. Damals spielt laut *Kicker* »Hilpert statt Leupold, der dann seinerseits in der 76. Minute Blankenburg ablöste«. So sieht die Wahrheit aus, die auf dem Platz liegt, denn all das, was die Fans wissen wollen, hat Handke gar nicht interessiert: Weder das DFB-Pokalspiel des Clubs gegen Bayer Leverkusen, die Frage, ob Helmut Hilpert oder Horst Leupold spielte, das glückliche 2:0, das schlechte Gekicke, noch das Mißvergnügen des Trainers Max Merkel.

1979 erschien Handkes *Die Angst des Tormanns beim Elfmeter*, und der Titel wird eine beliebte Phrase unter Sportreportern. Es wird kolportiert, daß »Radi« Radenkovic die Bitte um Rezension des Werkes nach einem kurzen Blick darauf abgelehnt habe: »Nix viel über Fußball« sei darin enthalten. Abgesehen vom Titel beschreibt Handke im wesentlichen den Prozeß einer Entfremdung von der Gesellschaft und zeigt, wie sich der Monteur Josef Bloch immer mehr in schizophrener Unwesentlichkeit verliert. Bloch war zwar früher einmal Tormann, aber das hat kaum Auswirkungen auf die Geschichte. Der Leser erfährt sowieso wenig über Bloch und noch weniger über das Spiel. Tröstenderweise spielt die Schlußszene des Romans auf einem Fußballplatz: «Der Schütze lief plötzlich an. Der Tormann, der einen grellgelben Pullover anhatte, blieb völlig unbeweglich stehen, und der Elfmeterschütze schoß ihm den Ball in die Hände.«

Dirk Schümer, Autor von *Gott ist rund*, hält Handke für den »Präzedenzfall« des Schriftstellers, der den Fußball niemals begreifen wird: »Peter Handkes *Die Angst des Tormanns beim Elfmeter* zeugt bereits von ungemeiner Schludrigkeit und Ahnungslosigkeit des Autors angesichts eines gesellschaftlichen Milieus, über das er sich dennoch freiweg zu urteilen anmaßt. Denn natürlich ist es nicht der Torwart, sondern der Schütze, der beim Elfmeter Angst verspürt.« Das bestätigt im ZDF-Gespräch mit Dieter Kürten auch der Fachmann Lothar Matthäus, der 1999 beim Strafstoß im Pokalfinale zwischen Bayern München und Werder Bremen versagt: »Der Schütze beim Elfmeterschießen kann immer nur verlieren. Der Torhüter kann immer nur zum Matchwinner werden – weil beim Elfmeter, das ist das Normalste, wenn er reingeht.«

Um den Fall »Handke und der Fußball« ein für allemal ad acta zu legen, ein letztes Zitat aus dem Band *Ich bin ein Bewohner des Elfenbeinturms* von 1972. Hier entlarvt sich der Schriftsteller endgültig als fußballunkundiger Ästhet: »Der schönste Augenblick ist aber jener, in dem der Ball noch im Mittelpunkt des Spielfeldes liegt, einen Augenblick, bevor die Spieler sich bewegen und bevor der Ball von den Spielern bewegt wird. Alle halten den Atem an und schauen.« – Und 45 000 warten ungeduldig auf den Anpfiff. Was soll's! Der Blick vom Elfenbeinturm aus läßt wohl keine andere Sicht auf das Spielfeld zu.

Im Gegensatz zur »Hochkultur« war die »Trivialliteratur« dem Fußball schon immer gewogen. Seine Atmosphäre und das Umfeld bieten einen idealen sozialen Hintergrund – vor allem für Kriminalgeschichten. In der DDR erscheint 1967 der Krimi *Der Mörder saß im Wembley-Stadion* von Hans Walldorf. Hinter dem Pseudonym verbirgt sich der Schriftsteller Erich Loest, der – nach einem siebenjährigen Gefängnisaufenthalt in Bautzen – Publikationsverbot hat. Durch das Krimischreiben ist es ihm möglich, sich und seine Familie wenigstens materiell abzusichern, wie er Jahre später berichtet: »So kam ich auf eine der fruchtbarsten Ideen meines Lebens, Krimis in London anzusiedeln, wo ich sowieso nie gewesen war.« Den Mangel an Recherchemöglichkeiten vor Ort macht Loest zur Tugend. Vom Schreibtisch aus und in der Bibliothek, wie einst Karl May, erarbeitet er sich das Ausland, und keiner seiner Leser bezichtigt ihn damals eines topographischen Fehlers, denn diese, »dank umfänglicher Maßnahmen ihrer Regierung nicht weltläufig in westlicher Richtung, waren nicht schlauer als dieser Autor«. Immerhin fünf Krimis bringt Hans Walldorf heraus, die Taschenbücher werden mehrfach aufgelegt, sogar ins Rumänische und Bulgarische übersetzt und vom Fernsehen der DDR verfilmt.

Die WM 1966, die gerade vorbei ist, bietet dem listigen Autor die Gelegenheit, einen aktuellen Zeitbezug herzustellen. So benutzt er die einzelnen Partien als Vehikel, um die zunehmende Spannung im Handlungsverlauf zu transportieren. Bei der Aufklärung von Bankraub und Polizistenmord streift sein Inspektor Varney durch das »swinging London« der Weltmeisterschaft. Der Alltag wird von den Fußballspielen und den Gesprächen darüber beherrscht. Am Ende wird der Mörder »schließlich im Wembley-Stadion geschnappt, während unten die Herren Stiles und Charlton, Seeler und Haller kunstvoll kickten«. Durch die Verwendung von Zeitungszitaten oder Spielbeschreibungen, die er selbst nur aus dem Fernsehen kennt, schafft Loest eine verblüffend realistische und authentische Atmosphäre. Für den Leser wird durch die Einbeziehung der fußballerischen Realität der Krimi zu einem Stück glaubwürdiger Reisebeschreibung und Alltagsgeschichte.

Mit seinem zweiten Fußballkrimi *Rotes Elfenbein*, der dann ausgerechnet zur Zeit der WM 1974 in der Bundesrepublik spielt, nimmt Loest diese Form der Rahmenhandlung wieder auf. Darin findet natürlich das legendäre »Sparwasser-Tor« Verwendung. Das 1:0 der ostdeutschen Auswahl gegen das Team der BRD ist für viele DDR-Bürger prägender und identitätsstiftender als jeder Parteitagsbeschluß der SED. Diese Identifikation schafft auch das Buch. Die Bilder der Spiele sind den Ostdeutschen aus dem Fernsehen bekannt. Durch das Thema Fußball kann Erich Loest auf ein zusätzliches Interesse hoffen, obwohl die DDR-Auswahl auf internationaler Ebene ansonsten eher glücklos agiert. Bis auf einen Olympiasieg in Montreal 1976 können die Staatsamateure kaum Erfolge erringen. Während zu den Oberligaspielen jede Woche Hunderttausende in die Stadien gehen und die *Neue Fußballwoche* zu einer der meistverkauften Zeitungen machen, spielt der internationale Fußball in der DDR offiziell keine große Rolle. »Notorische WM-Qualifikations-Versager«, poltert der Trainer in Thomas Brussigs Fußball-Monolog *Leben bis Männer*. Horst Friedemann, Herausgeber der ausgezeichneten Textsammlung zum DDR-Fußball *Sparwasser und Mauerblümchen* analysiert die Ursachen: »Weil nie weltmeisterverdächtig, es sei denn in Freundschaftsspielen, weil kein Vorzeigeobjekt, schoben ihn [den Fußball] die DDR-Sportoberen nahezu aufs Abstellgleis. Ein drangsaliertes Stiefkind, für das jede Mark, jeder Aufwand zu schade schien. Die Erklärung ist so simpel wie unbegreiflich. Die populärste Sportart, angesichts überlegener internationaler professioneller und weltweit als Sportart Nr. 1 geförderter Konkurrenz, kein Erfolgsgarant, verlor die Liebe seiner Sportväter. Und die gezielte Unterstützung.«

Im Vereinsfußball ist die Unterstützung, gefördert durch die SED-Bezirksfürsten, erheblich höher, der professionelle Europacup verspricht zum einen Devisen, zum anderen Popularität in der Bevölkerung. In den siebziger Jahren führt dies zu einer kurzen Blüte, Dynamo Dresden und Lokomotive Leipzig sind damals gefürchtete Gegner der bundesdeutschen Clubs. 1974 bringt dieser Aufschwung den einzigen europäischen Titel: Der FC Magdeburg besiegt im Finale der Landesmeister den AC Mailand mit 2:0.

Große Koalition

Wie das Spiel der deutschen Nationalmannschaft ist auch die Amtszeit Ludwig Erhards vom Pech begleitet. Ausgerechnet der »Vater des Wirtschaftswunders« muß sich mit der ersten Rezession der Nachkriegszeit auseinandersetzen. Vor allem im Baugewerbe und Bergbau kriselt es. Die Lohnnebenkosten sind auf dem höchsten Niveau seit Gründung der Bundesrepublik und steigen noch 1965 um 9,1 Prozent. Die ungewohnt hohen Arbeitslosenzahlen, über 600000 sind ohne Beschäftigung, beunruhigen die Bevölkerung. Erhards Appell an die Deutschen, sie sollten lieber »maßhalten«, ist unpopulär. Seit seinen Ausfällen gegen kritische Schriftsteller wie Grass und Walser, die er als »kleine Pinscher« bezeichnet, gilt er auch den bürgerlichen Intellektuellen in der eigenen Partei als nicht mehr tragbar. Auch wegen seiner Fußball-Leidenschaft gerät »der Dicke« wieder ins Kreuzfeuer. Als er im Mai 1965 die englische Königin zum Gala-Diner empfängt, läßt er sich immer wieder die Zwischenstände vom Europacupspiel zwischen 1860 München und Westham United durchgeben. Das läßt nicht nur den *Spiegel* an seinem Geisteszustand zweifeln. Ende 1966 ist die christlich-liberale Koalition dann wirklich am Ende. Nachdem die Minister des Koalitionspartners FDP sich weigern, Steuererhöhungen mitzutragen, ist Ludwig Erhard gezwungen, am 30. November 1966 zurückzutreten. Im Vorfeld haben sich CDU/CSU und die Sozialdemokraten auf eine große Koalition ohne den »Dicken« geeinigt. Kanzler wird am 1. Dezember 1966 der baden-württembergische Ministerpräsident Kurt-Georg Kiesinger, der wegen seiner nationalsozialistischen Vergangenheit umstritten ist. Im neuen »Superkabinett« (*Bild*) finden sich die gegensätzlichsten Politiker dieser Zeit: Herbert Wehner wird Minister für gesamtdeutsche Fragen, Willy Brandt Außenminister und Wehners Lieblingsgegner bei den parlamentarischen Debatten, Franz Josef Strauß, wird Finanzminister. Ein personelles Zugeständnis an die bayrische Schwesterpartei der CDU, mit dem viele Genossen aus der SPD so ihre Schwierigkeiten haben. Zusammen mit dem Bayern gelingt es Wirtschaftsminister Karl Schiller, durch Finanzspritzen und Investitionen die Wirtschaft wieder zum Laufen zu bringen.

Die Entwicklung im deutschen Fußball kommt vorerst noch einmal ins Stocken. Zwar gelingt es einer zweiten Bundesligamannschaft, den begehrten Europapokal der Pokalsieger zu holen – der FC Bayern schlägt mit Müh und Not in Nürnberg die Glasgow Rangers dank eines 1:0-Gewaltschusses von Franz »Bulle« Roth in der 108. Minute –, der Nationalmannschaft jedoch scheint nach der erfolgreichen WM in England die Luft zu fehlen. Höhepunkt der Krise wird die Qualifikation für die erste offizielle Europameisterschaft 1968. Dabei fängt alles ganz euphorisch an. Im Stadion Rote Erde in Dortmund besiegt man die albanische Mannschaft leicht mit einem 6:0. Vier der Treffer erzielt ein Bayern-Spieler, dessen Eignung für die Nationalmannschaft in der Presse immer wieder kontrovers diskutiert wird: »Bomber« Gerd Müller. Er sei kein richtiger Torjäger, eher ein Abstauber, bescheinigt man dem jungen Mittelstürmer in der Fachpresse. Seltsam bei einem, der sich in dieser Saison immerhin mit 28 Treffern die Torjägerkanone mit Lothar Emmerich teilt. Müllers instinktives Spiel sei keinem Vergleich mit dem verletzten Seeler gewachsen, der auch mit dem Kopf spiele.

Die 1:0-Hinspielniederlage in Belgrad gegen Jugoslawien können Helmut Schöns Männer noch mit einem deutlichen 3:1 beim Heimspiel im Oktober in Hamburg beantworten. Und das, obwohl Mittelfeldregisseur Franz Beckenbauer verletzt ist. Ihn vertritt der junge Allgäuer Roth, der durch den Europapokaltreffer auch Helmut Schön auf sich aufmerksam gemacht hat. Zum ersten Mal spielen Seeler und Müller nun nebeneinander im Sturm und schießen je ein Tor. Bei seiner Heimkehr nach München erfährt der »Bomber« von seiner Wahl zum Fußballer des Jahres durch jene Sportjournalisten, die ihn bis vor kurzem noch für einen »Abstauberkönig« hielten.

Das vermeintlich leichte Rückspiel gegen die Albaner in Tirana am 17. Dezember gerät zu einer bösen Pleite. Gegen eine massiv mauernde Heimmannschaft und ohne die verletzten Seeler und Müller scheint das Tor wie vernagelt, und es bleibt beim mageren 0:0. So ist Jugoslawien qualifiziert, und die Deutschen nehmen nicht an der Europameisterschaft in Italien teil. Die Scham, gegen den »Fußballzwerg« versagt zu haben, sitzt bis heute so tief, daß bei jeder Neuauflage dieser Begegnung von allen Seiten gewarnt wird, die Albaner nicht zu unterschätzen. Schlimm für eine Nationalmannschaft, wenn man einen Angstgegner hat, der Albanien heißt. Und auch damals gab es schon viel Häme. Helmut Schön bekommt bei der Ankunft in Deutschland den Spott in großen Schlagzeilen um die Ohren gehauen: »Laß doch mal den Merkel ran!«

Auch in der Politik geraten die etablierten Parteien in die Kritik. Durch das Fehlen jeglicher Opposition im Bundestag, die FDP hat gerade einmal 50 von 518 Sitzen, bildet sich eine alternative Öffentlichkeit heraus. Vor allem die linksliberalen Zeitungen und Zeitschriften wie *Zeit*, *konkret* oder *Pardon*, die seit Beginn der Sechziger eine beträchtliche Auflagensteigerung erfahren, ziehen gegen das neue »Ermächtigungsgesetz« zu Felde. So entsteht eine durch nie dagewesene Presse- und Informationsvielfalt gerüstete Öffentlichkeit, in der sich die Hoffnung einer ganzen jungen Generation spiegelt. Die Außerparlamentarische Opposition, kurz APO genannt, besetzt die parlamentarischen Leerräume und erobert den öffentlichen Diskurs. Immer größer werdende Demonstrationen bestimmen das Bild in Deutschlands Städten. Nicht nur die Innenpolitik und der vielgeschmähte Muff »unter den Talaren« der Universitätsprofessoren sind Ursache der Proteste. Ungerechtigkeit, Folter und Diktatur sind zahlreich in der Welt, Vietnamkrieg und Schah-Besuch führen zur Eskalation der Auseinandersetzungen.

Ernste und unterhaltende Kultur reagieren verschieden auf das politische Umfeld. Der Erfolg des Fernsehens – seit 1967 nun auch in Farbe – hat für eine anhaltende Krise des Kinos gesorgt. In den Filmtheatern laufen neben anspruchsvollen Werken des »Jungen deutschen Films« wie Alexander Kluges *Die Artisten in der Zirkuskuppel: ratlos* vor allem ausländische Produktionen. Erfolgreiche deutsche Filme wie die wortgewandte und kluge Komödie *Zur Sache, Schätzchen!* von May Spils sind eher die Ausnahme. Geld verdient man inzwischen mit leichten Erotikblödeleien wie *Engelchen – oder die Jungfrau von Bamberg*, in der ein gewisser Hellmut Markwort in der Rolle eines grapschenden Taxifahrers glänzt. Auch Oswald Kolles Aufklärungsfilme locken die Massen noch ins Kino. Was die Menschen der späten Sechziger wirklich bewegt, findet sich auch im deutschen Schlager. Udo Jürgens versucht sich heuchelnd an rassigen Spanierinnen: »Es wird Nacht, Señorita, und ich hab' kein Quartier. Laß mich ein in dein Bettchen, ich will gar nichts von dir.« Für die ältere Generation lenkt ein holländischer Junge von der rauhen Wirklichkeit ab. Heintjes *Mama* treibt Müttern und Großmüttern die Tränen in die Augen, vor allem angesichts der eigenen außerparlamentarischen Brut. Der liest dann der gute Junge aus Hamburg kräftig die Leviten: Mit seinem Soldatensong *Hundert Mann und ein Befehl* tritt Freddy Quinn offen für den Vietnamkrieg ein und steigert seine Vaterlandshudelei in dem Anti-Gammler-Song *Wir*:

Wer will nicht mit Gammlern verwechselt werden?
WIR!
Wer sorgt sich um den Frieden auf Erden? WIR!
Ihr lungert herum in Parks und in Gassen,
wer kann eure sinnlose Faulheit nicht fassen? WIR!
WIR! WIR!

3.
Die siebziger Jahre

Mehr Demokratie wagen

Ende der sechziger Jahre beginnt sowohl für die bundesrepublikanische Politik als auch für die Nationalmannschaft ein neues Zeitalter. Nach dem Ende der Großen Koalition wird Willy Brandt am 22. Oktober 1969 als Bundeskanzler einer sozialliberalen Koalition vereidigt. Am Abend desselben Tages qualifiziert sich die deutsche Nationalmannschaft durch einen Sieg gegen Schottland für die WM 1970 in Mexiko, und auch auf dem Platz fängt eine neue Ära an. Die politischen Utopien und die Sehnsucht nach Reformen schlagen sich in einer neuen Kunst der Ballbehandlung nieder. Der frische spielerische und offensive Stil der Nationalmannschaft scheint sich an Willy Brandts Wahlkampfmotto zu orientieren: »Mehr Demokratie wagen!«

Neunjährige haben noch wenig Sinn für Politik. Es gibt Wichtigeres. Sobald die Hausaufgaben einigermaßen erledigt sind, geht es zum Spielplatz. Das kleine Stück Rasen dort hat wegen unseres unermüdlichen Einsatzes den Sommer schlecht überstanden. Vor dem einzigen Tor befindet sich eine matschige Lache, jeder will mal Torwart sein. Dreckige Klamotten und Ärger gibt's ja sowieso. Der braune Lederball saugt sich im Nieselregen voll und brennt höllisch, wenn man ihn auf die nackten Schenkel kriegt. Wieder zu Hause, riecht das Leder nach nassem Hund. Uwe Seeler wird als Vorbild von Gerd Müller abgelöst. Wer richtig dribbeln kann, ist Stan Libuda. Sein Foto ist eines der gefragtesten Fußballbildchen im Bergmann-Sammelband. Libuda hat »uns«, verfolgt von verzweifelten schottischen Verteidigern, ganz gelassen nach Mexiko geschossen. »An Gott kommt keiner vorbei – außer Stan Libuda!« Dieses Glaubensbekenntnis steht hinten im Aufgabenheft.

Die Stärke der Nationalmannschaft kommt nicht von ungefähr. Das Personal für seinen spielerischen Reformkurs hat Bundestrainer Helmut Schön einer starken Bundesliga zu verdanken. Deutsche Mannschaften spielen im europäischen Wettbewerb inzwischen ganz oben mit. Übertragungsrechte, Bandenwerbung und hohe Zuschauerzahlen bringen den Vereinen gutes Geld und ermöglichen zudem eine Internationalisierung der Teams. Fußballspielende Gastarbeiter wie der originelle Jugoslawe Petar »Radi« Radenkovic von 1860 München oder der geniale, aber verrufene Niederländer Jakobus »Co« Prins in Kaiserslautern sind Publikumslieblinge, der kroatische Trainer Zlatko »Tschik« Cajkovski führt den 1. FC Köln und später Bayern München zu großen Erfolgen. Auch deutsche Spieler wie Karl-Heinz Schnellinger und Helmut Haller gehen jetzt, zwar immer noch vom Mißtrauen der Fans begleitet, ins europäische Ausland. Man stempelt sie aber nicht mehr gleich als Vaterlandsverräter ab, wie Jahre zuvor noch Horst Szymaniak. So sammeln die Spieler endlich die notwendige internationale Erfahrung, die der Nationalmannschaft durchaus zugute kommt.

Spitzensport in dünner Luft

Vor dem Flug zur WM in Mexiko sorgt sich die deutsche Öffentlichkeit. Vor allem die Höhenlage der Austragungsorte von über 2000 Metern ist heiß diskutiert: Wird man in solch dünner Luft überhaupt spielen können? Seit der Olympiade 1968 geistern Bilder von zusammenbrechenden Leichtathleten durch die Köpfe, und Schilderungen von unhygienischen Verhältnissen, verbunden mit der Furcht vor »Montezumas Rache«, sind noch in guter Erinnerung. Die Ängste der Sportreporter erübrigen sich. Hotel und Trainingslager der Deutschen in Leon sind in einem hervorragenden Zustand, und schon wenige Tage nach ihrer Ankunft haben sich die Kicker an Hitze und Höhenluft gewöhnt. Die Vorrunde verläuft fast nach Wunsch; nach einem etwas unbeholfenen Start gegen Marokko – man gerät gegen den krassen Außenseiter 0:1 in Rückstand – zeigt sich die wirkliche Klasse dieser deutschen Mannschaft. Nach überzeugenden Spielen gegen Bulgarien und Peru – wieder glänzt Libuda – wird Helmut Schöns Team mit sechs Punkten Gruppensieger und kann im luxuriösen Leon bleiben.

Um den einzigen Farbfernseher in der Nachbarschaft, auf dem wir sonst nur einmal in der Woche »Schweinchen Dick« gucken dürfen, versammeln wir uns im Halbkreis und erleben die spannendsten zwei Stunden unseres bisherigen Lebens. Obwohl noch keine Ferien sind, dürfen wir länger aufbleiben und im Garten zelten. In einem furiosen Match schlagen die Deutschen im Viertelfinale England mit 3:2, eine Revanche für die Niederlage von Wembley. Nach einer Stunde scheint das Spiel zu unserem Entsetzen bereits entschieden: England führt mit 0:2. Bei glühender Mittagshitze – eine Konzession an die mitteleuropäischen Fernsehgewohnheiten – wird Bobby Charlton ausgewechselt, vermutlich, um ihn fürs Halbfinale zu schonen. Die Rechnung von Nationalcoach Alf Ramsey geht nicht auf. Beckenbauer schnappt sich Sekunden später den Ball, läßt seinen Gegner an der Strafraumgrenze stehen und schießt flach ein: 2:1! Sieben Minuten vor Schluß markiert Uwe Seeler mit seinem berühmten »Hinterkopftor« den Ausgleich. Wir jubeln uns in die Verlängerung, in der sich schließlich Gerd Müllers Qualität als »Knipser« durchsetzt. In der 108. Minute knallt er einen Kopfball von Hannes Löhr aus kürzester Distanz in die Maschen des englischen Tores.

Im Zelt flüstern wir noch lange von »unserer Mannschaft«. Dieses Spiel scheint an Spannung und Dramatik unübertreffbar. Am nächsten Tag in der Schule gibt es nur ein Thema. Die *Bild* triumphiert mit der üblichen sprachlichen Gewandtheit: »Alemania – bum, bum, bum«. Doch erst das Halbfinale gegen Italien gerät zum wirklichen »Jahrhundertspiel«.

»Verdammte Spaghettifresser!«

In seinem autobiographischen Roman *Die Reise* beschreibt Bernward Vesper, früherer Lebensgefährte von Gudrun Ensslin, wie er den Abend des Halbfinales erlebt. Bei einigen Genossen vom Münchner SDS muß er deren erschreckende Verwandlung in Fußballfans mit ansehen: »Im Zimmer vor dem Fernsehschirm waren nur acht Leute, gewiß keine ›repräsentative Erfahrung‹. Auch zugegeben: sie tranken viel, Bier, Rotwein. Aber die Spannung des Spiels veränderte sie. [...] Es ist dunkel im Zimmer, aber als das Tor fällt (92. Minute), stürzen Biergläser um, panisch kreischende, sich umschlingende, gegen die Decke hin wachsende, kreiselnde, torkelnde, schlingernde Paare.« Diese Fußballbegeisterung schlägt in den Augen des Genossen Vesper in reinen Chauvinismus um. Die eigenen politischen Freunde demaskieren sich durch patriotische Parolen, es geht wüst her: »Ja, diese verdammten Spaghettifresser, die verzögern, die den Vorsprung halten wollen, die foulen, die sich mit flehender Gebärde an den Schiedsrichter wenden, die sich auf den Rasen schmeißen, als wären sie tödlich getroffen: Diese Schweine, Dreckskerle, und nie wieder gehe ich in eine Pizzeria! Diese Makkaronis, ja, verdammte Scheiße, ich lege sie um, ich küsse die Mattscheibe nach dem deutschen Tor.« Keine Spur von *political correctness*, hinter der revolutionären Fassade bricht der deutsche Spießer und Rassist hervor, Fußball wird zum Kriegsschauplatz. Vesper resigniert: »Es ist zum Kotzen.«

Die Aversion linker Autoren gegen den Fußball ist durchaus nicht unbegründet. Nicht selten herrscht beim Fußball tatsächlich ein unkritischer Nationalismus. Symbole wie Deutschlandfahne und Nationalhymne – auch wenn es sich nur um die dritte Strophe handelt – sind nicht jedermanns Sache, und faschistisches und rassistisches Verhalten der Fans in den Stadien tun ihr übriges. Obwohl die bundesrepublikanische Wirklichkeit sich entscheidend verändert hat, wird nach 1968 der offizielle Sport immer noch von Konservativen und Altfunktionären dominiert, eine Entnazifizierung der Sportverbände hat nie stattgefunden. Die politische und gesellschaftliche Liberalisierung wird vom DFB eher zögerlich verfolgt.

Für die jüngere Fangeneration wird das Spiel gegen Italien zur Metapher fußballerischer Vollkommenheit. Auch der Journalist Albert Hefele, damals achtzehn, schreibt 30 Jahre später glückselig in der *taz*: »Schnellingers Ausgleichstor in der Zweiundneunzigsten werde ich wohl noch auf dem Totenbett gedenken.« Es ist übrigens das erste und einzige Länderspieltor des immer noch umstrittenen Legionärs. »Ausgerechnet Schnellinger« (O-Ton Ernst Huberty), der sich des schnöden Mammons wegen ins Ausland verkauft hat und in Italien sein Geld verdient, wird zu einem der Helden dieses Spiels. Ein weiterer Protagonist ist Franz Beckenbauer, der sich eine Schulterprellung zugezogen hat. Da nicht mehr ausgewechselt werden kann, wird sein Arm vor der Brust mit einem Verband fixiert. Diese napoleonhafte Feldherrenhaltung hat sich uns als Ikone des fußballerischen Heroismus eingeprägt. Nie spielte »der Kaiser« eleganter und würdevoller.

In der Verlängerung wird das Spiel zum Thriller von Mexico City. Das 1:2 fummelt Gerd Müller fünf Minuten nach Wiederanpfiff ins Tor. Im Gedrängel schafft er es mal wieder, irgendwie schon fallend, noch mit der Hacke an den Ball zu kommen, der dann tatsächlich hinter die Linie trudelt. Die Italiener erzielen drei Minuten später nach einem Patzer von Sigi Held den Ausgleich und gehen kurz darauf sogar erneut in Führung. In der 110. Spielminute erzielt Müller per Kopfball das 3:3. Keine der beiden Mannschaften steckt auf, obwohl die Spieler in der Nachmittagshitze des Aztekenstadions stehend k. o. zu sein scheinen. Hundert Sekunden später fällt die Entscheidung: 4:3 durch Gianni Rivera. Die deutsche Mannschaft scheitert im Halbfinale knapp. Dennoch bezeichnet der Kölner Wolfgang Overath die WM in Mexiko als die beste, die er je erlebt hat, ob nun als Spieler oder als Zuschauer. Star dieser

WM ist der kleine wuselige Mann mit den gewaltigen Oberschenkeln: »Unser Bomber« Gerd Müller wird mit zehn Treffern Torschützenkönig, und die Frage, die das ganze Land im Vorfeld lange beschäftigt hat – Müller oder Seeler? –, ist eindeutig beantwortet: Müller *und* Seeler!

Weltmeister des Jahres 1970 wird verdientermaßen Brasilien. Noch einmal mit Pelé und den anderen großen Spielern wie Jairzinho, Rivelino und Carlos Alberto schlagen sie das ausgelaugte italienische Team im Finale. Ein Höhepunkt brasilianischer Spielkultur ist das letzte Tor zum 4:1. Der Ball wird von jedem einzelnen Spieler berührt, bevor Pelé ihn souverän lässig in den Lauf von Kapitän Carlos Alberto legt, der ihn knallhart ins italienische Tor befördert. Brasilien bekommt zum dritten Mal den Coupe Jules Rimet überreicht und darf die acht Kilo schwere Goldfigur endgültig behalten.

Popstars und Jägermeister

Mit der Konsolidierung der Bundesliga in den sechziger Jahren entsteht ein neuer Spielertypus, der mit biederen Fußballheroen wie Fritz Walter nicht mehr viel zu tun hat. Ähnlich wie in der Popmusik – die »Beatle-Manie« ist in aller Munde – beginnt eine neue Art der Heldenverehrung. Durch den wirtschaftlichen Aufschwung und die erheblich gestiegenen Gehälter im Fußball werden aus Vertragsamateuren echte Profis, die wissen, was sie wert sind. Das Fernsehen macht die Fußballer zu Helden des Alltags und somit werbetauglich. Unvergessen, weil noch herrlich unprofessionell, spricht Franz Beckenbauer in die Kamera: »Knorr in die Suppe, Kraft auf den Tisch!«

Einige Spieler lassen sich überreden, es als Schlagersänger zu versuchen. Die meisten dieser Versuche sind für den heutigen Hörer musikalisch schwer nachzuvollziehen – und zu ertragen: Das 1968 von schmissiger Blasmusik begleitete *Dann macht es bumm* von Gerd Müller erweckt heute weniger Rhythmus- als eher Mitgefühl beim Zuhörer. Franz Beckenbauers dahingesäuseltes Liedchen – »Gute Freunde kann niemand trennen, gute Freunde sind nie allein. Weil sie eines im Leben kennen, füreinander dazusein!« – ist ihm hoffentlich inzwischen selbst peinlich. Souverän dagegen klingt die Hymne des jugoslawischen Publikumslieblings Petar Radenkovic *Bin i Radi, bin i König*. Das Lied schließt selbstbewußt: »Was die andern Leute sagen, ist mir gleich, gleich, gleich«, was der Volks- und Kindermund dann zu einem munteren »scha-heißeegaaal« umfunktioniert. Immerhin schafft es »Radi« 1965 auf Platz fünf der Schlagercharts – unerreicht in der Fußballgesangsgeschichte. Im selben Jahr wird der Hamburger Charlie Dörfel von der französischen Sportzeitschrift *L'Equipe* zum besten Linksaußen Europas gewählt. Ob ihn das bewogen hat, jenen Tango mit dem Titel *Erst ein Kuß* aufzunehmen? Freundlicher geht HSV-Teamkollege Uwe Seeler mit empfindlichen Fanohren um: Beim Werbespot für Rasierwasser von *Hattrick* beläßt er es beim Pfeifen von *Im Frühtau zu Berge*, und nun weiß die ganze Nation, daß auch »uns Uwe« einen *Alibert* im Bad hängen hat.

Solch frühe Vermarktungsbestrebungen im Fußball werden von seiten der Offiziellen eher skeptisch beäugt. Man beharrt hartnäckig auf einem – allerdings nur noch auf dem Papier bestehenden – Amateurstatus. Dabei sind die Vereine schon längst dazu übergegangen, Spieler durch Vergünstigungen oder Schwarzgelder an sich zu binden. Erst nach dem Bundesligaskandal von 1971, einer der schönsten Grotesken im Fußballtheater, in deren Verlauf mehrere Spieler von Arminia Bielefeld, Schalke 04 und Hertha BSC der Bestechlichkeit überführt werden, reagiert der DFB. Das Lizenzspielerstatut wird grundlegend verändert, Spielergehälter und Ablösesummen sind nun frei verhandelbar. Parallel dazu erschließen sich den Vereinen neue Einnahmequellen. 1973 läuft zum ersten Mal eine Bundesligamannschaft mit Reklame auf dem Trikot auf. Eintracht Braunschweig wirbt für etwas durchaus Stadionverträgliches: den Kräuterlikör *Jägermeister.* Vielen Fans erscheint es, als hätte der Fußball durch die zunehmende Kommerzialisierung seine Unschuld verloren. Und doch befindet sich der deutsche Fußball auf Erfolgskurs. Der Sieg bei der Europameisterschaft 1972 und der Gewinn der Weltmeisterschaft 1974 sind die Höhepunkte dieser großen Fußballära.

Sag mir, wo du stehst!

Die kommerzielle Vermarktung des Sports verändert die Akteure und ihre Wahrnehmung durch die Öffentlichkeit erheblich. Das Bild vom Fußballspieler wird gänzlich neu gestaltet. Aus schüchternen unbeholfenen Musterknaben der Wiederaufbaugeneration werden selbstsichere Vermarkter in eigener Sache. Auch nach außen zeigt man das, wie Fotografien aus dieser Zeit beweisen: Modische lange Haare, buschige Koteletten und wüste Bärte zeugen von diesem neuen Selbstbewußtsein. Das Posieren mit Statussymbolen wie Auto, Bungalow und Ehefrau demonstriert ein noch von keinem Sozialneid bedrohtes Selbstverständnis: Der Bundesligaspieler ist ein Popstar, der ein erstrebenswertes Leben führt. Entsprechend besingt Mario Martens 1976 in Ilja Richters Sendung *Disco* den besten Job der Welt: »Ich wollt', ich wär' ein Fußballstar, mit weißem Dress und langem Haar.«

Führen die besagten langen Haare anfänglich noch zu mißmutigen Dialogen zwischen den Generationen, setzt sich letztendlich das alte Adi-Preißler-Wort durch: »Maßgebend is' auffen Platz!« Im Bundesligaalltag beschäftigt die Fußballzuschauer vor allem das ständige Duell zwischen den beiden Spitzenmannschaften: Bayern München und Borussia Mönchengladbach. Zwischen 1969 und 1977 tragen die beiden Teams sämtliche Meisterschaften untereinander aus.

Diese idealtypischen Antipoden liefern einer debattierfreudigen Gesellschaft die Gelegenheit, ihren Diskurs auch auf den Bereich des Sports auszudehnen. So wird Fußball zum Spiegelbild der reformfreudigen Ära Brandt: »Hier standen sich zwei Optionen gegenüber, die in den wenigen Jahren nach 1968, als wirklich Bewegung in die bundesdeutschen Strukturen kam, um die Vorherrschaft rangen – Radikalität oder Nüchternheit, Reform oder Pragmatismus, Utopie oder Funktionalität«, beschreibt dies der Netzer-Biograph Helmut Böttiger. Den Unterschied zwischen den beiden Mannschaften sucht man nicht nur auf dem Spielfeld. Wenn es gegen Bayern geht, wird gerne mal mit Ernst Bloch argumentiert: »Es gibt keinen unpolitischen Sport; ist er frei, so steht er links, ist er verblendet, so vermietet er sich nach rechts.«

Soziologisch betrachtet, eignen sich die beiden Mannschaften durchaus, um die gesellschaftlichen Kontraste in der Bundesrepublik der siebziger Jahre aufzuzeigen: Der FC Bayern gilt als das Synonym für einen aufstrebenden, karriere- und zweckorientierten Angestelltenfußball. Dessen Motto »Es gibt im Fußball keine Schönheitspreise zu gewinnen!« gilt schon damals. Von linker Seite liebt man natürlich Gladbachs »Fohlenelf«, die junge Truppe von Trainer Hennes Weisweiler. Man mag ihren spaßbestimmten und genialischen Kick, der aufgrund einer gewissen Lässigkeit auch immer wieder scheitert. Diese Art Fußball zu spielen kann auch vor den kritischen Intellektuellen bestehen. Gladbach ist laut Böttiger die Metapher für »kompromißloses Angriffsspiel, der Blick richtete sich unablässig nach vorn, die Flanken wurden aufgerissen. Getragen war dies alles von den weiten Pässen Günter Netzers, die den Geist der Utopie atmeten«.

Die Rollen der beiden »Lichtgestalten« Franz Beckenbauer und Günter Netzer stellen sich aus dieser Perspektive genauso gegensätzlich wie die ihrer Vereine dar. Der Bayern-Kapitän gilt als ehrgeiziger Aufsteiger aus kleinbürgerlichen Verhältnissen. Mit seiner Anbiederung an die bayrische Staatsmacht – er zeigt sich bei den Bayreuther Festspielen im Smoking neben Franz Josef Strauß – verscherzt es sich Beckenbauer, der qua definitionem durchaus einen »linken«, weil intelligenten Fußball spielt, bei den kritischen Intellektuellen endgültig. Der Fußballfan und Rhetorikpapst Walter Jens bezeichnet ihn als »Symbol des Kapitalismus im Zeitalter der Refeudalisierung«. Der Satiriker Eckhard Henscheid, erklärter Bewunderer Beckenbauerscher Ballkunst, zieht den Spieler später wegen dieses Bayreuth-Besuches durch den Kakao: »Gut, zuerst war der Kaiser ein bißchen ängstlich, aber dann brach es aus ihm heraus: ›Mensch!‹ staunte er schon zur Pause, ›das ist ja eine echte Klasse-Musik. Und die Sänger erst! Spitze!‹ «

Linker Mythos aus der Tiefe des Raums

Zum Glück gibt es Günter Netzer, die »Ikone intellektuell veranlagter Fußballfreunde«, so Böttiger. Er ist der ideale Protagonist, um den Traum vom linken Fußballer zu verkörpern. Netzers selbstgeschaffenes Image paßt: Ein langhaariger Rebell, spielerisch genial, aber launisch; ein Individualist, der sich aber in das Kollektiv einzubringen weiß, eher ein Bonvivant als ein Spießer. Trotz proletarischer Herkunft tritt er selbstsicher auf, fährt einen roten Ferrari, vor dem er gerne für die Fotografen posiert, und lebt mit seiner eigenwilligen Freundin Hannelore Girrulat »in wilder Ehe« zusammen. Deshalb adoptieren die Linken Netzer, der für sie, die Unsportlichen und Kurzatmigen, die eigene Sehnsucht nach dem aufgeklärten Geist im sportlichen Körper repräsentiert.

Mehr noch als seine Allüren liebt man Netzers Art, Fußball zu zelebrieren: »Wenn Netzer seinen Elchgang in Bewegung setzte, wenn er also aus der Tiefe des Raums kam, wenn er anhob – genießen wir das ruhig einmal in Zeitlupe – und den Ball unwiderruflich in die gefährliche Zone hob, wenn das geschah, dann wurden Heynckes, Wimmer und Lefèvre zu abgeschossenen Pfeilen, dann glaubten Italiens hartgesottene Kommentatoren, zum zweitenmal die Kimbern und Teutonen einbrechen zu sehen, nun aber nicht barbarisch, sondern in wilder Eleganz.« Diese *FAZ*-Eloge von Karl Heinz Bohrer nach dem sagenhaften 7:1-Erfolg gegen Inter Mailand 1971 zeugt von tiefster Verehrung.

»Netzer kann unendlich viel anstellen mit dem Ball, er hat gleichsam unbegrenzte Möglichkeiten«, schwärmt 1972 sein Biograph Ulfert Schröder. Die traumwandlerisch präzisen Pässe, das Zen-Ritual des Ballzurechtlegens vor dem Freistoß, den er dann auch auf zauberische Weise aus unmöglichem Winkel im Tor versenkt, all dies trägt zu Netzers sportlichem Mythos bei. Und schafft eine moderne Heldensage, an deren Verbreitung auch Schröder mitstrickt: »Daß Netzer ein Künstler ist, bezweifelt mittlerweile niemand mehr. Zumal das Wort in diesem Falle einen anderen Wertbegriff besitzt. Denn der Fußballkünstler Netzer, das hat dieselbe Bedeutung wie Zauberkünstler oder Kunstschütze.«

Doch Erfolg allein schafft noch keinen Mythos. Gerade Netzers Karriere ist durchzogen von Konflikten und Momenten des Scheiterns. Dem genialen Europameisterschaftssieg in Wembley steht die angebliche Ausgrenzung des Gladbachers bei der Weltmeisterschaft 1974 durch die »Bayern-Mafia« gegenüber. Das respektvolle Vater-Sohn-Verhältnis zwischen Netzer und Hennes Weisweiler endet 1973 beim Pokalfinale gegen Köln im Konflikt: Enttäuscht von dessen Entscheidung, zu Real Madrid zu wechseln, setzt der Trainer seinen Spielmacher beim letzten möglichen Einsatz für Gladbach auf die Ersatzbank. Nach der Pause weigert sich Netzer, aufzulaufen. In der Verlängerung wechselt er sich schließlich selbst ein, reißt das Spiel an sich und erzielt nach Doppelpaß mit Rainer Bonhof das entscheidende 2:1. Hier findet die Fußballsagenwelt den einsamen Helden, der sich von seinem Vater löst und dadurch zum Sieger wird. Welch ein Stoff für psychologische Deutungen!

Der verlorene Sohn geht dann tatsächlich nach Madrid und dem deutschen Fußball endgültig verloren. Bei der

Weltmeisterschaft 1974 kommt er ein einziges Mal zum Einsatz – ausgerechnet im Spiel gegen die DDR. Wie Netzer Jahre später im Interview erklärt, lag das an seiner damaligen Kondition, nicht an einer »Bayern-Verschwörung« gegen ihn.

Netzer selbst hat sich nie als politischen Kopf gesehen, nicht einmal seine lange Mähne (wie sie, der damaligen Mode entsprechend, übrigens auch Beckenbauer und Hoeneß tragen) ist Ausdruck von Rebellion, wie Netzer 1993 im *taz*-Interview gesteht: »Nein, da ist viel hineininterpretiert worden. Die langen Haare habe ich nur gehabt, weil meine damalige Freundin Hannelore Girrulat meinte, daß ich mit kurzen Haaren bescheuert aussehen würde.«

Netzer war also gar kein Revolutionär und Rebell? Für den Soziologen Dietrich Schulze-Marmeling ist er »vielleicht die unverstandenste und mystifizierteste Erscheinung im deutschen Fußball schlechthin, [...] ein bürgerlicher Modernisierer, ein Rebell wider feudalistische Strukturen und allzu altmodische Denkweisen im Fußball, der auf einer Welle gesellschaftlicher Reformen mitschwamm«.

Mit dem Ruf des Rebellen kann der Pragmatiker und Perfektionist, als der er sich eigentlich sieht, durchaus leben. Wenn Netzer aufbegehrt, dann ist das nicht politisch motiviert, sondern eher von seinem Hang zur Individualität bestimmt. Und nicht zuletzt ist Netzer einer der ersten Spieler in den Siebzigern, der Fußball als Geschäft erkennt, seinen eigenen Marktwert richtig einschätzt und das erworbene Geld in eine Werbeagentur und seine Diskothek »Lovers Lane« investiert.

Was bleibt da noch von unserem Helden? Nicht mehr und nicht weniger als ein kluger, ästhetisch spielender Fußballer innerhalb eines funktionierenden Kollektivs, ein unangepaßter Individualist, vielleicht gar ein Reformer des deutschen Fußballs, nicht aus ideologischer Überzeugung, sondern »aus der historischen Notwendigkeit« heraus, die auch hier auf dem Platz lag.

Doch der Mythos Netzer bleibt weiter bestehen, obwohl Günter Netzer als Sportkommentator selbst an der Entzauberung der eigenen Legende arbeitet. In den Köpfen und Herzen der Fans wird er immer der langhaarige blonde Rebell bleiben, der einen linken Fußball zelebrierte, welcher »den Geist der Utopie atmete«. Jede nüchterne Betrachtung versagt, wenn eine kollektive Heldensehnsucht das Bild einer besseren Vergangenheit heraufbeschwört.

Das, was den Fußball ausmacht, ist eben nicht rational zu fassen – erfüllt doch der Fußball heutzutage eine gesellschaftliche Funktion, die einst Sagen und Märchen hatten. In einer von Informationen überfluteten Öffentlichkeit werden die Geschichten rund um den Fußball zum letzten Kollektiverlebnis. Die Sagen über unsere Ballhelden bilden unsere *oral history*.

Und so mag dieser Abschnitt mit einer Netzer-Anekdote des Biographen Böttiger enden: »Als er sich im Vorfeld der Fußballweltmeisterschaft 1970 in Mexiko gegen Bundestrainer Helmut Schön auflehnte, berieten einflußreiche Pressekreise den Schönwettertrainer mit einem Leninzitat: ›Das brennende Herz eines Revolutionärs vermag niemand zu löschen.‹«

Tief im Herzen weiß der echte Fan, daß diese Geschichte wahr ist.

Die Eroberung des Feuilletons

Nach dem Weggang Günter Netzers haben Deutschlands Intellektuelle ihren Lieblingsrebellen verloren, der »linke Fußball« in Gladbach ist mit Netzer verschwunden. Man sucht nach neuen intellektuellen Hoffnungsträgern und wird auch fündig: »Frankfurt war die Metropole des freigeistigen Fußballs, wobei es reiner Zufall ist, daß am selben Ort der Deutsche Fußballbund residiert. Nirgendwo sonst in der Republik war diese Einheit von Kopf und Fuß so offenkundig, nirgendwo die Leidenschaft zum rollenden

Objekt so heißblütig – etwa im Ostpark, wo Joschka Fischer und Daniel Cohn-Bendit in spielerischer Eigenrealisation versammelt waren«, weiß Helmut Böttiger zu berichten.

Die treuesten Fans von Eintracht Frankfurt finden sich im Umfeld des Magazins *Pardon*, aus dem später die Satirezeitschrift *Titanic* und auch die *Neue Frankfurter Schule* hervorgehen. Vor allem Eckhard Henscheid macht immer wieder das »Unterbewußte und Fußballerische des Lebens« zu seinem Thema. Er schreibt noch 1986, als die große Zeit der Frankfurter längst vorbei ist, voll »Eintracht und Wehmut« vom »Reichs-Kleinod des Volkes« und schwärmt: »Ach der Erinnerung an die Grabowskischen Dribblings allercharmantester Zaubrischkeit! Ach der Ballverteilerkünste eines Bernd Nickel oder »Don Alfredo« Pfaff nebst beider ungeheurer Hämmer! Ach der Hubertschen Kreiselfigurinen im Geiste mäßig raschen Wiener Walzers!« Ein literarisches Pendant fand Henscheid im Schriftsteller Ror Wolf, langjähriger Eintracht-Kenner und Fußballpoet, Verfasser der bereits zitierten herzergreifenden WM-Moritaten. Bei ihrem ersten Zusammentreffen entsteht ein kongeniales »literarisch-fußballkundlich-komisches Pseudo-Interview«, das die beiden miteinander im Vorfeld der Weltmeisterschaft 1974 führen und das, wie sich Henscheid erinnert: »tatsächlich und sogar als Leittext im *FAZ*-Feuilleton erschien [...], und das Regiment Unseres Lautesten konnte derlei schräg Hanebüchenes noch nicht schreiend verhindern. (Ror Wolf erinnert sich heute anders: Reich-Ranicki sei in Urlaub gewesen und habe erst nachher aufbrüllen können.)«

Das begabteste Team des Kontinents

Wenn man Fußballspieler werden will, muß man fleißig trainieren. Immer nur auf dem Spielplatz bolzen reicht da nicht, inzwischen spiele ich im Dorfverein. Jeden Dienstag ist Training, das nehmen wir ernst und haben immer noch viel Spaß mit dem Ball. Bis wir alt genug sind für die D-Jugend. Unser neuer Trainer ist Feldwebel bei der Bundeswehr und erklärt, daß diese Rumbolzerei aufhören muß. Wir erfahren jetzt, was »richtiges Training« ist, und laufen. Wir laufen um den Platz, zweimal, wir spurten immer wieder das halbe Spielfeld hinunter. Der FC Bayern macht das auch so, sagt der Trainer. Wir machen Zirkeltraining und Gymnastik, üben Weitschüsse, Kopfbälle und Elfmeter. Dribbeln sollen wir uns abgewöhnen, das bringe nichts. Ich geh' jetzt nicht mehr so gern zum Training. Zur Bundeswehr möchte ich auch nicht mehr. Im selben Jahr werden wir Europameister.

Die Ausrichtung der ersten Fußballweltmeisterschaft in Deutschland ist anfänglich umstritten. Die neuen großen Stadien, die Anfang der Siebziger gebaut werden müssen, kosten schließlich Geld, und im Moment sind sogar die alten Stadien nicht ausgelastet. Das Renommee des bezahlten Fußballs ist im Keller. Der Bundesligaskandal 1971 hat die Zuschauer aus den Stadien vergrault, in der Saison 1972/73 wollen gerade noch fünf Millionen Fans den Profis in der ersten Liga zusehen. Das sind über eine Million Besucher weniger. Dabei spielt die Liga auf einem hohen Niveau. Bei den internationalen Wettbewerben mischen die bundesdeutschen Vereine ganz vorn mit. Bayern gewinnt in den siebziger Jahren dreimal den Pokal der Landesmeister. Auch der Erzrivale Gladbach ist erfolgreich und sorgt immer wieder für Spannung im Europapokal. Unvergessen bleibt den Fans das 7:1 von Borussia Mönchengladbach gegen Inter Mailand im Herbst 1971, das dann wegen eines Büchsenwurfs aus der Zuschauermenge auf Boninsegna annulliert wird. Ein furioses und grandioses Spiel mit einem überragenden Günter Netzer, das nur die enthusiastischen 28000 auf dem Bökelberg sehen können, weil die ARD das Spiel damals nicht überträgt. Es hat wegen 6000 Mark Mehrwertsteuer für die Übertragungsrechte Streit mit dem Verein gegeben.

Der Gewinn der Europameisterschaft 1972 versöhnt das Fußballvolk wenigstens mit seiner Nationalmannschaft. Zum ersten Mal scheint das Zusammenspiel der beiden rivalisierenden Bundesligaspitzenreiter zu funktionieren, Helmut Schön gelingt die Symbiose von Bayern und Gladbachern. Hier, man lasse sich die Namen auf der Zunge zergehen, die vermutlich beste Mannschaft, die je für Deutschland gespielt hat: Maier, Höttges, Schwarzenbeck, Beckenbauer, Breitner, Wimmer, Netzer, Heynckes, Hoeneß, Kremers, Müller. Die in der Presse befürchteten Rivalitäten bleiben aus. Sogar Reporter Oskar Klose schwärmt vom blinden Verständnis der Spieler untereinander: »Man spielt miteinander, füreinander, und so läuft das Spiel immer wieder fast selbstverständlich durch die eigenen Reihen.« Im Viertelfinale trifft das deutsche Team im geheiligten Wembley-Stadion auf die Engländer, die dort seit sieben Jahren nicht mehr verloren haben, und schafft die Sensation: Mit 3:1 schickt man die Hausherren in die Kabine. Das Finale im Brüsseler Heysel-Stadion gegen die Sowjetunion gewinnt das Team überlegen mit 3:0. Kurz vor Schluß versuchen deutsche Schlachtenbummler, wild mit Fahnen wedelnd, die Absperrung zum Spielfeldrand zu überklettern. »Sollen sie doch bleiben, wo sie waren«, entfährt es dem entnervten Oskar Klose angesichts dieser Disziplinlosigkeit. Als einige hundert Fans beim Schlußpfiff den Platz stürmen, bleibt den Spielern nur die Flucht. Und der Reporter staunt: »Die deutschen Spieler spurten wie die Wilden – so schnell waren sie nie im ganzen Spiel – vom Feld herunter. Wie schnell sie sein können! Das ist ja unglaublich, die müssen ja noch Kraft haben!« Die internationale Fachwelt jubelt über die Deutschen. »Brüssel wohnte der Rehabilitation des Offensivfußballs bei, der Spielfreude und der Freude am Ball«, schreibt *L'Equipe*. Sogar die *London Times* gibt – wenn auch einschränkend – zu: »Selbstverständlich ist es das begabteste Fußballteam des Kontinents.«

Die offensive Spielweise, die mit schnellen Wechseln von

Verteidigung auf Angriff umstellt und dabei immer wieder »aus der Tiefe des Raums« flexibel attackiert, ist das Geheimnis dieser EM-Mannschaft. Eine Fortführung dieses Systems stellt der *totale voetbal* der Niederländer um ihren Kapitän Johan Cruyff dar, die als einer der Favoriten bei der kommenden Weltmeisterschaft gehandelt werden.

König Fußball regiert gesamtdeutsch

In der DDR ist seit 1971 Erich Honecker Erster Sekretär des Zentralkomitees der SED. Eine innenpolitische Tauwetterperiode setzt ein, die von den Menschen als durchaus befreiend empfunden wird. In der Literatur, im Film und in den anderen Künsten scheint – fälschlicherweise, wie sich zeigen wird – ein neuer Anfang möglich zu sein. Das Verhältnis zwischen den beiden deutschen Staaten ist angespannt, macht aber den Bürgern durch die Ostverträge das Leben etwas leichter. Passierscheinabkommen und Transitverträge ermöglichen nun auch den Westberlinern eine erhöhte Mobilität. Durch den Grundlagenvertrag von 1972 beginnt sich die Beziehung zwischen den beiden deutschen Staaten allmählich zu normalisieren.

Im Jahr 1974 häufen sich Ereignisse, die die bundesrepublikanische Gesellschaft folgenreich verändern. Die Regierung Brandt zerbricht am Guillaume-Skandal. Der persönliche Referent des Bundeskanzlers entpuppt sich als ostdeutscher Spitzel, der geheime Informationen an den Staatssicherheitsdienst der DDR weitergegeben hat. Willy Brandt zieht sich enttäuscht zurück, sein Nachfolger wird Helmut Schmidt, der sich vor allem mit der Wirtschaftsflaute und der Ölkrise auseinandersetzen muß. In der neuen Regierung wird erstmals Hans-Dietrich Genscher von der FDP Außenminister.

In Wolfsburg versucht man, die beginnende Krise der Autoindustrie durch einen neuen Kleinwagen zu überwinden: Der generationenprägende *Golf* läuft als Nachfolgemodell des Käfer vom Band. In Eching bei München eröffnet die erste Filiale des schwedischen Möbelherstellers IKEA, ein Ereignis, das über Jahrzehnte die westdeutsche Einrichtungskultur verändert.

Die deutsche Mannschaft von 1974 hat sich eher auf alte Tugenden besonnen, das Kämpferische steht wieder im Vordergrund. Die Aufstellung hat sich in entscheidenden Positionen geändert. Von den Mönchengladbachern ist nur noch Berti Vogts in der Stammformation. Bei der EM hat der kleine hartnäckige Verteidiger noch auf der Bank sitzen müssen, jetzt hat sich der »Terrier« mit seinem schonungslosen Einsatz in das Herz des Bundestrainers gespielt. Der einstige Spielmacher Günter Netzer hat inzwischen in Spanien einige Kilo zugelegt und ist nicht mehr in der besten Form. Deshalb kommt er auch nur einmal – ausgerechnet im Spiel gegen die DDR – zum Einsatz. Auf der zentralen Position spielt jetzt der Kölner Wolfgang Overath.

Zur Finanzierung der Weltmeisterschaft hat sich der DFB 1973 etwas ganz Neues ausgedacht. Für den Song *Fußball ist unser Leben* von Jack White wird die komplette Nationalmannschaft ins Aufnahmestudio verfrachtet. Man hofft, daß durch die Popularität der Nationalspieler genügend Geld hereinkommt. Musik und Text des Schlagers sind eher simpel gestrickt, aber opernreife Gesänge mit hintergründigen Texten hätte man von einer Fußballmannschaft sowieso nicht erwartet. Die Polka, mit schmissiger Marschmusik unterlegt, ist bestens geeignet, lautstark gegrölt zu werden, und so kommt das Œuvre dann auch daher. Fanfaren ertönen, und ein vierfaches unglaublich stadiontauglich gebrülltes »Ha, Ho, Heja, Heja, Hej!« erschallt, dann der Refrain:

Fußball ist unser Leben,
denn König Fußball regiert die Welt.
Wir kämpfen und geben alles,
bis dann ein Tor nach dem andern fällt.
Ja, einer für alle, alle für einen,

wir halten fest zusammen.
Und ist der Sieg dann unser,
sind Freud' und Ehr' für uns alle bestellt.

Da sind sie wieder, die deutschen Tugenden: Kampf, Aufopferung und elffache Freundschaft. Auch der »zwölfte Mann« wird in das Spiel mit einbezogen:

Ein jeder Gegner will uns natürlich schlagen
er kann's versuchen, er darf es ruhig wagen.
Doch sieht er denn nicht,
daß hunderttausend Freunde zusammenstehn?

Die Rechnung des DFB geht auf, die Platte wird ein Hit. Kein ganz großer zwar, aber immerhin schafft man es auf Platz 27 bei den verkauften Singles, trotz Konkurrenz des damaligen Bundespräsidenten. Walter Scheel ist in diesen sangesfreudigen Zeiten mit seiner Benefizplatte *Hoch auf dem gelben Wagen* noch erfolgreicher und steigt bis auf Platz 5 der Hitparade.

Trotz all dieser volkstümelnden Musikalität scheint die Weltmeisterschaft im eigenen Land unter keinem guten Stern zu stehen. Schon vor Anpfiff kommt es zum Streit zwischen dem DFB und den Spielern um die versprochene WM-Prämie. Nur für den Ruhm und die Ehre der Nationalmannschaft anzutreten ist den Unternehmern in eigener Sache nicht genug. Die Profis fühlen sich vom Verband verschaukelt, der die ursprünglich geforderten 100000 Mark pro Mann nicht zahlen will. Einige Spieler wie Paul Breitner packen schon wütend ihre Koffer. Empörte Funktionäre erwägen, angesichts dieses Mangels an Patriotismus die gesamte Mannschaft zu entlassen und neue Spieler zu berufen. Dann setzt sich doch noch beiderseitige Vernunft durch. Morgens um vier kann DFB-Vertreter Hermann Neuberger die Spieler nach langem Feilschen und Verhandeln überreden, mit 60000 Mark zufrieden zu sein.

Das Turnier in der Vorrunde beginnt für die Bundesrepublik verhalten. Mit einem schnurgeraden Knaller schickt Breitner die chilenische Mannschaft vom Platz. Es scheint, als wolle der erklärte Junta-Gegner die Militärdiktatur in Chile eigenfüßig abschießen. Im ansonsten unspektakulären Spiel bleibt es beim 1:0 für die Deutschen. Gegen Australien gewinnt man zwar deutlich mit 3:0, zieht sich aber durch langsames und unmotiviertes Gekicke den Unmut des Publikums zu. Die Spieler reagieren wütend auf die Pfiffe. Nach dem Spiel wird Beckenbauer sogar bezichtigt, in Richtung der Fans ausgespuckt zu haben.

Im dritten Gruppenspiel geht es gegen die Auswahl der DDR. Das deutsch-deutsche Derby ist schon bei der Auslosung zum Politikum geworden. Niemals zuvor hat es einen solchen Ländervergleich gegeben. Und von beiden Seiten wird die propagandistische Chance genutzt. »Warum wir heute gewinnen«, titelt *Bild* in fetten Schlagzeilen. Und irrt sich wieder einmal. Trotz der Erfahrungen aus den europäischen Vereinswettbewerben, in denen sich zeigt, daß die Ostdeutschen durchaus guten Fußball spielen können, gelten die Westdeutschen als klarer Favorit. Der Stadionbesuch von DDR-Bürgern wird von oberster Stelle geregelt. Erich Honecker verfügt, daß man interessierten Fans die Möglichkeit geben soll, als »Touristen« in die Bundesrepublik einzureisen. Voraussetzung ist für alle die Parteimitgliedschaft und daß die ausgewählten »politisch zuverlässigen Bürger« verheiratet sind. Denn nur ein Ehepartner kann teilnehmen. Pro Spiel werden 1500 Karten bewilligt, die nach einem strengen Schlüssel republikweit verteilt werden. Nur zum Spiel im Berliner Olympiastadion dürfen zusätzlich 1500 Ostberliner mitfahren. Alles wird von staatlicher Seite organisiert: Busreise, Hafenrundfahrt, Verpflegung. Die »Touristen« sollen soweit wie möglich jeden persönlichen Kontakt zur Bevölkerung vermeiden. Nichts wird dem Zufall überlassen, nicht einmal das Jubeln: »Die DDR-Touristen verwenden bei ihrer Unterstützung der Sportler den bekannten Zuruf der sportbegeisterten Bürger der DDR: ›7 – 8 – 9 – 10 –

Klasse!‹, und spenden kräftig Beifall«, ergeht als Weisung von oben.

Auch das Spiel zwischen BRD- und DDR-Auswahl im Hamburger Volksparkstadion ist nicht sehenswert. Beide Mannschaften sind schon für die zweite Runde qualifiziert. Das Match um den Gruppensieg beginnt ausgeglichen. Der defensiven Truppe von Auswahltrainer Georg Buschner gelingt es, die wenig engagierten gegnerischen Stürmer Müller, Grabowski und Flohe durch direkte Manndeckung auszuschalten. Wenn es einem der drei einmal glückt, in den Strafraum vorzudringen, ist Torwart Jürgen Croy eine sichere Bank. Und Buschners Taktik geht auf. Ein schneller Konter bringt in der zweiten Halbzeit das entscheidende Tor: »Und dann kommt ein langer Paß in den Raum zu Sparwasser – nimm den Ball mit, Jürgen – und jetzt schieß – und Tor! und Tor! – und er schießt das 1:0.« Für das Radio der DDR freut sich hörbar der Reporter Werner Eberhardt. Sein Fernsehkollege Heinz Florian Oertel klingt gelassener: »Sparwasser – Sparwasser – und Tor! – Jürgen Sparwasser aus Magdeburg!« (An solch unterkühlt scheinenden Kommentierungen wird deutlich, wie man sich damals noch auf die Macht des Bildes verließ.)

In der 79. Minute läßt also Jürgen Sparwasser die Abwehr der Westdeutschen ziemlich schlecht aussehen, zieht vorbei an Beckenbauer, Vogts und Höttges und lupft den Ball über den überraschten Sepp Maier ins Netz. Auch das Tor kann die bundesdeutsche Elf nicht wachrütteln. Die Deckung der DDR-Auswahl hält in den letzten zehn Minuten ihren glücklosen Bemühungen locker stand. Und mit dem Schlußpfiff ist der Magdeburger Jürgen Sparwasser, der im Mai mit seinem Verein schon den Europapokal der Pokalsieger geholt hat, ein neuer Volksheld der DDR. Die 1499 linientreuen Genossen – einer soll nach dem Tor mit einem Herzinfarkt ins Krankenhaus gebracht worden sein – freuen sich lautstark über den Sieg gegen den »Klassenfeind«. Werner Eberhardt betont: »Und es jubeln im Hamburger Volksparkstadion nicht nur DDR-Bürger, das möchte ich festhalten.« Er hat recht, denn die westdeutschen Fans sind sauer über das planlose Hin-und-her-Gekicke von Helmut Schöns Truppe, einem Konglomerat aus Individualisten, denen jeglicher mannschaftlicher Zusammenhalt zu fehlen scheint. Aber auch nicht alle Bürger im Osten freuen sich wirklich, denn der Sieg der DDR-Auswahl ist ein Sieg von »denen da oben«, und man hört den Umkehrschluß: »Unsere haben gegen die DDR verloren!«

Auch Helmut Schöns Spieler sind sauer: über sich, die anderen und die Fans. Wie Franz Beckenbauer berichtet, sitzen die westdeutschen Spieler die folgende Nacht im Quartier in Malente, rauchen und trinken jede Menge Bier, um ihren Frust wegzuspülen. Die wiederholten Aufforderungen Schöns, jetzt endlich ins Bett zu gehen, ignorieren sie einfach. Lautstark wird gestritten und diskutiert, und am Ende, so der »Kaiser«, habe man sich zusammengerauft: »Jetzt erst recht!«

Dem reinigenden Gewitter der Nacht folgt am nächsten Morgen eine erst einmal sehr verhaltene Selbstkritik am Rand des Trainingsgeländes. Ein sichtlich angeschlagener Helmut Schön weicht den Reporterfragen nicht aus, versucht aber zu beschwichtigen. Von *Bild* wird – natürlich – Trainer Schön als Sündenbock identifiziert, gleichzeitig titelt man ob der nationalen Katastrophe: »Noch ist Deutschland nicht verloren!« Angesichts dieser unfreiwilligen tiefen Einsicht lobt ZDF-Kommentator Hans Dieter Jaehne sarkastisch: »In der Tat. Wenn die Elf der Bundesrepublik null zu eins gegen die DDR verliert, ist Deutschland wirklich nicht verloren!«

Die Zeitungen in der DDR bleiben erstaunlich objektiv. Das SED-Blatt *Neues Deutschland* titelt enttäuschend nüchtern: »DDR ist Gruppensieger nach dem 1:0 gegen BRD.« Nicht ohne wenigstens zu betonen, der Triumph sei »vor allem das Verdienst eines sich prächtig steigernden Kollektivs«.

Bei der Pressekonferenz präsentiert der Bundestrainer erstmalig Kapitän Franz Beckenbauer an seiner Seite. Und der zieht vor den versammelten Journalisten vom Leder und kündigt an, daß die Niederlage für einige Kollegen Konsequenzen haben werde. Wer nicht bereit sei, sich hundertprozentig einzusetzen, habe in der Nationalmannschaft nichts verloren. Der »Kaiser« wird von nun an immer an Schöns Seite zu sehen sein. Die Zeiten, in denen ein Bundestrainer allein über Wohl und Weh, über Aufstellung und Taktik entscheidet, sind nun Geschichte. An den Stars kommt keiner mehr vorbei.

Der Sieg erweist sich im nachhinein als Nachteil für die DDR-Auswahl, denn sie bekommt es in der stärkeren Gruppe A nun mit Argentinien, Brasilien und den Niederlanden zu tun. Dort dominieren die Holländer, die mit ihrem »totalen Fußball« sämtliche Gegner durcheinanderwirbeln, jedes Spiel gewinnen und die Zuschauer begeistern. Die DDR-Auswahl scheidet nach zwei Niederlagen und einem 1:1 gegen die Argentinier aus. Zum Trost gibt es für jeden Spieler 8000 Mark (West) und den Trost des Schlagersängers Frank Schöbel (Ost):

Unser Herz wird mit euch sein.
Nein, ihr spielt nicht allein.
Ja, der Fußball ist rund wie die Welt,
überall rollt der Ball.
Und wenn einer zum anderen hält,
trifft der Ball, klarer Fall.

In der Gruppe B erleben die Zuschauer eine völlig verwandelte westdeutsche Elf. Franz Beckenbauer hat sich als heimlicher Trainer durchgesetzt. Im Düsseldorfer Rhein-Stadion laufen sechs Bayern-Spieler auf, Hölzenbein und Bonhof spielen von Anfang an. Grabowski, Flohe und Hoeneß müssen auf der Ersatzbank Platz nehmen. Und das neue Team bewährt sich, Breitner bringt die Deutschen fünf Minuten vor der Halbzeit mit einem grandiosen Schuß aus 22 Metern in Führung. Der ungeduldig schmorende Uli Hoeneß kommt erst in der 74. Minute aufs Spielfeld, nachdem sich Wimmer verletzt hat. Drei Minuten später liefert er mit einem blitzschnellen Lauf über die rechte Seite die entscheidende Vorlage auf Müller, der auf dem Boden ausrutscht und wieder mal im Nachtreten den Ball ins Netz schiebt. Gegen Schweden darf Hoeneß wieder von Anfang an mitspielen. In einem spannenden Spiel schießt er den Elfmeter zum 4:2-Endergebnis.

Die vorherrschende Farbe am 3. Juli im Frankfurter Waldstadion ist das Rot der Feuerwehrautos. Hunderte von Helfern versuchen, im strömenden Regen einen Teil des Wassers vom Rasen zu pumpen. Die Partie zwischen der bundesdeutschen und der polnischen Elf wird mit einer halben Stunde Verspätung angepfiffen und geht als »Wasserschlacht von Frankfurt« in die deutsche Fußballgeschichte ein. (Das animierte den Komiker Otto Waalkes zu seiner Fußballparodie: »Herr Schiedsrichter, dürfen wir in der ersten Halbzeit gegen die Strömung spielen?«) Es ist, wetterbedingt, ein sehr kampfbetontes Spiel mit zwei gleichwertigen Mannschaften, bei dem vor allem der Zufall regiert. Mal bleibt der Ball einfach in einer Pfütze liegen, mal wird eine harmlose Flanke zu einem gefährlichen Aufsetzer. Das entscheidende 1:0 in der 76. Spielminute schießt Gerd Müller – wer sonst – nach einer Vorlage von Bonhof, der die kompakte Abseitsfalle der Polen überlistet. Das feuchteste Spiel, das jemals bei einer WM stattfindet, bringt die Deutschen ins Finale gegen die Niederlande.

Der Sonntag, an dem wir Weltmeister wurden

Das Endspiel ist für den 7. Juli im Münchener Olympiastadion angesetzt. An diesem Sonntagnachmittag sind, ähnlich wie 1954, die Straßen in ganz Deutschland wie leergefegt. Der Nationalmannschaft werden, obwohl sie sich im Verlauf des Turniers erheblich gesteigert hat, wenig Chancen gegen die Niederländer eingeräumt. Das geniale Team von Trainer Rinus Michels um den Mittelstürmer und Mannschaftskapitän Johan Cruyff hat mit seinem raumorientierten Fußball alle Spiele in der Finalrunde überlegen gewonnen. Schöns Taktik gegen den *totaal voetbal* ist völlig auf Defensive ausgerichtet. Auf Cruyff ist Berti Vogts als Manndecker angesetzt, eine Rolle, die den Gladbacher am Anfang sichtlich überfordert. Gleich in der ersten Minute schaltet Cruyff den Turbo ein, es ist unglaublich, wie er durch die deutsche Abwehr gleitet, den deutschen Verteidiger hinter sich läßt und unaufhaltsam auf Sepp Maiers Tor zusteuert. Vogts und Hoeneß versuchen ihn zu stoppen, und Cruyff fällt getroffen in den Strafraum: Elfmeter! Die beiden deutschen Reporter, Rudi Michel im Fernsehen und Oskar Klose für den Rundfunk, identifizieren Vogts als Übeltäter. Erst in der Pause, in Zeitlupe, erkennt man, daß Hoeneß Cruyff in die Beine gegrätscht ist. Mittelfeldspieler Johan Neeskens legt sich den Ball zurecht, nimmt kurzen Anlauf und verwandelt, keine Chance für Maier. Betroffenes Aufstöhnen bei Klose: »Na, das ist ein Schock.«

Doch die deutschen Profis bleiben erstaunlich gelassen. Und die Holländer versäumen es, ihre Chancen zu nutzen. Es könnte schon 3:0 stehen, da passiert es: Bei einem der wenigen deutschen Angriffe kommt Bernd Hölzenbein im Strafraum der Niederländer zu Fall. Bildanalysen und Zeitlupenstudien beweisen später, daß der »Jet von Frankfurt« der wahre Erfinder der Schwalbe ist. Auch die beiden Kommentatoren fallen auf das Schauspiel herein. Dennoch gilt: »Foul ist, wenn der Schiedsrichter pfeift.« Paul Breitner, mit typisch heruntergerollten Stutzen, legt sich den Ball zurecht – Anlauf – Tor! 1:1 Ausgleich. Plötzlich sind die Deutschen hellwach. Ein Angriff nach dem anderen bedrängt die holländische Abwehr, aber Torwart Jongbloed hält. Kurz vor der Pause setzt sich Grabowski auf der rechten Seite durch, paßt zu Bonhof, der seinen Gegenspieler versetzt und auf Gerd Müller flankt. Der »Bomber« versucht zuerst, den Ball zu stoppen – doch er springt ihm weg –, und läßt dann in seiner unnachahmlichen Art mit herausgedrücktem Hintern und einer Drehung gleich zwei holländische Gegenspieler schlecht aussehen und »müllert« mit der Schuhspitze den Ball ins Tor: 2:1!

Nach der Halbzeitpause spielen die Holländer wirklich »totalen Fußball« und drehen noch einen Gang höher. Doch die deutsche Abwehr steht, und Sepp Maier, der wahre Held dieses Spiels, hält auch die unglaublichsten Schüsse. Und nach bangen 45 Minuten kommt für Oskar Klose endlich der Abpfiff: »Und das Spiel ist aus! Das Spiel ist aus.« Und Michel resümiert: »Ein Sieg, der erkämpft, erarbeitet, erzittert werden mußte, gegen eine hervorragende Mannschaft der Niederlande, die gezeigt hat, daß sie mit Recht im Finale stand und ein würdiger Endspielgegner war, ein großer Gegner.«

Ein Sonntagnachmittag im Sommer 1974. Im milden Spätnachmittagslicht ziehen wir zu dritt durchs Dorf, wir – vorpubertär und gerade Weltmeister geworden – singen: »So ein Tag, so wunderschön wie heute, so ein Tag, der dürfte nie vergehn.« Hinten am Fahrrad flattert eine kleine Deutschlandflagge, irgendwann auf dem Schulweg aus dem Sperrmüll gezogen, vielleicht weggeworfen von einem enttäuschten Fan. Außer uns ist kaum jemand auf der Straße, und wir ärgern uns über die Ignoranz der Erwachsenen. Doch wir singen weiter, und ich bin überglücklich, weil ein kleiner Mann mit dicken Oberschenkeln das wichtigste Tor in meinem Leben »hineingemüllert« hat. Ich bin dreizehn und Weltmeister, was soll jetzt noch passieren?

»It's a man's world«

Beim abendlichen Weltmeisterbankett im Münchener Hilton sind die Spieler gut gelaunt und feiern gemeinsam mit der holländischen Auswahl. Bereits im Entmüdungsbecken hat es Champagner und Zigarren gegeben. Einzige Frau am Tisch ist Susanne Hoeneß, die ihren Mann wie selbstverständlich begleitet. Man hat jedoch nicht mit den

Funktionären gerechnet. Es wird ausgerichtet, die Spielerfrauen seien nicht eingeladen und Frau Hoeneß möge bitte im Foyer warten. Brüskiert verlassen Uli und Susanne Hoeneß den Bankettsaal, die beiden Mannschaften hinterher. Im Foyer herrscht »Kaiser Franz« einen der DFB-Funktionäre an: »Ihr seid durch und durch Feierabendfunktionäre. Bei uns, beim FC Bayern, hätten die Leute euch längst zum Teufel gejagt.« Schuld ist eigentlich die FIFA, die Ausrichter des Buffets ist, Grund zum Zorn liefern aber auch die deutschen Funktionäre, die glauben, die Profis wie unmündige Jugendliche behandeln zu können. Der Riß, der die Welt der Funktionäre von der Realität der Spieler trennt, könnte nicht größer sein. Undenkbar, daß einer der 54er-Weltmeister derartig mit einem Verbandsoberen umgegangen wäre. Selbstverständlich hat man für die Spielerfrauen im Foyer ein eigenes »Damenessen« organisiert, aber daß die deutschen Nationalspieler ihren größten Erfolg mit ihren Ehefrauen und Freundinnen zusammen feiern wollen, kommt den Herren vom DFB nicht in den Sinn. Auch Franz Beckenbauer, beileibe kein Softie, ist von solch patriarchalem Gebahren entsetzt. Da wird sogar der »Kaiser« zum Feministen: »Man kann dieses Verhalten nicht damit entschuldigen, daß Fußball eben Männersache sei und Frauen dabei nichts zu sagen hätten: das Weib schweige in der Gemeinde, wie einst beim heiligen Paulus. Die Fußballer – der ganze Weltverband, der DFB – sind in der Tat eine Gesellschaft von Männern, verrannt und vernarrt in ihren Fußball wie kleine Kinder.«

Dabei hat sich die Rolle der Spielerfrauen seit den Fünfzigern enorm verändert. Sie geben nicht mehr das brave Frauchen, das zu Hause wartet und ab und zu dekorativ danebensitzt, wenn es gerade paßt. Selbstbewußt organisieren sie als Managerinnen neben dem Alltag auch die Geschäfte ihres Mannes, kümmern sich um Verträge, Ablösesummen, verwalten das Geld. Bis heute kämpfen viele Spielerfrauen mit den Vorurteilen der Fußball-Männerwelt. Man betrachte nur die gehässigen Reaktionen auf selbstbewußte Managerinnen wie Martina Effenberg oder Bianca Illgner. (Man muß die beiden Damen nicht mögen. Es geht hier nicht um Sympathie, sondern um Respekt.)

Aber keine Frau protestiert, als 1978 die Nationalspieler zusammen mit Udo Jürgens das Lied mit dem aussagekräftigen Titel *Er hält den Ball und sie den Daumen* singen. Kein Wunder, daß sich die hermetische Männerdomäne Fußball so schwertut mit den Frauen und sich nur ganz allmählich öffnet. Mit der Erziehung geht es schon los. Kinder werden auf geschlechtsspezifische Rollen festgelegt, Mädchenfußball ist eher die Ausnahme. Die Aufnahme von Jungs in die Männerwelt des Stadions ähnelt einem Initiationsritus. Frauen kommen da kaum vor, man geht nicht mit der Mutter ins Stadion. Auch in der Literatur über Fußball spiegelt sich dieser Sachverhalt wider, abgesehen von einigen spöttischen Ansätzen gibt es kaum Texte weiblicher Autoren. Das hat nichts mit dem heutigen Fußballgeschäft zu tun – der Anteil der weiblichen Stadionbesucher steigt seit Jahren kontinuierlich. Die Zeiten, als Fußball eine reine Männerdomäne war, sind vorüber, als Dienstleister ist man auch auf weibliche Kundschaft angewiesen.

Und immer mehr Frauen sind inzwischen auch aktiv. 1997 hat der DFB über 750000 weibliche Mitglieder, Tendenz steigend. Seit ihrer Gründung im Jahr der Weltmeisterschaft 1974 hat sich die Frauen-Bundesliga als ernstzunehmender europäischer Verband etabliert. Die Frauen-Nationalmannschaft ist 2001 Europameister geworden, ein Erfolg kontinuierlicher Vereinsarbeit. Der Frauenfußball gedeiht vor allem in der Provinz. Nicht Bayern München oder Borussia Dortmund heißen die deutschen Meister der ersten Jahre, sondern TuS Brauweiler oder SV Siegen. Erst ganz allmählich besinnen sich die männlich dominierten Bundesliga-Vereine auf ihre weiblichen Kapazitäten.

Was gelangt davon in die Öffentlichkeit? Die deutsche Frauen-Nationalmannschaft, bei den Weltmeisterschaften immer ganz vorn dabei, findet weder im Feuilleton noch in der Literatur Beachtung. Sogar auf den Sportseiten wird über sie höchstens unter der Rubrik »Sonstiges« berichtet. Und den gutgemeinten Vorschlag der nordrhein-westfälischen Grünen, endlich auch einmal Frauen als Namensgeber für Fußballstadien zu verwenden, schmettert der damalige Ministerpräsident Johannes Rau bärbeißig ab: »Wie soll das denn dann heißen? Ernst-Kuzorra-seine-Frau-ihr-Stadion?«

Ist also für die weibliche Perspektive immer noch der Schlager von Wenke Myhre von 1969 bezeichnend: *Er steht im Tor, im Tor, im Tor, und ich dahinter*? Und der Grund dafür ist der, daß Frauen eine andere Sozialisation erfahren haben? Es spielt sicher eine Rolle, daß fast nur Jungen »mit dem Vater ins Stadion« (Henscheid) gehen. Aber das ist es nicht allein. Die Schriftstellerin Elke Heidenreich, als kleines Mädchen selbst mit Vater und Onkel im Stadion, fühlt sich selbst als »Mädchen im Abseits«: »Es scheint, als hätten alle Männer ihren Verein, von klein auf ererbt von den Vätern und Brüdern und Onkels – und ich? Ich war doch auch an der Hand mit dabei, durch mein Leben zog er [der Fußball] sich doch auch, warum verstehe ich bis heute nicht, was Abseits ist? Was mache ich falsch, daß das Fieber nicht überspringen will, wenn ich heute im Schalker Parkstadion sitze und 70000 jubeln höre, wenn ein Tor gegen Bayern fällt?« Der englische Schriftsteller Nick Hornby beschreibt ähnliches, wenn er vom ersten Stadionbesuch mit seiner Freundin erzählt: »Jeder in der Reihe stand auf, abgesehen von ihr (von Sitzplätzen aufzustehen, um ein Tor zu bejubeln, ist eine unwillkürliche Handlung, wie Niesen), und dreimal schaute ich zu ihr rüber und sah, wie sie sich vor Lachen schüttelte. ›Das ist so lustig‹, sagte sie in der Absicht, eine Erklärung zu liefern, und ich konnte ihre Sicht der Dinge verstehen. Es war mir vorher wirklich noch nie in den Sinn gekommen, daß Fußball tatsächlich ein lustiges Spiel war und daß – wie bei den meisten Dingen, die nur funktionieren, wenn man an sie glaubt – der Blick hinter die Kulissen [...] lächerlich ist.«

Petra Klein ist Schalke-Fan. Ihre Fußball-Leidenschaft,

»Geh doch schneller, geh doch schneller!« – noch fünf Minuten bis zum Wunder von Bern.

Die erschöpften Weltmeister – »Nach dem Spiel ist vor dem Spiel«

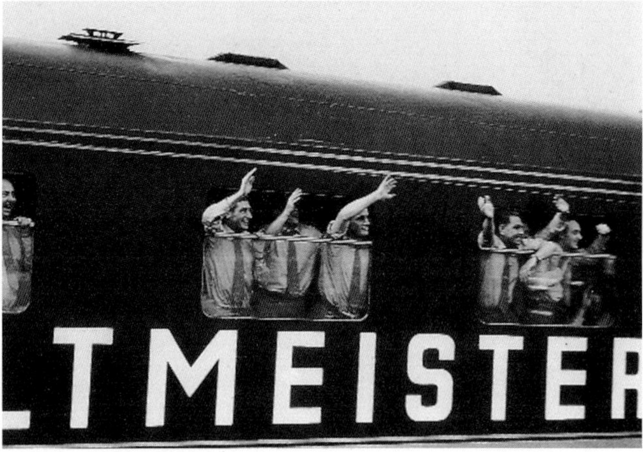

Heimreise Erster Klasse

»Jetzt kommt das Wirtschaftswunder!«

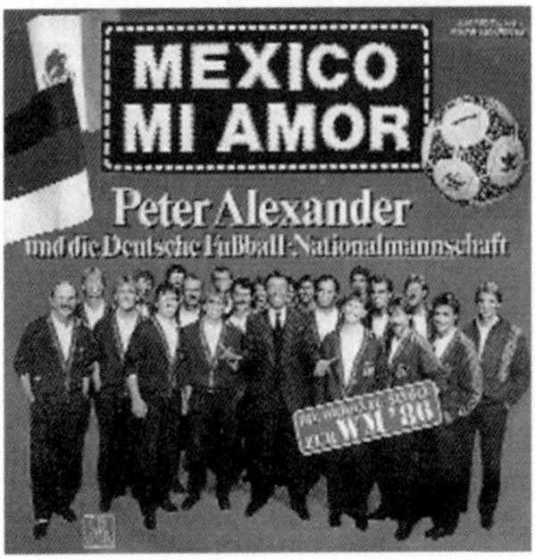

Gesang, der kein Rhythmus-, aber Mitgefühl erweckt.

Europapokalheld
Libuda beendet
sichtbar erleichtert
seinen Wehrdienst.

Gerd Müller im Duell
mit Heintje, oder ist
es doch der junge
Andi Möller?

»Gegen einen zentimetergenauen Paß Beckenbauers ist sogar die Liebe gegenstandslos« – der Kaiser in unnachahmlicher Eleganz.

Mein Haus, meine Frau, mein Apfelkompott

Als nur der Rasen geschnitten wurde …
(v. l. n. r.: Ferdinand Keller und Felix Magath, Reiner Hollmann, Rudi Seliger, Wolfgang Overath, Helmut Manns, Uwe Kliemann, Rolf Rüssmann, Dietmar Danner)

Europapokal der Pokalsieger 1974 – Magdeburg empfängt seine Helden.

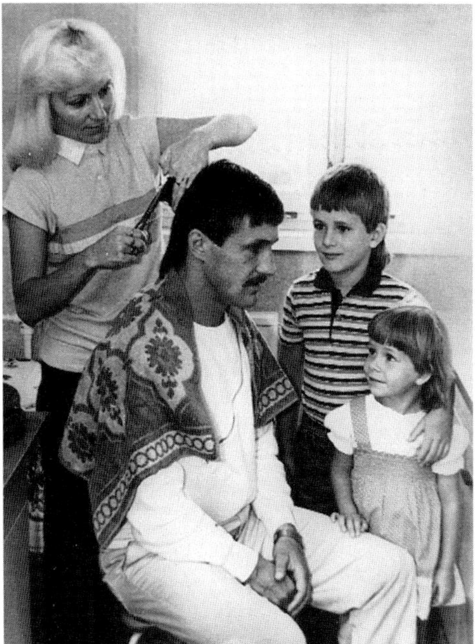

Die Haarabschnittsbevollmächtigte Frau Stahmann

»7 – 8 – 9 – 10 – Klasse!«

Peinliche Gesten nach der »Schande von Gijon« – die Trainer Derwall und Schmidt nach der Partie Deutschland gegen Österreich bei der WM 1982

Drei Nationalspieler im »aktuellen sport-studio«
(v. l. n. r.: Karlheinz Förster, Pierre Littbarski und Harald »Toni« Schumacher. Moderator: Dieter Kürten)

Glückloser Versuch – »Anpfiff« für die Privatisierung der Fußballübertragung (Moderator: Uli Potofski)

Uwe Reinders kurz vor dem Aufschlag in »Schlucksee«

Die Förster-Brüder bis zum Anschlag für Deutschland

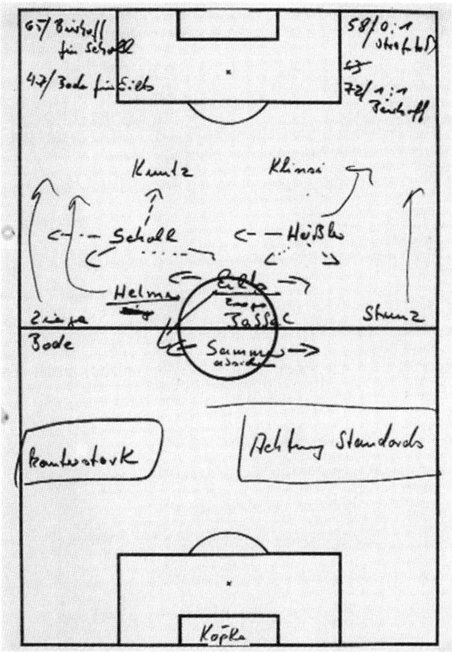

Ein echter Vogts (29,7 x 21, Filzstift auf Papier, 1996)

Immer tausendprozentig dabei – »Firehead« Matthias Sammer

»Wir dürfen jetzt nicht den Sand in den Kopf stecken!«

»Und du bist raus« – Pechvogel Wörns bei der WM 98

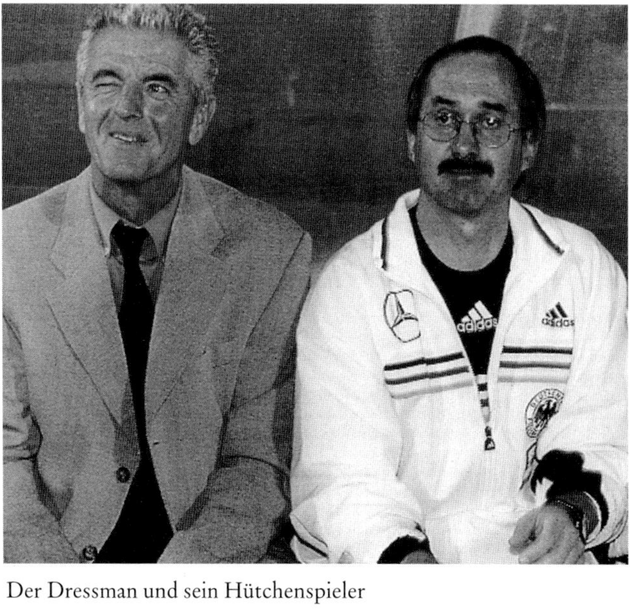

Der Dressman und sein Hütchenspieler

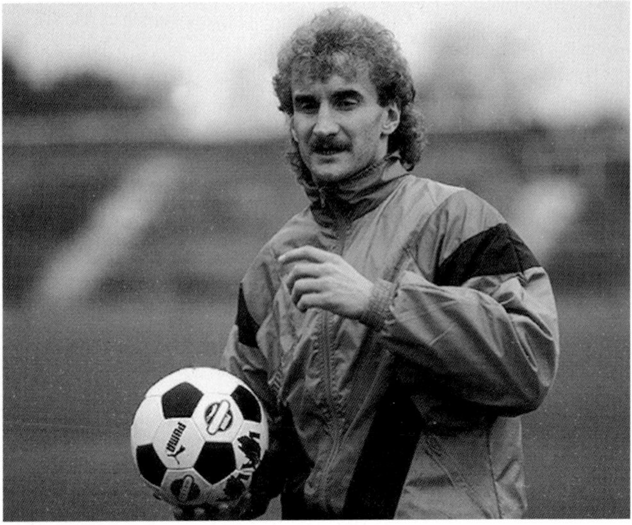

»Ruudi, Ruuudi!« – Lichtgestalt und Hoffnungsträger

aufgezeichnet in Christoph Biermanns *Wenn du am Spieltag beerdigt wirst, kann ich leider nicht kommen*, ist einer von wenigen Belegen weiblichen Fantums: »Dieser erste Abstieg war ganz schlimm. Da hatte ich vorher in der Kirche sogar noch eine Kerze angezündet, so ganz bescheuerte Sachen. Als der Abstieg trotzdem feststand, habe ich eine ganze Nacht lang durchgeheult. Als mich meine Mutter morgens geweckt hat, hat sie gesehen, daß das Kissen ganz durchgeheult war, und hat gefragt, ob ich noch ganz normal bin. Aber das tat wirklich weh.«

Für Männer ist die emotionale Bindung an den Fußball dagegen fast normal. Frauen sind in der Regel rationaler, sehen, wenn ihre Mannschaft schlecht spielt, und können damit umgehen, daß sie dann zu Recht verliert. Männlichen Fans ist das egal. Keiner interessiert sich für die Ästhetik des Spiels, das Gebet des wahren Fans lautet nach Hornby: »Möge meine Mannschaft gewinnen! Und spiele sie noch so schlecht. Sei sie noch so unfähig und hölzern, inkompetent und von allen guten Geistern verlassen. Bitte, wenn es da oben einen gerechten Gott gibt, laß mein Team in diesem Kampf des Guten gegen das Böse gewinnen.«

Doch genau das geschieht selten, deshalb erinnert man(n) sich auch so gut an die gelungenen Momente, an Schnellingers Ausgleichstor in der Zweiundneunzigsten, an Netzer, der aus der Tiefe des Raumes kommt. Wenn Männer über Fußball sprechen, wird glorifiziert. Die emphatischen Schilderungen ruhmreicher Minuten der Fußballgeschichte haben immer den bitteren Beigeschmack von Veteranentreffen. Wo die Gründe für das weibliche Desinteresse am Fußball zu finden sind und ob es überhaupt sinnvoll ist, diese zwischengeschlechtlichen Klüfte zu überwinden, kann an dieser Stelle nicht erarbeitet werden. Hier ist einmal mehr die Frauenforschung gefragt.

Aus fußballerischer Sicht besteht aber Anlaß zur Hoffnung auf die nächste weibliche Generation: Mädchenfußball ist im Aufwind, bei fast allen Vereinen wird, wenigstens in den jüngeren Spielklassen, schon gemischtgeschlechtlich gekickt. Und *Lena hat nur Fußball im Kopf* von Kirsten Boie ist eines der meistgekauften Mädchenbücher. Vielleicht wird es ja ähnliche Auswirkungen haben wie Sammy Drechsels Klassiker *Elf Freunde müßt ihr sein*, der seit 1955 viele Generationen von Jungs beeinflußt hat. Eines aber ist sicher: Richtig zueinander gekommen sind der Fußball und die Frauen erst dann, wenn Zeitschriften wie *Brigitte* oder Alice Schwarzers *Emma* eine regelmäßige Sportseite bekommen.

Goldmedaille

Die Qualifikationsrunde für die Europameisterschaft geht für die DDR-Auswahl gründlich schief. Ausgerechnet gegen Island verliert der Weltmeisterbezwinger mit 2:1 in Reykjavik und ist draußen. 1976 wird ein besseres Sportjahr für die DDR. Nach Bronze bei den olympischen Spielen 1972 holt sich die Auswahlmannschaft diesmal die Goldmedaille in Montreal. In der Gruppe A kommt Buschners Team durch ein sehr gutes 0:0 gegen Brasilien und einen 1:0-Sieg gegen Spanien auf den zweiten Gruppenplatz und muß im Viertelfinale gegen Frankreich antreten. Ohne Respekt vor großen Namen spielen die Staatsamateure gegen die französische Olympiamannschaft um ihren Kapitän Michel Platini. Die »Nobodys« Kurbjuweit, Dörner, Kische, Schade und Löwe erwischen einen guten Start, entnerven die Franzosen und stehen am Schluß mit zwei Mann und vier Toren mehr auf dem Platz. Auch gegen die Sowjetunion spielt man in einem hochklassigen Spiel Begeisterungsfußball. Mit etwas Glück gelingt ein knapper 2:1-Sieg über den großen Bruder. Im Finale gegen Polen zeigt sich, daß Buschner seine Männer gut vorbereitet hat. Hartmut Schade aus Dresden bringt das deutsche Team – natürlich bei strömendem Regen – mit seinem Tor in Führung. Bereits in der 14. Minute fällt das 2:0 durch Martin Hoffmann. Im kräftezehrenden Schlammspiel gelingt Grzegorz Lato noch einmal der Anschlußtreffer, doch wieder einmal haben die Polen das Nachsehen. Reinhard Häfner erzielt sechs Minuten später nach einem furiosen Solo den Endstand zum 3:1. Da nur Spieler Medaillen bekommen, die auch im Finale gespielt haben, wechselt Buschner kurz vor Schluß noch einmal zwei Mann ein. Als der Abpfiff ertönt, ist auch die mitgereiste Funktionärsriege zufrieden. Die Goldmedaille ist der erste internationale Titel der DDR-Elf und wird auch dementsprechend gefeiert. Sportchef Manfred Ewald nimmt die Ehrung persönlich vor. Beim obligatorischen Rotkäppchen-Empfang erhält jeder Spieler einen gut verschlossenen Umschlag. Diesmal gibt es Dollar statt Westmark. Auch die restlichen olympischen Spiele verlaufen zufriedenstellend: Die BRD kommt nur auf zehn Goldmedaillen. Insgesamt 40 Goldmedaillen räumen die DDR-Sportler ab, allein neun gehen an die Ruderer und elf an die Schwimmerinnen. Deren breite Kreuze und tiefe Stimmen lassen den Einsatz von Anabolika vermuten und heizen die Forderung nach schärferen Dopingkontrollen an. Den Westdeutschen bleibt der Triumph bei den Winterspielen von Innsbruck. Mit zweimal Gold und einmal Silber fährt sich Rosi Mittermeier in die Herzen der Bundesbürger und sieht dazu noch gut aus.

Im Alter von fünfzehn verlagert sich das Interesse von uns Jungs wieder auf den alten Spielplatz. Gebolzt wird zwar auch noch, aber eher nebenbei. Lieber sitzen wir auf den Bänken bei den Mädchen rum, versuchen zu flirten und rauchen. Später gibt es dann wieder Ärger mit den Anwohnern, diesmal nicht wegen der Bälle, die über den Zaun fliegen, sondern wegen des Lärms unserer Mofas. Fußballtraining ist einmal pro Woche, aber immer öfter drücken wir uns. Die Wochenendspiele kosten oft den ganzen Sonntagnachmittag, wenn wir zu Auswärtsspielen müssen. Wenn uns der B-Jugend-Trainer rauchen sieht, gibt es Ärger, nach dem Training ist Biertrinken angesagt. Manchmal auch schon im Wirtshaus. Wenn da auch Mädchen dabei sind, sind wir lauter, unbeholfener und cooler. Die Abende, an denen ich noch zu Hause bin, hänge ich vor dem alten Radio mit dem großen grünen Auge und schneide auf meinem Kassettenrecorder die Charts mit. Das Mikrophon hängt vor dem Lautsprecher, und wenn jemand ins Zimmer platzt, ist die Aufnahme versaut. Im *Südwestfunk* läuft die bessere Musik, beim *Bayerischen Rundfunk* haben sie sogar ein Lied von Udo Lindenberg verboten:

Bodo Ballermann, der spielte Ball
beim Rambo-Zambo-Kickerverein.
Er flitzt übern Platz, schnell wie ein Tiger,
und er war der Schrecken der Bundesliga.
Weil Bodo nicht nur gut war im Spiel,
sondern den Frauen auch besonders gefiel,
hat er dann reichlich mit den Groupies gepennt
und viel gesoffen, so entfiel das Happy-End.

Das grölen wir nach dem Training unter der Dusche – fasziniert von der libertinären Lebenshaltung dieses Profifußballers –, und besonders laut, wenn dann die verbotene Stelle kommt:

Als dann die Damen ihm seinen Samen nahmen,
als er dann jede Nacht in irgendeiner Eros-Bar erwacht,
verlor er schnell die Kondition.
Und dann im Fußballstadion
war er bald so abgeschlafft
wie ein versoffener Clochard.
Hau rein, is Tango,
tu ihn rein, is Cha-Cha-Cha.

In einer zensierten Version von *Bodo Ballermann* wird »seinen Samen« durch »seine Kräfte« ersetzt und darf dann auch in Bayern gehört werden. Der schöne Binnenreim ist aber kaputt. Wir singen duschend die Originalversion und fragen uns immer wieder, auf welchen deutschen Fußballer das Lied eigentlich anspielt. Oder ging es doch um George Best?

Nach der Weltmeisterschaft verabschieden sich einige der wichtigsten deutschen Spieler wie Gerd Müller, Jürgen Grabowski und Wolfgang Overath – vor allem wegen des Eklats im Münchner Hilton – aus der Nationalmannschaft. Dennoch hat die Weltmeisterelf bei der Europameisterschaft 1976 den Nimbus des Favoriten. Wieder einmal schafft man es mit Kampf und Kondition bis ins Endspiel gegen die Tschechoslowakei, wo es zum Elfmeterschießen kommt. Tragische Hauptfigur dabei wird Uli Hoeneß, der den entscheidenden Schuß »in den grauschwarzen Abendhimmel, gewissermaßen ›unter die Dachrinne‹« (Uwe Klimaschewski), drischt. Ein »Bild des jammervollen Versagens, das sogar zu Dichtung inspirierte«, schreibt Rainer Moritz in seinem Fußballexikon *Immer auf Ballhöhe*. Dazu liefert er einen Limerick, der von der bekannten Orientalistik-Professorin Annemarie Schimmel stammt:

Inmitten gewalt'gen Gestöhnes
verschoß den Elfmeter der Hoeneß.
Das Spiel ging verloren.
Mit hängenden Ohren
betrachtet der Trainer, Herr Schön, es!

Immerhin erfährt der Unglücksrabe, der erst gar nicht schießen will, Zuspruch: »Zu Hause lagen Telegramme von Franz Josef Strauß und von Helmut Kohl. Ich hatte aus meiner Sympathie zu ihnen noch nie ein Hehl gemacht. Jetzt sprachen sie mir Trost zu. Das sind Freunde.« Im Oktober scheitert dann Helmut Kohl mit seiner ersten Kanzlerkandidatur. Ob Freund Uli ihm auch ein Telegramm schickte?

Solcherlei Verbindungen machen den Fußball weiterhin für die heimischen Intellektuellen verdächtig. Haben sich die Kulturträger Anfang der siebziger Jahre dem Volkssport genähert, erwächst nun erneut die alte Spannung zwischen Körper- und Geistesarbeitern. Böser Spott wird wieder zum üblichen Umgangston zwischen Kultur und Sport, nur wenige, wie die Schriftsteller Ror Wolf und Eckhard Henscheid, halten dem Fußball noch die Treue. Die Annäherung zweier unvereinbarer Welten endet so abrupt, wie auch der Glanz des schönen Fußballs zu verblassen beginnt. Wie enttäuschte Liebhaber beginnen die Intellektuellen, sich vom solcherart entmystifizierten Sport abzuwenden. Es gibt andere Probleme: Der »Deutsche Herbst«, der in der Entführung und Ermordung von Arbeitgeberpräsident Hanns-Martin Schleyer und der Geiselnahme in der Lufthansa-Maschine »Landshut« seinen traurigen Höhepunkt findet, spaltet auch die Linke endgültig und polarisiert die Bevölkerung in »gute Bürger« und »Sympathisanten«. Die Befreiung der Geiseln in Mogadischu durch die GSG 9 wird zum kollektiven Schlüsselerlebnis. Der Tod der Terroristen Andreas Baader, Gudrun Ensslin und Jan Carl Raspe in Stammheim ist bis heute ungeklärt und liefert jede Menge Material zur Verklärung.

Auch die DDR verliert mit der »Ausbürgerung« Wolf Biermanns in den Augen der westdeutschen Linken ihren Ruf als »besserer deutscher Staat«. Infolge der Proteste verlassen viele prominente Künstler mehr oder weniger freiwillig die Republik, unter anderen Armin Müller-Stahl, Manfred Krug und auch Nina Hagen.

Im Frühjahr 1978 verstört der Film *Deutschland im Herbst* das Kinopublikum der Berlinale. Das Gemeinschaftswerk von zehn jungen deutschen Regisseuren wie Fassbinder, Kluge, Reitz und Schlöndorff unter Mitarbeit von Heinrich Böll zeigt – methodisch individuell – die politische Situation nach den Attentaten, Entführungen und Ermordungen der vergangenen Jahre. Das Lexikon des internationalen Films definiert das Werk als gerade wegen seiner Ungereimtheiten, Peinlichkeiten und Schwächen »authentische(n) Reflex deutscher Geistesverfassung in der Krise«. Der Film löst heftige Reaktionen aus.

Fassbinders Folgewerk *Die Ehe der Maria Braun* von

1978 erzählt die Geschichte einer ebenso schönen wie ehrgeizigen Frau, die in den ersten Nachkriegsjahren mit Skrupellosigkeit und Gefühlskälte den sozialen Aufstieg schafft, ihre Träume von Liebe und Ehe aber nicht verwirklichen kann. Die Tragödie endet mit dem WM-Finale von Bern 1954, im Film auch das Ende der Nachkriegszeit und das von Maria Braun. Beim Selbstmord der Hauptdarstel lerin tönt aus dem Radio Herbert Zimmermanns »Aus! Aus! Aus! Aus! Aus! Das Spiel ist aus! Deutschland ist Weltmeister!«

Die WM der Generäle

Die Entscheidung des DFB, 1978 an der Weltmeisterschaft in Argentinien teilzunehmen, politisiert den Fußball endgültig. Für alle linken Kritiker ist dies der Sündenfall und ein guter Grund zur Häme, als die deutsche Nationalmannschaft ausgerechnet gegen Österreich in Cordoba verliert.

Das Spiel und die Weltmeisterschaft haben eine längere Vorgeschichte: Der DFB unter seinem Präsidenten Hermann Neuberger hat sich schon vor der Abreise bei den deutschen Anhängern unbeliebt gemacht. Einige Spieler verscherzen sich die Sympathie des DFB-Chefs: Franz Beckenbauer spielt inzwischen bei Cosmos New York, Uli Stielike bei Real Madrid, auch Paul Breitner, der »Salonkommunist«, und Torjäger Manni Burgsmüller fallen durch respektlose Äußerungen immer wieder negativ auf. Der durchsetzungsschwache Trainer Helmut Schön fügt sich seinem Dienstherrn und läßt die ungeliebten Legionäre und die »Vaterlandsverräter« zu Hause. Sogar der konservative Joachim C. Fest kritisiert den selbstherrlichen Neuberger und moniert in der *FAZ*: »Man kann den selbstbewußten, eigenwilligen Spieler nicht unentwegt verpönen, ihn gleichzeitig aber in kritischen Situationen auf dem Spielfeld fordern.«

Es ist die erste WM, bei der ich mich kaum für die Spiele interessiere. Wir diskutieren in der Anti-Kriegsdienstgruppe nur über die unmögliche Entscheidung des DFB, nach Argentinien zu fahren. Insgeheim bin ich aber auf alle Mannschaften sauer, die antreten, auch auf die früher so verehrten Holländer. Gastgeber Argentinien wird seit 1976 von einer Militärdiktatur regiert: Verhaftungen, Folter und Mord gehören zum politischen Alltag. General Videla und seine Junta versuchen, die WM für außenpolitische Propaganda zu nutzen. In den Stadien, in denen gespielt wird, sind während des Putsches Tausende von Oppositionellen interniert gewesen, in den Räumen unter der Tribüne wurde gefoltert und gemordet. Wie kann man da eine Fußballweltmeisterschaft austragen?

Aber was soll man von solchen Spielern auch erwarten? Die Mannschaft von Kapitän Vogts besteht aus unserer Sicht sowieso zum größten Teil aus Unsympathen. Wer will sich schon mit einem Spieler wie Hansi Müller identifizieren, der in Benehmen und Aussehen eher an einen BWL-Studenten oder einen Kreisvorsitzenden der Jungen Union erinnert? Wir boykottieren die Fernseh- und die Radioübertragungen. Trotzdem bleibe ich heimlich immer auf dem laufenden, keine Sportseite entgeht mir. Als Deutschland in Cordoba gegen Österreich antritt, wage ich nicht zu hoffen, daß Schöns Mannschaft rausfliegt. Erst in der Wiederholung im österreichischen Schichtarbeiterprogramm sehe ich das ganze schreckliche Debakel und bin erfüllt von klammheimlicher Freude.

In der gesamten deutschen Öffentlichkeit ist die Teilnahme umstritten, doch die Spieler selbst wollen sich zur Politik nicht äußern. Sepp Maier empfindet nur die Unterbringung in einer Kaserne im öden Ascochinga als unangenehm und die ständige Bewachung als lästig. Kein Spaziergang kann ohne die Sondertruppe der GSG 9 gemacht werden. Sicherheitsstufe 1 für die Sportler – Mogadischu ist noch in allen Köpfen. Die Proteste von Amnesty International werden von den Offiziellen als linke Propaganda abgetan. Man zeigt vollstes Verständnis für die Generäle. DFB-Präsident Hermann Neuberger bescheinigt der Junta »preußische Gründlichkeit« und analysiert die südamerikanische Wirtschaftskrise als Mangel an Zucht und Ordnung: »Die Wende zum Besseren trat mit der Übernahme der Macht durch die Militärs ein.« Der Höhepunkt der politischen Instinktlosigkeit stößt auch in der konservativen Presse auf Unverständnis: Der ehemalige Weltkriegsflieger und Nazi-Oberst Erich Rudel erhält VIP-Freikarten und wird im deutschen Trainingslager aufs freundlichste empfangen. Doch längst nicht jeder wird von den Terrorspezialisten in die Kaserne gelassen. Dem Ex-Nationalspieler Netzer, als Journalist bei der WM, wird der Zutritt verweigert. Wahrscheinlich der langen Haare wegen.

Blamabel war die WM aus deutscher Sicht auch spielerisch: Trotz viermaligen Unentschiedens, davon dreimal torlos, erreicht man die zweite Finalrunde. In Österreich als letztem Gegner in Richtung Endspiel sieht man ein leichtes Opfer, denn seit 47 Jahren haben die Österreicher nicht mehr gegen die Deutschen gewonnen.

Die Stunde des Edi Finger

Das Spiel Deutschland gegen Österreich hat auch in das Werk von Ror Wolf Eingang gefunden, das sich bestens dazu eignet, die sonderbaren Geschehnisse an diesem Nachmittag im Jahr 1978 nachzuvollziehen. Die Hörspielcollage *Cordoba Juni 13 Uhr 45* ist geprägt von den beiden Reportern, deren Kommentare Ror Wolf gegeneinanderstellt. Für das bundesdeutsche Fernsehen berichtet in seiner objektiv kühlen, norddeutschen Art Armin Hauffe, für den ORF leidet der überschwengliche Edi Finger mit.

Man hört bei Finger von Beginn an, wie sehr er bei diesem Spiel emotional involviert ist. Er spricht ahnungsvoll von der »Schlacht unserer Nationalmannschaft« und steigert sich dermaßen ins Spielgeschehen, daß man stets befürchten muß, daß er vor dem offenen Mikrophon kollabiert. In seinen WM-Moritaten rühmt Wolf den Reporter ohnegleichen:

> Da tritt in Schmerz und Jammer Lust und Freude
> Herr Finger auf: verzweifelt und verzückt
> und zärtlich rasend trostlos schmelzend wund,
> das ganze Herz springt ihm aus seinem Mund,
> die Seele fährt ihm aus der Haut, zerdrückt

Im Gegenüberstellen dieser beiden so unterschiedlichen Sprecher beschreibt Ror Wolf auch zwei völlig gegensätzliche Typen von Zuschauern: Hier die, wie Hauffe, zwar interessierten, aber gefaßten Beobachter, dort die, wie Finger, völlig bewegten, enthusiasmierten Fußballnarren. Die »zwischen Peinlichkeit und Gesegnetheit schwankende Stimme des österreichischen Reporters« (Henscheid) dominiert das gesamte Hörspiel. Mehr, als Finger den Spieler Herbert Prohaska liebt, kann man einen Fußballer nicht lieben, zärtlicher seinen Namen nicht aussprechen, obwohl auf dem Platz zuerst gar nichts geschieht: »Krankl, der Bomber der Nation, Querpaß zu seinem Freund, zum Schneckerl Prohaska – Schneckerl Prohaska – Prohaska, der Schneckerl. Breitenberger –, no was mocht denn der Breitenberger? Gibt hinüber zum Schneckerl, zum Prohaska, Burschn, Prohaska, da schau her, so was kommt auch vor – Prohaska, der Schneckerl.«

Bei Hauffe klingt dieses Hin- und Hergeschiebe des Balles langweiliger – und vermutlich realistischer –, aber nicht annähernd so liebevoll: »Dann wird das Ganze noch einmal versucht auf Prohaska. Halt so eine Art Kaffeehausfußball – alles andre als eine Fußballdelikatesse; gähnende Langeweile – denn was da von seiten der Österreicher gemacht wird, zeigt nicht die große Klasse, sondern gelingt recht hilflos.«

Die Atmosphäre dieses sehr schwachen Spiels wird so

sehr authentisch vermittelt. Hauffe beschwert sich zu Recht über »alles andere als eine großartige Partie«. Gott sei Dank gibt es den stets begeisterten Edi Finger, der nie nörgelt. In jeder Sekunde schwingt bei ihm Euphorie mit. Nach der ersten Chance der Österreicher in der 17. Minute lehnt er sich direkt in die österreichischen Wohnzimmer hinein. Nichts ist passiert, aber Herr Finger beruhigt: »Bitte, setzen Sie sich wieder nieder, machen Sie sichs bequem, reden einstellen, rauchen ist zu Haus erlaubt, ja? Es wird ein hartes Ringen hier um jeden Zentimeter dieses Fußballbodens sein.«

In der 18. Minute fällt das 1:0 durch Rummenigge. Finger beginnt abzuwiegeln, das habe man ja erwartet »gegen diesen gewaltigen Gegner«. Nach der Pause geht das lahme Spiel weiter, die Österreicher greifen wenigstens ab und zu an, aber das Tor ist »wie mit Brettern vernagelt«. Finger versucht die Spieler mit seiner Stimme nach vorn zu treiben und verzweifelt beinahe: »Na, fürchterlich, gotteswilln ... es wäre doch gelacht, das kann doch garnet sein, und – gottseidank, gottseidank, daneben, was sollma machen?«

Nach vierzig Minuten zähem Hin und Her fällt das Ausgleichstor. Nach einem Angriff durch Hickersberger, Krieger und Krankl, Patzer von Vogts – Eigentor: »Toooor! Toooor! Toooor! einszueins – doch der Vogts, Eigentor – im Gewirr der Beine nehme ich alles zurück, aber wir wurden erhört, wir wurden erhört, bravo ...«

Die österreichische Mannschaft und auch Herr Finger fassen wieder Mut. In der 67. Minute gelingt Hans Krankl das Führungstor, objektiv lobt und tadelt Armin Hauffe: »Und Tor – für Österreich. Tor durch Krankl. Oh, das war ein Superschuß. Und die deutsche Abwehr momentan von allen guten Geistern verlassen.« Eine Sprecherkabine weiter herrscht Euphorie an der Grenze des Kreislaufzusammenbruchs, man muß um Edi Fingers Gesundheit fürchten: »So jetzt wieder. Das Leder bei – schöne Möglichkeit, Krankl! Schuß und jetzt – Toooor! Toooor! Toooor! Tooaaiir! [die Stimme kippt] Also ich kann nicht mehr ...«

Und dann bekommt Hans Krankl seine Streicheleinheiten: »Was hab i Ihnen gsagt. Unfaßbar, was sich hier abspielt. Sie falln einander um die ... um den Hals. Da steht der Krankl, der Hansiburli, ach, also sei Papa, der Straßenbahner, wird sich freun, also schöner kammas garnet machn, da da da – da fehln mir die Worte, da müßt ich ein Dichter sein!« – verhaspelt sich Edi Finger im Triumph.

Zwei Minuten später fällt das 2:2 durch Hölzenbein. Enttäuschung macht sich breit in der österreichischen Sprecherkabine. Das Spiel wird härter, es gibt gelbe Karten: »Aber das versteh i garnet, der Prohaska ist doch a Waserl, der tut doch keiner Fliege was zuleide, wie kann er dem Abramczik etwas tun. – Also nicht ganz verständlich.« Herr Finger leidet nun immer hörbarer. Chancen über Chancen – die österreichische Mannschaft bekommt Oberwasser, die Deutschen geraten immer mehr in Bedrängnis: »Wir machen das Spiel. Dieses Match werden wir lange nicht vergessen. Und keiner kann kommen und kann sagen, wir hätten Glück gehabt, denn, wenn hier jemand Glück hat, dann ist es die deutsche Mannschaft.« Armin Hauffe ahnt auch schon Böses: »Oh das war ja wirklich stümperhaft, wie die deutsche Abwehr da ausgesehen hat, Rüssmann, ein Nervenbündel, ihm fällt der Ball förmlich auf den Kopf, er läuft ihm einfach in die Quere, rutscht ihm über die Schuhspitze, ziemlich unbeherrscht.«

Und ein Wunder für Österreich bahnt sich in der 88. Minute an. Gegen eine desolate deutsche Abwehr drückt sich Krankl durch – und: »Toor! Toor! Toor! Toor! Toor! Tor! I werd narrisch! Krankl schießt ein! dreizuzwei! für Österreich!« Fingers Jubel zum 3:2 ist legendär und reißt nicht ab: »Meine Damen und Herrn, wir falln uns um den Hals, der Kollege Rippel, der Diplom-Ingenieur Bosch, wir bussln uns ab, dreizuzwei für Österreich, durch ein großartiges Tor unseres Krankl. Er hat alles überspüt, meine Damen und Herrn, und wartens noch a bißl, wartens noch a bißl, dann kemma uns vielleicht a a a Viertel genehmigen, also das – das mußt miterlebt habn. Jetzt bin i aufgestandn [schnaufend] – geh geh geh, i glaub, jetzt hammas gschlagn, aufpaßn – Jetz jetz Burschn, fallts net um hinten, bleibts aufrecht stehn, noch zwei Minuten. Aber noch wollmas nicht glauben, noch wollma nix verschrein –«

Die letzten Minuten des Spiels schüren die Leiden des Edi Finger, hin und her gerissen zwischen Triumph und Qual. Noch einmal greift die deutsche Mannschaft an: »Eine Möglichkeit der Deutschen!! und?! daneben!!! also der Abramczik, abbussln möcht i den Abramczik dafür, jetzt hatter uns gholfen, der brave Abramczik, und danebengeschossn.«

Und endlich, endlich der Schlußpfiff, und Edi Finger fliegt »brausend rotweißrot ins Himmelreich« (Wolf). Und die Himmelfahrt von Edi Finger – »Sieg Sieg Sieg Sieg Sieg Sieg Sieg Sieg« – unterlegt Wolf mit dem lapidaren Schlußsatz von Hauffe: »Deutschland unterliegt Österreich in einem Spiel mit zweizudrei. Es war ein schwaches Länderspiel. Das wars hier aus Cordoba. Tja. [Blasmusik]«

Zwei Welten liegen nahe beieinander: Hier die »Schmach von Cordoba«, die, abgesehen von Armin Hauffe, anscheinend eine ganze Nation in Verzweiflung stürzt, dort der absolute Triumph gegen den »Fußball-Erzfeind« (Finger); oder besser, die zwei Seiten einer »bizarren Welt, in der unablässig Gefühlsschübe aufeinanderprallen«, wie Ror Wolf sie beschreibt. Indem er die Phrasen und Standardsätze der Reporter und vor allem Fingers ekstatischen Enthusiasmus neu zusammenstellt, schafft er es, die Atmosphäre der Übertragungen wiederherzustellen und gleichzeitig zu übertreffen. Denn kein Zuschauer hört damals beide Kommentatoren gleichzeitig, die wenigsten werden die Übertragung im ORF mitverfolgt haben, aber an Edi Fingers Kommentar und Schreie erinnert sich dennoch jeder, der dieses Spiel gesehen hat. Spätestens in der Nachbereitung der WM wird sein Jubel zur Metapher für Fußballekstase. Die kollektive Erinnerung an die »Schmach von Cordoba« ist auch in Deutschland geprägt vom Triumph des österreichischen Reporters. Eine latente Österreichfeindlichkeit infolge dieses Spiels wird noch zusätzlich aufgeheizt: »Wenn ich an Deutschen seh', werd' ich zum Rasenmäher.« Für diesen ihm nachgesagten Satz wird Hans Krankl zum Feind der deutschen Boulevardpresse. Ror Wolf kolportiert in seinem Buch *Das nächste Spiel ist immer das schwerste* weitere Zeitungsartikel über Ereignisse, die zur Verschlechterung des deutsch-österreichischen Verhältnisses beigetragen haben. »Eine Nonne vom Orden der Barmherzigen Schwestern sprang einem Busfahrer an die Kehle und würgte ihn, als er im Restaurant Gut Neuhof bei Frankfurt den Sieg der Österreicher bejubelte.«

Die Originaltöne der Boulevardzeitungen beschreiben treffend die niedergeschlagene und aggressive Stimmung in der Bundesrepublik nach dem Spiel. Zwar werden österreichischen Touristen keine Reifen zerstochen, aber für böse Frotzeleien reicht es bis heute. Sogar zeitgemäß im Internet, wo einige österreichische Fans unter der Adresse www.eslebecordoba78.at* den damaligen Sieg glorifizieren und sich mit deutschen »Piefkes« im Chatroom streiten.

Helmut Schöns Abschied, lange vor Cordoba geplant, bekommt eine tragische Note. Der erfolgreiche – aber eben auch entscheidungsschwache – Bundestrainer muß ausgerechnet mit dem peinlichsten deutschen Spiel in die Geschichte des deutschen Fußballs eingehen. Also lassen wir dieses traurige Kapitel am besten mit Udo Jürgens ausklingen, der mit der Nationalmannschaft die Platte zur WM aufgenommen hat. Neben dem melancholischen *Buenos Dias, Argentina* – bei dem die deutschen Fußballer so sanft singen, wie sie gespielt haben – findet sich darauf auch das Abschiedslied für Helmut Schön, den *Mann mit der Mütze*:

Und wenn es dann vorüber ist,
dein letztes Ballgefecht,

* Mittlerweile etwas besser versteckt unter www.rudix.nwy.at/cordoba78/index2.htm.

dann gibt man dir ein Abschiedsfest
mit vielen Reden und mit Recht.

Weil wir jedoch auf große Worte
uns nicht so verstehn,
wollen wir dir eins nur sagen:
Helmut, danke schön!

Der Mann mit der Mütze geht nach Haus.
Die lange Zeit des Langen,
sie ist aus.
Der Mann mit der Mütze geht nach Haus!
Und unsre Achtung nimmt er mit
und unseren Applaus!

4.
Die achtziger Jahre

»Häuptling Silberlocke« und »Schmidt Schnauze«

Der HSV hat nach den langen Jahren ohne Uwe Seeler endlich wieder richtigen Auftrieb und wird im Juni 1979 Deutscher Meister. Vater des Wunders von der Alster ist der neue Manager Günter Netzer, der sich seit einem Jahr um die Belange des Vereins kümmert. Trainer Branko Zebec gelingt es, eine schlagkräftige Mannschaft mit Kämpfertypen wie Horst Hrubesch, Manfred Kaltz und Felix Magath zusammenzustellen. Seit 1977 spielt auch Kevin Keegan im Team des HSV. Der als »Mighty Mouse« verehrte englische Nationalspieler ist mit 2,3 Millionen der teuerste Transfer in der bisherigen Bundesligageschichte. Die Fans des HSV müssen sich an ein neues Fußballerimage gewöhnen: Ihr neuer Stürmer tritt im Juli 1979 im *Musikladen* von *Radio Bremen* auf und stellt seine Single *Head over Heels in Love* vor. Keegan ist der erste kickende Hamburger Popstar und wird mit seinen langen Locken zum Teenieschwarm. Auch die *Bravo* läßt es sich nicht nehmen, über den smarten »working class hero« zu berichten. Plötzlich wird sogar das Training beim HSV attraktiv. Abseits von den kreischenden Mädchen stehen die allwissenden Rentner, die die Dribbelkünste des wuseligen kleinen Engländers mit anerkennendem Kopfnicken loben, obwohl sie sonst eher auf harte Jungs wie Horst Hrubesch stehen. Dieser fußballerische Spätzünder, bei seinem Nationalmannschaftsdebüt ist er 29 Jahre alt, wird in Symbiose mit »Flankengott« Manni Kaltz zum Torjäger und 1982 sogar Torschützenkönig mit 27 Treffern. Beliebt ist der einsilbige Hrubesch auch bei den Reportern, denen er mit unnachahmlich präziser Art mannigfaltige Bonmots in die Mikrophone spricht. Sein legendärstes ist die Beschreibung eines typischen Hrubesch-Treffers mit den Worten: »Manni Bananenflanke, ich Kopf,

Tor!«, die in jede Fußballer-Zitatsammlung Eingang gefunden hat.

Im Juli 1981 wird der Österreicher Ernst Happel, ein grantelnder Individualist, neuer Coach in Hamburg. Mit der minimalistischen Anweisung: »Wir stürmen!« schickt er seine Spieler beim ersten Spiel aufs Feld und ist erfolgreich. Happel gilt als »Schleifer« im Training, predigt aber wenig vor dem Spiel. Der ehemalige niederländische Nationaltrainer vertraut seinen Spielern und führt die Raumdeckung und das frühe Pressing als taktische Neuerungen ein. Die gar nicht defensive Devise lautet: »Zerschlagen, was noch gar nicht entstand, und sich dann selber entwikkeln.« Diese Taktik führt nicht nur zum erneuten Titelgewinn im Mai 1982, es gelingt dem HSV in der folgenden Saison sogar, den Meistertitel zu verteidigen. Auch international ist der Verein erfolgreich: 1983 holt sich Happels Team den Europapokal der Landesmeister gegen Juventus Turin. Den entscheidenden Treffer zum 1:0 erzielt Felix Magath bereits in der 8. Minute, aus 17 Metern hebt er den Ball über Torwart Dino Zoff ins Eck.

Die Politik hält Ende der siebziger Jahre in fast allen Lebensbereichen Einzug. Alles wird aus einer politisierten Grundhaltung beurteilt: Sex, Musik, Essen und Müll. Bundeskanzler Helmut Schmidt, aufgrund früherer rhetorischer Ausfälle im Parlament respektvoll »Schmidt-Schnauze« geheißen, ist für einen Teil der nachgewachsenen Wählergeneration ein Kristallisationspunkt ihrer politischen Entwicklung geworden. Jedoch sieht man zu ihm nicht mehr mit liebenden Kinderaugen auf wie einst zu Willy Brandt, vielmehr identifiziert man ihn und seine Regierung mit all dem, was einen in die Opposition treibt: Terrorgesetze und Radikalenerlaß, Atomkraft und Technikgläubigkeit, Pflichterfüllung und Langeweile. Die sozialliberale Koalition hat sich im »Deutschen Herbst« in ein konservatives Machtsystem verwandelt, das die Zeichen der Zeit nicht erkennt. Schmidt verkörpert den stets korrekten, preußischen und rechthaberischen Übervater, der die Kinder aus dem Haus drängt. Dahin, wo die anderen, die Gleichgesinnten, sich treffen. Die späten Siebziger sind die Zeit der selbstverwalteten Jugendhäuser, der Kneipenkollektive, der Ökobauernhöfe und Landkommunen. Alles Nischen der Solidarität und der Liebe, in denen man nicht Gefahr läuft, Schmidt und Konsorten zu begegnen. Die trotzigen Kinder bauen sich eine eigene Partei. Im Januar 1980 gründen sich Die Grünen.

Mein Musikgeschmack ändert sich im Laufe der Pubertät rapide. Am Anfang sind es die selbst aufgenommenen Charthits von Weichmachern wie Barry Manilow oder Eric Carmen – und natürlich den Beatles. Dann mit vierzehn, fünfzehn Prollrock von den Sweet und die Stones. Alice Cooper und Marc Bolan führen uns zum Glamrock, und mit zunehmender (weicher) Drogenerfahrung läuft im Jugendhaus Psychedelisches von den Doors bis Pink Floyd, und immer wieder Hardrock von Led Zeppelin, Nazareth oder Thin Lizzy.

Ende der Siebziger wird die Musik noch härter, der Punk zieht durchs deutsche Land. Und obwohl wir deutsche Texte bisher gemieden haben wie der Teufel das Weihwasser, hört man jetzt auf jeder Fete Nina Hagen und ihre Band:

> Rangehen, rangehen!
> Wenn du scharf bist, mußt du rangehen!
> Hingehen, hingehen!
> Dann ist alles gut, ist alles O.K.
> Rangehen, rangehen!

Das ist anfänglich auch die Devise der deutschen Nationalmannschaft. Immerhin 23 Spiele gewinnt Derwalls Team in Folge und stellt damit den Rekord der legendären Breslau-Elf ein. Der Wiederaufbau des Teams unter einem neuen Bundestrainer scheint gelungen. Jupp Derwall kann zwar einige Erfolge aufweisen, doch kann er sich weder in der Öffentlichkeit noch bei seinen Spielern richtig durchsetzen. Der Nachfolger von Helmut Schön erfährt das gleiche Schicksal wie der Nachfolger Willy Brandts: Die Zuneigung, die die beiden Vaterfiguren erfahren haben, bleibt ihnen versagt.

Kampfkraft und ein enormer Teamgeist bleiben unter »Häuptling Silberlocke« die bestimmenden und entscheidenden Faktoren des deutschen Spiels. Bis auf den jungen Bernd Schuster vom 1. FC Köln ist von Fußballkünstlern nicht viel zu sehen. Dessen Fähigkeit, aus scheinbarer Lethargie heraus blitzschnell und genial sich senkende Pässe in den Strafraum des Gegners zu schlagen, begeistert auch die Reporter. Mit dem talentierten Hamburger Magath überwirft sich der Trainer, der sonst immer den »mündigen Spieler« fordert. Ebenso später mit Schuster. Seine mangelnde Autorität macht es ihm schwer, mit selbstbewußten Spielern klarzukommen. In der Nationalmannschaft bleiben die Vertreter der deutschen Tugenden tonangebend. Damit schlägt man im Endspiel der Europameisterschaft 1980 in Rom auch Belgien mit 2:1. Derwall lobt vor allem die »Mentalität des Herzens, nie aufzustecken, nie die Dinge verloren zu geben«. Symptomatisch für die Spielweise der Deutschen ist folgende Anekdote von Thomas Roth, die schildert, wie das zweite Tor durch »Rummenigges Prophezeiung« entsteht: »In der 89. Minute rieben sich die Zuschauer verwundert die Augen. Der Eckball für die deutsche Mannschaft wurde von Karl-Heinz Rummenigge ausgeführt, den alle im Strafraum erwartet hätten. Des Rätsels Lösung: Rummenigge hatte sich kurz zuvor mit Hrubesch abgesprochen und ihm angekündigt: ›Ich hau' dir jetzt den Ball auf den Kopf, und du machst ihn rein.‹ Gesagt, getan!«

Die *Bild* ernennt Horst Hrubesch daraufhin zum »Kopfball-Ungeheuer«. Das böse Wort von der »Standardsituation« macht die Runde. Paul Breitner bezeichnet die deutsche Mannschaft als »die Einäugigen unter den

Blinden« und lästert: »Ein Cullmann, ein Dietz, ein Zehnkämpfer Briegel, ein Allofs in seiner Italienform hätten 1972 gerade vor dem Fernseher ihren Stammplatz gehabt.«

Die Schande von Gijon

Man hätte gewarnt sein müssen. Allein wegen des – nun schon obligatorischen – Schlagers für die WM 1982 in Spanien. Zusammen mit Michael Schanze singt die Nationalmannschaft:

> Das Glück hat einen Namen,
> in Spanien heißt es La Felicidad.
> Es liegt im Lachen der Señoritas und ihren Lippen
> wie roter Mohn.
> Olé ola, Olé ola, Olé España e la musica.

Kein Wort über Fußball, statt dessen werden Glück und Erotik thematisiert. Das hätte stutzig machen müssen. Im Vorbereitungstraining im Schwarzwald am idyllischen Schluchsee zeichnen sich Derwalls Führungsschwächen deutlicher ab denn je. Vor allem am »Leithammel« Paul Breitner, der zwar auf dem Rasen, nicht aber außerhalb des Trainings ein Vorbild ist (wie Toni Schumacher zu berichten weiß), scheitern seine Bemühungen, die Spieler in den Griff zu kriegen. Die Bilder von Karten und Tennis spielenden Nationalkickern, die durch die Zeitungen gehen, erwecken eher den Anschein eines Ferienclubs als eines Trainingslagers. Nach Alkoholexzessen geraten die Spieler auch mit Co-Trainer Erich Ribbeck aneinander, der sie nach einer nächtlichen Küchenaktion – angeblich bestellten Horst Hrubesch und Manni Kaltz morgens um vier Uhr 40 Spiegeleier beim Mannschaftskoch – zur Rede stellt. Dem Assistenten wird vom HSV-Duo beschieden: »Du hast hier gar nichts zu sagen.« In seinem umstrittenen Buch *Anpfiff* von 1987, das ihn nach Erscheinen seinen Platz in der Nationalmannschaft kostet, schildert Harald »Toni« Schumacher die Stimmung und Ereignisse im Schwarzwald. Wilde Pokerrunden sind an der Tagesordnung: »Nicht selten wurde um 20000 bis 30000 Mark gespielt. Andere bumsten bis zum Morgengrauen und kamen wie nasse Lappen zum Training gekrochen. Wieder andere gossen reichlich Whiskey in sich rein, schlimmer als Quartalssäufer.« Das Bekanntwerden dieser Trainingsmethoden in »Schlucksee«, wie das Camp vom Volksmund getauft wird, ist wenig hilfreich, den Bundesdeutschen ihre Nationalmannschaft sympathischer zu machen.

Zudem kommt es zu Mißliebigkeiten zwischen den Spielern. Breitners hämische Kritik ist nicht vergessen. Bernd Schuster äußert, er habe keine Lust, für den reaktivierten Breitner den »Wasserträger« zu spielen, und muß, angeblich verletzt, zu Hause bleiben. Die Identifikation der Fans mit der Nationalmannschaft ist so gering wie nie. Es fehlt ihnen an positiven Helden. Die *Süddeutsche* ärgert sich über »Fußballer, deren geistiger Horizont sich in vielen Fällen gerade bis zur Lektüre von *Fix & Foxi*-Heftchen erstreckt.«

Die WM in Spanien beginnt mit einem heilsamen Schock für die siegessicheren Deutschen: Derwalls Truppe verliert im ersten Spiel der Vorrunde gegen eine glänzende algerische Mannschaft mit 2:1. Die Presse ereifert sich über die »satten Profis«, und *Bild* spekuliert: »Fliegt Breitner jetzt raus?« Nach dem hart erarbeiteten 4:1 gegen Chile, bei dem Breitner verletzt vom Platz muß, macht sich der Nationalspieler noch unbeliebter. Auf die Mutmaßung eines Reporters, nach seiner Auswechslung sei das Spiel besser gelaufen, rüpelt Breitner in die laufende Kamera: »Was Sie davon halten, ist mir scheißegal!« Diese damals noch sehr ungewohnten Töne im öffentlich-rechtlichen Fernsehen sorgen für zusätzliche Aufregung in der Heimat.

Auch sonst verläuft diese WM sehr bewegt, man erinnert sich noch heute an die Szene, als der Scheich von Kuwait beim Spiel gegen Frankreich seine Spieler von der

Tribüne aus vom Platz winkt. Erst als Minuten später die Diskussionen um einen falschen Schiedsrichterpfiff aus dem Publikum verstummt sind, wird weitergespielt. Und die Samba Brasil, die die Marinekapelle aus Rio pausenlos bei jedem Spiel ihrer Mannschaft spielt, ist auch zwanzig Jahre später noch ein Ohrwurm. Das spanische Publikum feiert bei fast allen Begegnungen begeistert mit, muß aber bei den Partien der eigenen Mannschaft sehr leiden. Mit einem Sieg, einem Unentschieden und einer Niederlage wird Spanien durch ein besseres Torverhältnis gerade noch Gruppenzweiter, scheidet dann aber in der Zwischenrunde aus.

Im letzten Spiel der Gruppe 2 zwischen Deutschland und Österreich in Gijon erreicht die Peinlichkeit einen neuen Höhepunkt. Nach dem 4:1 gegen Chile genügt dem deutschen Team ein 1:0 – beide Mannschaften wären eine Runde weiter. Statt einer erbitterten Revanche für die »Schmach von Cordoba« kommt es nach dem Führungstreffer durch Hrubesch zu einem lustlosen Ballgeschiebe auf beiden Seiten. Manfred Payerhuber vom *Österreichischen Rundfunk* beschreibt das taktische Vorgehen sehr treffend: »Es steht nach Querpässen und Steilpässen, würd' ich sagen, 8:1. Acht Querpässen folgt ein Steilpaß.« Das Publikum buht und pfeift angesichts dieses »Nichtangriffspaktes«. Die Spanier winken mit Geldbündeln und weißen Taschentüchern – was beim Stierkampf schlicht und einfach »Feigling« signalisiert. Sie rufen »Diebe, Räuber!« und »Küßt euch doch endlich!«. Auch der deutsche Fernsehkommentator Oskar Wark weigert sich, das Spiel weiter zu kommentieren. Minutenlang schweigt er einfach. Und Payerhuber resigniert: »Wenn dieses Match nicht geschoben ist, dann kenn' ich mich im Fußball nicht mehr aus.« Das Spiel endet tatsächlich 1:0, und der Verlierer ist Algerien, das mit seinem mitreißenden, schönen Fußball die spanischen Fans für sich gewonnen hat und nach der deutsch-österreichischen Farce ausscheiden muß. DFB-Präsident Neuberger verteidigt sein Team: »Ich möchte sagen, daß die deutsche Mannschaft an und für sich das Recht hatte, langsam zu spielen und auf Sicherheit zu spielen. Das haben andere Mannschaften in diesem Turnier auch schon gemacht.« Auch auf österreichischer Seite ist man mit dem miesen Ergebnis zufrieden. Der Co-Trainer der Österreicher, Felix Latzke, offenbart die wahren Beweggründe für den Nichtangriffspakt: »Es geht eben um viel Geld, solche Spiele werden immer wieder vorkommen.« Die Reaktionen in der Öffentlichkeit sind da eindeutiger: Tausende empörter Anrufer lassen die Leitungen der Fernsehanstalten beinahe zusammenbrechen. Die *Stuttgarter Zeitung* schreibt: »Die Schande von Gijon wird für immer an den weißen Trikots hängenbleiben, denn Betrug am Fußball, Betrug am Zuschauer verjährt nicht.« Die Grünen schlagen in einem offenen Brief die deutsche Nationalmannschaft für den Friedensnobelpreis vor und loben hämisch die ökologische Behandlung des Rasens.

Der Soziologe Norbert Seitz deutet jene geheimdiplomatischen Vorgänge zwischen den beiden Mannschaften als Vorzeichen für den Bruch der sozialliberalen Koalition im Oktober desselben Jahres und spricht vom »Genscherismus in Gijon«. Die sozialen Defizite der Spieler deutet er als Sieg des Materialismus über den Fußball: »Nach den Generationen der ›Helden‹ und der ›Traumfußballer‹ war offenbar jetzt eine Elf kickender Immobilienhändler am Werk.«

Die neue Geistlosigkeit zeigt sich besonders im Halbfinale zwischen Deutschland und Frankreich, das von einer äußerst brutalen Szene überschattet wird: Der deutsche Torwart Toni Schumacher führt den Bodycheck im Fußball ein. Als der französische Stürmer Patrick Battiston bei einem Angriff auf sein Tor zuläuft, springt er ihm bei der Abwehr so brutal entgegen, daß der Franzose minutenlang schwerverletzt liegenbleibt. Die Untersuchung im Krankenhaus ergibt, daß Battiston eine schwere Gehirnerschütterung erlitten hat und ihm drei Zähne fehlen. Nach dem Spiel wird Schumacher von Reportern darauf angesprochen. Kein Ton des Mitleids entrinnt dem Mund des deutschen Nationalspielers: »Wenn es nur das ist, bin ich gerne bereit, ihm Jacketkronen zu kaufen.«

Diese Entgleisung Schumachers, der in seiner Biographie behauptet, er wäre damals nur froh gewesen, daß nicht mehr passiert sei, zieht weite Kreise. Der Ruf der Nationalelf ist nicht nur zu Hause ruiniert. Auch das deutsch-französische Verhältnis ist durch den Vorfall schwer getrübt. Der Schmähbegriff vom »häßlichen Deutschen« wird wieder aus der Versenkung geholt. Die französische Presse baut Schumacher zum herzlosen Monster auf, *L'Equipe* titelt: »Schumacher. Beruf: Unmensch!« Noch bei einem Freundschaftsspiel zwei Jahre später werden die Deutschen in Straßburg mit einem gellenden Pfeifkonzert empfangen und Schumacher mit Eiern und Dosen beworfen. In der *Zeit* vom 12. Dezember 1986 erklärt Brigitte Sauzay, die heutige Kanzlerberaterin, das Kriegstrauma der älteren Franzosen und warnt davor, es zu unterschätzen: »Es genügt, daß während einer Fußballweltmeisterschaft der Deutsche Schumacher dem Franzosen Battiston hart zusetzt, und schon kommen alte Ressentiments hoch.«

Aber es gibt auch Schönes bei dieser WM zu sehen. Denn das Spiel der Franzosen gegen die plötzlich gut aufspielenden Deutschen ist nichtsdestotrotz ein ästhetischer Leckerbissen. Am Ende der regulären Spielzeit steht es 1:1. In der Verlängerung gehen die Franzosen schon nach drei Minuten durch Marius Tresor mit 2:1 in Führung, sieben Minuten später kommt Giresse vor dem deutschen Tor völlig unbedrängt zum Schuß: 3:1. Das Spiel scheint entschieden, doch die DFB-Auswahl gibt noch nicht auf. Der überragende Pierre Littbarski setzt sich in der 102. Minute am linken Flügel durch, flankt auf Rummenigge, der es schafft, eine Schuhspitze länger als der gegnerische Verteidiger den Ball an Torwart Jean-Luc Ettori vorbeizuschieben. Den Ausgleich erzielt sechs Minuten später – wieder nach Vorarbeit von Littbarski – sein Kölner Mannschaftskamerad Klaus Fischer mit einem spektakulären Fallrückzieher: »Ein ästhetisch ausgesprochen wertvolles Phänomen, das die Zuschauer mit hemmungsloser Begeisterung quittieren. Überzeugt vor allem deshalb, weil es sich den Anschein völligen Widersinns gibt. Ein Spieler legt sich plötzlich in die Luft, mit dem Rücken zum Ziel – und dann die erlösende Überraschung«, so schwärmt der Literaturwissenschaftler und Fußballkenner Rainer Moritz.

So kommt es, aufgrund der neuen Spielregeln der FIFA, zum ersten Elfmeterschießen bei einer Weltmeisterschaft, das bereits alle Elemente eines Thrillers beinhaltet. Die ersten Schützen treffen souverän, keine Chance für die Torhüter Ettori und Schumacher. – Es steht 3:2 für Frankreich. Beim nächsten Schuß für Deutschland ist Uli Stielike an der Reihe. Der läuft an, zögert kurz, scheint sich umzuentscheiden und – vergibt. Ettori hält den zu schwach geschossenen, halbhohen Ball ohne Probleme. Entsetzt fällt Stielike auf die Knie, vergräbt das Gesicht in beide Hände und bleibt so lange Sekunden liegen. Da kommt der deutsche Keeper, hebt ihn hoch und schickt Stielike, fast schon gewaltsam, Richtung Mittelkreis, wo der Rest der Mannschaft wartet. Littbarski, mit dem Unglückswurm im Arm, kann beobachten, wie Schumacher völlig cool und unberührt den Schuß von Didier Six hält. Die arrogante Geste des Torwarts Richtung Mittelkreis sagt: »Halb so schlimm!« Noch einmal herrscht Hoffnung, Littbarski verwandelt souverän, Platini legt erneut vor, Rummenigge zieht nach: 4:4. Nun waren alle Elfmeterschützen an der Reihe, der nächste Fehler entscheidet. Bossis läuft an, der sportlich überragende Schumacher springt richtig und hält. Jetzt kommt es auf Horst Hrubesch an, der bleibt ganz ruhig und verwandelt gewohnt zuverlässig – 5:4. Die Deutschen sind – wieder einmal – im Finale einer Weltmeisterschaft.

Im Endspiel aber zeigt sich, daß die Kondition der Deutschen nicht mehr ausreicht. Das »spielerische Niveau ist besser als noch 1978«, weiß zwar Karl-Heinz Rummenigge zu berichten, für die vom spanischen Publikum angefeuerten Italiener jedoch reicht es nicht aus. »Eine Renaissance des italienischen Fußballs!« jubelt der Fernsehkommentator Michel, der immer noch schlecht auf die deutsche Mannschaft zu sprechen ist. Das Team des Mannschaftskapitäns und neuen Volkshelden Paolo Rossi wird mit einem verdienten 3:1 Weltmeister. Zum zweiten Mal geht die Trophäe nach Italien.

Unmittelbar nach dem Abpfiff wird der schwelende Streit unter den deutschen Spielern an die Öffentlichkeit getragen. Die Boulevardzeitungen haben wieder genug Stoff, um über die »Bayern-Bande« und die »Köln-Mafia« zu berichten. Die Methode, durch Ausplaudern von Interna den eigenen Stammplatz in der Nationalelf zu sichern, sollte im Lauf der kommenden Jahre noch perfektioniert werden.

Schwarz-gelb wie die Biene Maja

Anfang der Achtziger bin ich bei Freunden in Duisburg, meine Lehre ist gerade beendet. Ich reise im Land herum, Hamburg, Lübeck, München – Leute besuchen, den Sommer genießen, bloß nicht arbeiten. Freitag nacht Livekonzert von einer lokalen Waveband im Kulturzentrum bei unglaublich lauter Musik und viel Pils.

Später noch ans Büdchen: Pommes rot-weiß und mehr Bier. Und wir quatschen über Musik und die unsägliche Fernsehserie »Manni, der Libero«. Ausgerechnet Thommy Ohrner, das Weichgesicht, spielt einen jungen Fußballspieler aus dem Pott. Die Duisburger Freunde sind entsetzt. Irgend jemand schlägt vor, morgen nach Dortmund rüberzufahren, der MSV spielt beim BVB. Ich habe seit drei Jahren kein Spiel mehr im Fernsehen gesehen. In einem richtigen Bundesligastadion war ich noch nie: »Klar komm' ich mit!« Etwas angeschlagen fahren wir am nächsten Nachmittag Richtung Dortmund. Erst ein Stück mit dem Auto, dann umsteigen in die Straßenbahn, keine Parkplätze. Ein Meer in Blau-Weiß, Fahnen, Schals, Mützen, jede Menge Kutten mit Hunderten von Aufnähern. Ist wohl eine Spezialtram für MSV-Fans. Vor dem riesigen Stadion stehen jede Menge Polizisten, man kommt sich vor wie in Wackersdorf bei der Demo gegen die WAA. Im Stadion dann die Treppen hoch, fast bis ganz oben in der Kurve. Der Blick hinunter bietet inmitten des Lärms aus Gesang, Lautsprecherdurchsagen und Fangeschrei ein Bild des Friedens: Die steilen Sitzreihen fließen wie Wellen hinab auf den von der Sonne bestrahlten sattgrünen Rasen. Einige kaum erkennbare Spieler in Schwarz-Gelb laufen sich warm, und die Dortmund-Fans singen doch tatsächlich »Biene Maja« von Karel Gott, mit leicht verändertem Text:

In einer Stadt in diesem Land
ist Meister Fußball wohlbekannt.
Und geht der Ball ins andre Tor,
dann singen alle hier im Chor:
Und alle Freunde sehen aus wie Biene Maja,
schwarz-gelb wie die kleine Biene Maja.

Ich bin völlig hin und weg. Das Spiel beginnt, die Fans liefern sich eine Schlacht mit Sprechgesängen. Als Manni Burgsmüller (der echte Manni) das 1:0 erzielt, erschallt der Torschrei aus 40000 Kehlen, und ich bekomme eine Gänsehaut. Der MSV hat keine Chance, weder auf dem Rasen noch bei mir. Der BVB gewinnt souverän mit 2:1. Nach dem Spiel sehen meine Duisburger Freunde etwas traurig aus. Nur ich bin glücklich wie schon lange nicht mehr.

Frieden in Ost und West

Am 1. Oktober 1982 wird Helmut Schmidt durch ein konstruktives Mißtrauensvotum von CDU/CSU und dem Koalitionspartner FDP gestürzt. Das Wort des Jahres ist der »Umfaller«, auch wenn der neue Bundeskanzler Helmut Kohl gerne von der »Wende« spricht. Bei den vorgezogenen Bundestagswahlen erreicht die Union mit 48,8 Prozent beinahe die absolute Mehrheit. Der kleinere Koalitionspartner wird zwar von den Wählern für seinen »Umfaller« bestraft und verliert fast ein Drittel der Stimmen, kommt aber immer noch mit sieben Prozent in den Bundestag. Die steifen Bundestagsdiener müssen sich nun aber an ganz neue Abgeordnete gewöhnen: Mit 5,6 Prozent ziehen Die Grünen erstmals in den Bundestag ein und bringen die konventionelle Kleiderordnung durcheinander. Stillende Frauen und strickende Männer auf Parteitagen begründen ein neues Politikerbild. Jeans, Turnschuhe und Indienkleider wirken im hohen Haus anfangs noch deplaziert. Auch die rhetorischen Benimmregeln geraten ins Wanken: »Mit Verlaub, Herr Präsident, Sie sind ein Arschloch!« Joschka Fischers Beleidigung des Bundestagsvizepräsidenten Richard Stücklen ist ein Höhepunkt der Nachrüstungsdebatte im Deutschen Bundestag. Die Grünen repräsentieren die außerparlamentarischen Bewegungen, durch ihr Mandat sensibilisieren sie das ganze Land für neue Themen. Umweltschutz, Anti-Atombewegung und der Widerstand gegen die NATO-Nachrüstung bestimmen die öffentliche Debatte. Großdemonstrationen sind Anfang der Achtziger an der Tagesordnung. Hunderttausend AKW-Gegner ignorieren das Versammlungsverbot am Kraftwerksgelände in Brockdorf im Februar 1981. Das mangelnde Fingerspitzengefühl der Einsatzleitung führt zur Schlacht zwischen Autonomen und Polizei. Unschuldige Demonstranten werden genauso verprügelt wie Vermummte. Ähnliche Szenen im Friedensdorf der Startbahngegner in Frankfurt führen zu einer Diskussion über den gewaltfreien Widerstand. Die Ignoranz der Regierenden mobilisiert die Massen. Die Menschenketten der Friedensbewegung durchziehen das Land. Über 500000 Demonstranten bevölkern im Oktober 1983 den Bonner Hofgarten, über drei Millionen Menschen sind bundesweit auf den Straßen. Beeindruckt schreiben auch britische und amerikanische Medien über »The German Angst«, der Begriff »Waldsterben« wird auch in Frankreich und den angelsächsischen Ländern original übernommen. Gewohnt modern, ahnt Schlagerpapst Ralph Siegel den Trend und setzt pazifistische Maßstäbe: Beim Grand Prix d'Eurovision gewinnt 1982 sein deutscher Beitrag *Ein bißchen Frieden*, gesungen von Nicole.

Entgegen anfänglichen Erwartungen wirkt sich die Amtsübernahme durch die Konservativen nicht negativ auf das deutsch-deutsche Verhältnis aus. Mit Erstaunen verfolgen die Bürger in beiden Teilen des Landes die Verbrüderung zwischen Erich Honecker und dem Erzreaktionär Franz Josef Strauß. Während einer angeblich privaten Reise vereinbart der bayerische Ministerpräsident einen Zwei-Milliarden-Kredit, der die marode DDR vor dem Bankrott retten soll. Im Ausgleich dafür dürfen Ausreisewillige leichter in die BRD übersiedeln. Der Bundestag übernimmt im Juni 1983 die Bürgschaft für diesen Kredit.

Nach dem Brot soll es auch Spiele geben: Auf Anweisung Honeckers wird eine »deutliche Steigerung des Anteils von Spielfilmen und Unterhaltungssendungen« im Fernsehen der DDR angeordnet.

Durch den gesamtsozialistischen Boykott der Olympischen Spiele in Los Angeles können die ostdeutschen Sportfunktionäre nur wenige internationale Erfolge verzeichnen. Auch im Fußball läuft es nicht so, wie es soll. Und die Europameisterschaft 1984 wird ohne die DDR-Auswahl stattfinden. Zwei Siege und drei Unentschieden reichen nur zum dritten Platz. Dafür kommt der kulturelle Austausch zwischen den beiden deutschen Staaten in Schwung. Der Rocksänger Udo Lindenberg nölt gewohnt lässig sein *Sonderzug nach Pankow* in Richtung Osten, bis er endlich die ersehnte Auftrittserlaubnis in der DDR bekommt:

> Ich weiß genau, ich habe furchtbar viele Freunde
> in der DDR, und stündlich werden es mehr.
> Oh, Erich eh, bist du denn wirklich so ein sturer Schrat?
> Warum läßt du mich nicht singen im Arbeiter-und-
> Bauern-Staat?

Vor dem Konzert in Ostberlin im Oktober 83 kommt es zum Treffen zwischen Honecker und Lindenberg, bei dem der Rocksänger eine E-Gitarre an den Staatsratsvorsitzenden mit den Worten übergibt: »Gitarren statt Knarren!« Erich – »eigentlich auch 'n Rocker« – macht gute Miene zum populistischen Spiel und schenkt dem Sänger eine Schalmei.

Blutgrätsche und Untergang

Während Frieden und Feminismus in aller Munde sind, die Sängerin Ina Deter sogar fordert: »Neue Männer braucht das Land«, entspinnt sich um den bundesdeutschen Fußball eine Debatte über Brutalität auf dem Spielfeld. Nicht erst nach Schumachers Attacke gegen Battiston wird klar, daß der Sieg um jeden Preis auf Kosten der Spielergesundheit geht. »Das Schock-Faul« (*Bild*) beim Spiel von Werder Bremen gegen Arminia Bielefeld im August 1981 ist der Auslöser. Das Bild von Ewald Lienen, der mit aufgeschlitztem Oberschenkel auf dem Spielfeld sitzt, geht durch die Medien: Ein circa 25 Zentimeter langer Riß läßt die freigelegten Muskelstränge sehen. Der Übeltäter Norbert Siegmann, der immer wieder beteuert, er habe das nicht gewollt, bekommt nur die gelbe Karte. Der Vorwurf des Bielefelder Spielers an Werder-Trainer Otto Rehhagel, er habe seinen Abwehrspieler auf ihn gehetzt, wird zwar vom Sportgericht des DFB und von der Generalstaatsanwaltschaft abgeschmettert, doch die Bilder bleiben nicht ohne Folgen. Der Ruf der Bundesliga steht auf dem Spiel. Die Schiedsrichter werden von den Verbänden zu härterem Durchgreifen angehalten, und der DFB fordert mehr Fairneß auf dem Platz. Doch es geht um zuviel Geld, und so nimmt die Klopperei in der Bundesliga kein Ende. Das Wort von der »Blutgrätsche« macht die Runde, und die Band Trio besingt 1982 die neue deutsche Härte:

Los, Paul, du mußt ihm voll in die Eier haun.
Das ist die Art von Gewalt, die wir sehn wolln,
Wenn auch nicht spürn wolln.
Schnell gesehen, schnell geschossen,
Gute Aktion.
Zwei Mann gleich bei ihm, schade,
Was gibt es noch zu tun –
Action! Action!

Der Minimalismus siegt, Trios Single *Da Da Da* wird europaweit zum Superhit, und die Neue deutsche Welle stürmt die Hitparaden. Und ab 1983 wird auf Anweisung der FIFA die »Notbremse« endlich mit der Roten Karte geahndet.

Nicht nur auf dem Spielfeld herrscht Brutalität. Organisierte Prügeleien zwischen Fangruppen beschäftigen die Vereine und die Polizei. Die randalierende Meute, meist zivil und brav gekleidet, bezeichnet sich selbst als Hooligans, ganz nach britischem Vorbild, wo derartige Phänomene schon seit Jahren zum Ligaalltag gehören. Die Methoden, diese gewalttätigen Fans im Zaum zu halten, zeugen von der umfassenden Hilflosigkeit der Behörden: Man grenzt die Fanblöcke durch Zäune voneinander ab, um die gegnerischen Fans zu trennen. So werden die Kurven zu tödlichen Fallen. Im Finale des Europapokals der Landesmeister im Brüsseler Heysel-Stadion kommt es am 29. Mai 1985 zur Katastrophe. Beim Spiel zwischen Juventus Turin und dem FC Liverpool eskaliert die Gewalt schon vor dem Anpfiff. Die englischen Hooligans bestürmen den Block der Turin-Anhänger – das sogenannte »running«, ein dämliches Männlichkeitsritual, bei dem man den Gegner einschüchtern will –, und unter den italienischen Fans, die derlei brutale Bräuche nicht kennen, bricht eine Massenpanik aus. Bei der einsetzenden Flucht geht eine Begrenzungsmauer zu Bruch, die mehrere Menschen unter sich begräbt. Es gibt 39 Tote und mehr als 600 Verletzte. Die belgische Polizei ist völlig überfordert und zeigt sich erstaunt, daß es schon vor Beginn des Spiels zu Gewalttätigkeiten kommt. Eine Zusammenarbeit mit den britischen Behörden, die mit derlei Ausschreitungen vertraut sind, hatte gar nicht erst stattgefunden. Völlig unverständlich ist auch die Entscheidung der UEFA, die das Spiel über eine Stunde später doch noch austragen läßt. Das ZDF und sein geschockter und empörter Reporter Eberhard Figgemeier blenden sich aus der Übertragung aus. Nach der Katastrophe werden englische Fans auf Jahre hinaus von den Wettbewerben ausgeschlossen. Das Thema »Gewalt im Stadion« wird die Medien und die Sozialwissenschaften noch viele Jahre beschäftigen.

Deutscher Meister 1984 wird der VfB Stuttgart, punktgleich mit dem HSV und Borussia Mönchengladbach, aber mit dem besseren Torverhältnis. Bei der Europameisterschaft in Frankreich ist von der Meisterelf neben den Förster-Brüdern Bernd und Karlheinz auch der Stuttgarter Guido Buchwald mit von der Partie. Weitere Turnier-Neulinge sind der Bremer Rudi Völler und Andreas Brehme vom 1. FC Kaiserslautern. Derwall schafft es abermals, sich vor der EM mit seinen besten Spielern anzulegen. Als Bernd Schuster, statt zu einem Qualifikationsspiel nach Albanien zu fliegen, lieber bei seiner Frau bleibt, die ihr drittes Kind bekommt, geraten Star und Trainer wieder einmal aneinander. Nach dem Freundschaftsspiel gegen Belgien kurz vor der EM ist Schusters Karriere in der Nationalmannschaft beendet.

Das Turnier in Frankreich wird für die Deutschen zu einer bösen Schlappe. Einem enttäuschenden 0:0 gegen Portugal folgt ein knapper 2:1-Sieg über die schwachen Rumänen. Im entscheidenden Gruppenspiel gegen Spanien schafft es die deutsche Mannschaft nicht, ein Tor zu erzielen, und kassiert in der 90. Minute durch einen Kopfball von Manndecker Macedo das 0:1. Deutschland ist hinter Spanien und Portugal nur Gruppendritter und damit ausgeschieden. Die einzigen beiden deutschen Treffer im Turnier erzielt Rudi Völler. Bundestrainer Derwall, dem die deutsche Presse schon im Nacken sitzt, erklärt zwei Tage später seinen Rücktritt. Sein Stellvertreter Ribbeck, der insgeheim auf den Posten gehofft hat, bekommt keine Chance. Angeführt von *Bild*, fordert die deutsche Presse endlich einen charismatischen Nationalcoach. Der DFB beugt sich dem Druck der Öffentlichkeit und ernennt Franz Beckenbauer, mangels Trainerschein, zum »Teamchef« und stellt ihm Horst Köppel, der die A-Lizenz besitzt, als Übungsleiter zur Seite. Der Weltmeister von 1974 wird zum Hoffnungsträger und zur »Lichtgestalt« im deutschen Fußball aufgebaut.

Eine weitere Lichtgestalt betritt 1985 den Rasen, allerdings nicht den eines Fußballplatzes. Der siebzehnjährige Boris Becker gewinnt das Turnier im Tennis-Olymp von Wimbledon. Im folgenden Jahr folgt ihm auch sein weibliches Pendant ins Rampenlicht: Steffi Graf. Der Boom ist nicht mehr aufzuhalten, Tennisclubs und Tennisschulen schießen aus dem Boden. Ehrgeizige Eltern melden ihren Nachwuchs zum Tennisunterricht an. Statt auf Garagenvorplätzen oder Wiesen herumzukicken, will jetzt jedes sportliche Kind so sein wie »Bobbele«. Deutschlands Fußballnachwuchs dünnt aus, und der DFB sieht tatenlos zu. Wie sich Helmut Böttiger in seinem Buch über das »Drama des deutschen Fußballs« echauffiert, bestimmt seit der Wende immer mehr die ergebnisorientierte Taktik das Spiel. Das »digitale Taktieren« ähnelt frappant dem Aufschlag-As-Punkt-System beim Tennis. Tatsächlich entscheidet im Fußball immer öfter das Elfmeterschießen.

Das Menotti-Manifest und die Kommerzialisierung des Fußballs

Das Verhältnis der deutschen Intellektuellen zum Fußball ist seit der WM in Argentinien schwer gestört. Den Verehrern des »linken Fußballs«, wie ihn ein Günter Netzer repräsentierte, bleibt nach Cordoba nur noch Grund zur Häme. Einige Unverzagte aber wollen den »Sport des Volkes« nicht den Konservativen überlassen. Mitte der achtziger Jahre erhalten sie Beistand von berufener Seite. In Hans Magnus Enzensbergers *TransAtlantik* erscheint 1986 ein Manifest für den »linken Fußball« mit dem richtungsweisenden Titel *Fußball aus der Tiefe des Volkes*. Autor dieses Textes ist Cesar Luis Menotti. Der Trainer der argentinischen Weltmeisterelf von 1978 hat sich in der Auseinandersetzung mit den Generälen als der stärkere erwiesen. Seine konsequente Haltung – bei der Siegesfeier hat er der Junta den Handschlag verweigert – macht ihn zum Volkshelden und zu einer Ikone der Linken. Seine Bilanz des Fußballs ist auch politisch: »Meine talentierten klugen Spieler haben die Diktatur der Taktik und den Terror der Systeme besiegt.« Die Generäle können ihm und seinem Ruhm beim Volk nichts anhaben, er ist zu populär. Nach dem verlorenen »Falklandkrieg« gegen Großbritannien müssen die argentinischen Machthaber das Zepter aus der Hand geben. Menotti verläßt nach der WM 1982 das Land und geht zum FC Barcelona, wo er in zwei Jahren mit Spielern wie Bernd Schuster und Diego Maradona eine Ära schönster Spielkultur einläutet.

In seiner Analyse des Fußballs betrachtet er den Sport als gesamtgesellschaftliches Phänomen. Aus Menottis Perspektive »erfüllt der Fußball dieselbe Funktion wie andere Ausdrucksformen der Kunst, wie ein guter Film, ein gutes Lied, ein gutes Gedicht, ein gutes Bild. Anders gesagt, bereitet er uns vor auf ein besseres, ein gerechtes und menschliches Leben.« Und – zur Freude der Antikapitalisten – fordert er, daß der Fußball dem ganzen Volk gehören solle, nicht nur einigen wenigen Geschäftemachern. Die Kommerzialisierung des Fußballs verdammt Menotti als kapitalistischen und reaktionären Akt: »Der Fußball der Rechten reproduziert und untermauert die in dieser Gesellschaft gültigen Wertvorstellungen. Es ist die Art von Fußball, bei der nur der Gewinn zählt, und Gewinn heiligt alle Mittel. Gemeint sind nicht nur eine ultradefensive Taktik, Ausdruck von Raffgier und Spekulation, sondern auch die ständigen Verletzungen des Reglements und der Einsatz aller erdenklichen faulen Tricks.« Das geht vor allem gegen Menottis ewigen Widersacher Carlos Bilardo, der die argentinische Mannschaft als Nationaltrainer übernimmt. Bilardo verbietet sich jede fußballerische Schwärmerei, stärkt die Abwehr und bekennt: »Das einzige, was im Fußball zählt, ist das Ergebnis. Wenn man auch noch schönen Fußball bietet, ist es um so besser.« Immer hat Menotti sich gegen solche »Söldner des Punktgewinns« gewehrt: »Beim Fußball der Linken spielen wir nicht einzig und allein, um zu gewinnen, sondern um besser zu werden, um Freude zu empfinden, um ein Fest zu erleben, um als Menschen zu wachsen.« Fußball von einer anderen Welt also.

Welch ein Glücksfall ist dieser Text für eine marxistisch gebildete Linke: Endlich kann man seine Abneigung gegen den FC Bayern München auch noch politisch begründen und hat die richtige Argumentationshilfe, um die Situation des kapitalistischen Fußballs zu analysieren.

»Linker Fußball« nach Menotti erfordert außerdem einen neuen Spielertypus: »Beim Fußball der Linken ist der Spieler ein denkendes Wesen, das Schönheit schafft und sich mit dem Volk solidarisiert, damit der neue Mensch in einer neuen Gesellschaftsordnung entsteht.« Leider zeigen sich die meisten Fußballspieler diesem hehren Anspruch an ihre Persönlichkeit nicht gewachsen. Als »intellektuell« geltende und gar sozial engagierte Sportler in der Bundesliga wie Ewald Lienen und Volker Ippig oder renitente Typen wie Manni Burgsmüller sind Ausnahmen und haben es immer schwer. Paul Breitners angeblicher Maoismus, sosehr er auch in den siebziger Jahren die Boulevardblätter erzürnt, war kaum mehr als Attitüde. Ähnlich dem modernen Arbeiter, der an der Zerschlagung des Kapitals wenig Interesse zeigt, solange sein Einkommen stimmt, ist auch ein Fußballspieler selten von hehren nichtkommerziellen

Ansprüchen getrieben. Das Spiel ist ein Mittel zum Zweck, ein Job. Wenn es dazu noch Spaß macht, ist das ein angenehmer Nebeneffekt.

Das gilt auch für jene sogenannten »Naturtalente« aus Südamerika oder Afrika, bei denen Sportreporter so gerne ins Schwärmen geraten, weil sie einen »unverbildeten Fußball spielen« oder »den Rhythmus im Blut« haben. Sportreportersprache ist oft grausam. Man fühlt sich an Karl Mays Verherrlichung des »edlen Wilden« erinnert.

Dabei sind es fast immer ökonomische Gründe, die in den Ländern der »Dritten Welt« junge Männer zu Profifußballern werden lassen, von sozialer Romantik ist keine Rede. Für die begehrten und oft geforderten »Straßenfußballer« ist der Sport die einzige Chance für einen sozialen Aufstieg. Auch in Deutschland und England war dies für Arbeiterkinder bis in die sechziger Jahre hinein eines der wichtigsten Motive für eine Fußballerkarriere. Um es mit Rod Steward zu sagen: »Du hast nur zwei Möglichkeiten, von der Straße wegzukommen: Fußball und Rock 'n' Roll.«

Die romantische Vorstellung der Linken von einem ästhetischen Fußball um des Spieles willen entbehrt jeder historischen Grundlage – vor allem in Deutschland. Bereits in den sechziger Jahren setzen in der Bundesrepublik die Professionalisierung des Gewerbes und die Kommerzialisierung des Sports ein. Nach dem Bundesligaskandal in den siebziger Jahren wird der Fußball endlich auch offiziell geschäftsfähig und orientiert sich kapitalistisch. Die jahrzehntelang verteidigte Bastion eines verklärten Amateurtums fällt. Mit zunehmender Medienbeteiligung wächst auch die Möglichkeit, aus dem Zuschauerinteresse Profit zu schlagen. Die heutigen Merchandising-Offensiven – jedes Jahr ein neues Trikot für die Fans – und die ewigen Werbeblöcke bei der Bundesligaberichterstattung in *ran* bei *Sat.1* sind ebenso gesellschaftskonform wie die indirekte Bezahlung vorgeblicher Amateure in den dreißiger Jahren oder die Privilegien der »Staatsamateure« in den sozialistischen Staaten. Heutzutage ist der bezahlte Fußball ein ganz normales Geschäft. Die meisten Fans akzeptieren das, solange die Leistung ihres Vereins stimmt. Erst wenn offensichtlich lustlos und unmotivert gespielt wird, dann geht es gegen die »Scheiß-Millionäre«. Dann heißt es: »Wir sind Schalker – und nicht ihr!« Attacken gegen die »Millionarios« werden meist von anderer Seite geschürt. Die Boulevardpresse ist vor allem gegen Spieler, die Schwäche zeigen, gnadenlos, und so bleibt kein privates Detail verschwiegen.

Viele Kritiker sehen in der völligen Vermarktung des Fußballs eine kapitalistische Verschwörung: »Was sich im Fußballsport derzeit vollzieht, läßt sich objektiv auch als bürgerlicher Versuch beschreiben, eine der letzten proletarischen Enklaven des Sports sozial zu verwässern, zu durchdringen und schließlich zu erobern«, schreibt Dietrich Schulze-Marmeling noch im Jahr 1992, als der Fernsehsender *Sat.1* die Bundesligaberichterstattung übernimmt. Doch die »letzte proletarische Enklave des Sports« hat ihre Unschuld schon längst verloren. Die Forderung aus den Achtzigern nach einem linken und selbstlosen Fußball erscheint aus heutiger Perspektive nur noch naiv. Wer wirklich noch Fußball um des Fußballs willen sehen will, muß zu Kreisligaspielen gehen, doch bereits in der Bezirksliga geht es schon wieder um Geld, Jobs und Aufstieg. Eine der wenigen Möglichkeiten, die den Fans bleibt, ist die massive Präsenz oder das Fernbleiben aus den Stadien. Die Aktion »Pro 15:30« war nur dank des Einsatzes engagierter Fangruppen erfolgreich. Die Verlegung der Fußballshow *ran* auf einen späteren Sendeplatz scheiterte an eben diesen Fans, aber eben auch an liebgewonnenen Sehgewohnheiten der deutschen Fernsehzuschauer im allgemeinen.

Menottis Forderung nach einem »linken Fußball« ist aus westeuropäischer Sicht nur in einem ästhetischen Sinn bemerkenswert. Die Verhältnisse in einem wirtschaftlich ausgebrannten Land wie Argentinien, das sich unter der Knute einer skrupellosen Militärjunta windet, sind nicht übertragbar. Mehr als ein Denkanstoß ist Menottis Befreiungstheologie des Fußballs leider nicht.

Einige junge Soziologen und Historiker haben dies längst erkannt. Die Freiburger Geschichtswerkstatt widmet sich dem Phänomen »linker Fußball« ausführlich. Im Band *Elf Freunde müßt ihr sein* schreibt Thomas Hohner über den FC Freiburg – Mitte der Neunziger noch willkommene »Projektionsfläche linksalternativer Sehnsüchte«: »Fußball ist weder links noch rechts noch ein Transzendent der Gesellschaft, er ist Spektakel aus ihrer Mitte. Da kann der FC Freiburg noch so schön spielen, können Trainer und Spieler noch so alternativ wirken, mehr als die längst überfällige Bereicherung der Ersten Liga um einen Verein, der eine alles andere als marginale Strömung dieser Gesellschaft widerspiegelt, sind sie nicht. An einem wird sich sowieso nichts ändern, ob mit links oder rechts geschossen: Der Ball bleibt rund.«

»Mexico mi Amor«

Nachdem Kolumbien, das aufgrund hoher Staatsverschuldung und wegen der bürgerkriegsartigen Zustände im Land seine Kandidatur für die Weltmeisterschaft 1986 zurückzieht, erhält Mexiko von der FIFA den Zuschlag. Vor allem wegen der guten Beziehungen zwischen FIFA-Präsident João Havelange und dem mexikanischen Medienmogul Azcárraga, munkelt man, werden die Bewerbungen Brasiliens und der USA nicht berücksichtigt. Durch die weltweite Übertragung von Fernsehrechten wird das Turnier für den mexikanischen Fußballverband und den Medienkonzern ein unglaubliches Geschäft. Das Land selbst hat aber auch einen guten Ruf: Noch gut im Gedächtnis der Fußballwelt ist das Turnier von 1970, eingedenk der heldenhaften Tage in Mexiko gerät so mancher hartgesottene Fan ins Schwärmen. Die entspannte Atmosphäre von damals kommt aber nicht mehr auf, ein Jahr zuvor hat eines der schwersten Erdbeben das wirtschaftlich bereits angeschlagene Land erschüttert. Über 12 000 Tote sind zu beklagen, Hunderttausende sind ohne Obdach. Doch die

Fußball-Infrastruktur bleibt weitgehend intakt, nur ein Stadion ist beschädigt. Auf Havelanges Drängen – trotz der Bedenken innerhalb der FIFA-Gremien – bleibt die Weltmeisterschaft doch in Mexiko. Die Kameras von Azcárragas Fernsehstation versuchen, Bilder von Ruinen oder Obdachlosen zu vermeiden. Nichts soll die Freude der Fußballfans in aller Welt stören.

Bei der WM 1986 pflegt die deutsche Mannschaft liebgewonnene Rituale: Geplänkel im Vorfeld, unnötige Tore und Unentschieden, Zoff im Trainingslager, und am Ende steht man dennoch im Finale. In der Öffentlichkeit fragt man sich, ob der Nachfolger von Jupp Derwall seiner Aufgabe wohl gewachsen ist. Immerhin hat Franz Beckenbauer nicht einmal die A-Lizenz, den Trainerschein. Aufgrund der hohen öffentlichen Aufmerksamkeit ist der Teamchef übernervös und scheint anfänglich von der Aufgabe überfordert. Sein Umgang mit Spielern und Presse ist harsch, auf Kritik reagiert er erstaunlich dünnhäutig und läßt Fingerspitzengefühl und diplomatisches Geschick vermissen. Statt mit seinen Spielern zu reden, zieht Beckenbauer in der Öffentlichkeit über sie her. Viele der Fußballer, wie auch wieder einmal Karl-Heinz Rummenigge, sind angeschlagen oder verletzt. Folgen des knallharten Ligaalltags in Deutschland, Spanien und Italien. Auch das Durchschnittsalter innerhalb der Mannschaft ist zu hoch. Beckenbauer reagiert mit Schuldzuweisungen in Richtung der Vereine, in der Bundesliga spiele »der letzte Schrott« und damit schicke man ihn nach Mexiko. Ein Lied bekommt »der Kaiser« auch noch mit auf die lange Reise: Peter Alexander und die Nationalmannschaft erahnen in *Mexico mi amor* bereits die harten klimatischen Verhältnisse, mit denen die Spieler zu kämpfen haben werden:

Mexico mi amor,
mi amor,
mi amor –
Spiegel der stolzen Seele sind deine Lieder.

Mexico mi amor,
mi amor,
mi amor –
Unter der roten Sonne sehn wir uns wieder in
Mexico.

Die »rote Sonne« macht wirklich allen zu schaffen. Temperaturen von bis zu 40 Grad beeinträchtigen das Spiel. Bereits im ersten Match gegen Uruguay in Queretaro macht sich das bemerkbar. In der 4. Minute schlägt Matthäus, völlig unbedrängt, einen seltsamen Paß in Richtung der eigenen Strafraumgrenze, Alzamendi erläuft sich den Ball. Schumacher kommt heraus, und der Uruguayer lupft den Ball über den Keeper an die Latte, er springt von dort nach unten, tippt auf und wird dann von einem Verteidiger herausgeschlagen. Der Linienrichter hebt die Fahne – Tor! Kein Wembley-Treffer, wie die Zeitlupe zeigt. Der Ball ist eindeutig hinter der Linie. Erst in der 84. Minute wird das Anrennen des deutschen Teams gegen die knallharte Abwehr der »Urus« belohnt. Klaus Allofs schießt den Ausgleich.

Das zweite Gruppenspiel gegen Schottland beginnt ähnlich. Ein Paß, diesmal von einem schottischen Spieler, durchbricht in der siebzehnten Minute die Abwehrreihen der Deutschen, Strachan holt sich den Ball, läuft allein auf Schumacher zu und zieht ab, links ins lange Eck. Aber nur fünf Minuten später kann Rudi Völler ausgleichen, nach Vorarbeit von Littbarski und Allofs. Und vier Minuten nach der Pause erläuft sich Allofs das 2:1. Mehr ist von diesem Spiel kaum zu berichten.

Im dritten Duell gegen Dänemark geht es um den Gruppensieg, qualifiziert sind beide Teams bereits. Die Überraschungsmannschaft des Turniers, die bei der EM bis ins Halbfinale gekommen war, überlistet die deutsche Abwehr wieder und wieder. Dänemark gewinnt verdient mit 2:0 und muß nun gegen Spanien antreten. Die Mannschaft des deutschen Trainers Sepp Piontek hat mit Spielern wie

Michael Laudrup, Sören Lerby und Morten Olsen hauptsächlich Legionäre im Kader, die bei den besten europäischen Vereinen, auch in der Bundesliga, spielen. Im Achtelfinale ist das rot-weiße Team anfangs noch optimistisch, dann lassen sich die Dänen von der ungestümen Spielweise der Spanier Butragueño und Goicoechea so sehr beeindrucken, daß sie am Ende mit 1:5 unterliegen.

Mit dem zweiten Gruppenplatz haben die Deutschen das vermeintlich bessere Los gezogen. Doch das Spiel der Mannschaft bleibt weiter holprig. Bei gnadenloser Hitze im Stadion von Monterrey liefern sich Deutschland und Marokko ein auf Sicherheit bedachtes, unendlich langweiliges Spiel. Erst in der 87. Minute gelingt es Matthäus, einen Freistoß um die Abwehrmauer herum zu zirkeln und das 1:0 zu erzielen, den Endstand. Am nächsten Tag zeigt das ZDF Interviews mit deutschen Fans in der Heimat. Grundtenor aller Stellungnahmen: Langeweile, man möchte am liebsten mitgähnen.

Im Viertelfinale gegen Gastgeber Mexiko gelingt Beckenbauers Truppe kein Treffer. In diesem äußerst unfairen Spiel muß Schiedsrichter Diaz aus Kolumbien insgesamt acht gelbe und zwei rote Karten zücken. Auch in der Verlängerung dieser »Fußballschlacht« bleibt es beim 0:0. Wenigstens die letzten Minuten des Spiels bieten den Zuschauern Spannung: Beim Elfmeterschießen erweist sich Toni Schumacher einmal mehr als zuverlässiger Rückhalt seiner Mannschaft. Er hält zwei von drei Elfern, seine Mannschaftskollegen verwandeln viermal. Auch so kommt man ins Halbfinale.

Doch auch dieses Turnier hat, abseits der deutschen Spiele, seine Höhepunkte. Brasilien, mit Argentinien einer der Topfavoriten für das Endspiel, trifft im Viertelfinale auf Frankreich. Zum ersten Mal werden die Südamerikaner von einem gleichwertigen Gegner gefordert. Den Franzosen gelingt es durch ihr kompaktes Mittelfeld um ihre Stars Platini, Fernandez, Giresse und Tigana die Brasilianer frühzeitig zu stören und blitzschnell auf Angriff umzuschalten. Das Spiel ist von Anfang an spannend, und keine der beiden Seiten scheint zu taktieren. Auch nach dem 1:0 durch den Brasilianer Careca behalten die Franzosen ihren Vorwärtsdrang bei. Platini, zum dritten Mal zu Europas Fußballer des Jahres gewählt, erzielt den Ausgleich in der 41. Minute. In der zweiten Halbzeit geht der offene Schlagabtausch weiter. Der französische Torwart Joël Bats pariert einen unhaltbaren Schuß nach dem anderen. Nur als Branco auf seinen Kasten zuläuft, muß er ihn mit unlauteren Mitteln bremsen. Den anschließenden Elfmeter von Zico hält Bats souverän. Auch in der Verlängerung fällt kein weiteres Tor. Im inzwischen dritten Elfmeterschießen dieser Viertelfinalrunde vergibt beim Stand von 3:3 ausgerechnet Platini. Aber auch der Brasilianer Julio Cesar, später in Diensten Borussia Dortmunds spielend, trifft nur den Pfosten. Fernandez läßt sich diese Gelegenheit nicht entgehen. Sein Elfer sitzt präzise: Frankreich ist im Halbfinale. Angesichts der Bilder von weinenden brasilianischen Fans trauert die halbe Welt an den Bildschirmen mit.

Im noblen deutschen Trainingslager La Mansíon Galinda geht es inzwischen drunter und drüber. Der unbestrittene Star im Team ist Karl-Heinz Rummenigge, der auch international bekannt ist. Sogar zu einem eigenen Popsong hat es der Mann von Inter Mailand gebracht. Nach seiner Wahl zum Fußballer des Jahres trällert das Duo Alain & Denise europaweit:

> Over in West Germany
> There's a football player
> With sexy knees.
> With sexy knees?
> With sexy knees!
> Talking 'bout a man with sexy knees –
> Karl-Heinz Rummenigge –
> What a man.
> Rummenigge,
> Rummenigge,
> I'm a fan.

Ein Lied, das in der deutschen respektive bayrischen Version von Cleo Kretschmer und Wolfgang Fierek auf sämtlichen Münchener Faschingsbällen läuft und sich dort etwas derber anhört:

> Karl-Heinz Rummenigge,
> Der hat Haxn.
> Karl-Heinz Rummenigge,
> Schee sans g'wachsen.
> Rummenigge, Rummenigge –
> Tag und Nacht.

Der Weltstar will es seinen Kritikern bei dieser Weltmeisterschaft noch einmal beweisen. Trotz seiner Verletzung, besteht er gegenüber Beckenbauer darauf, in der Stammformation zu spielen. Sein divenhaftes Benehmen und seine Vorzugsbehandlung durch den Teamchef führen bald zu Spannungen innerhalb der Mannschaft. Die Spieler scharen sich in Grüppchen zusammen, bald streitet sich die »Kölner Mafia« mit der »Bayern-Clique«. Auf dem Höhepunkt des Streits bezeichnet Ersatztorwart Uli Stein, der endlich für Toni Schumacher spielen will, den Bundestrainer als »Suppenkasper« und die Mannschaft als »Gurkentruppe«. Der DFB greift ein und schickt mit Stein zum ersten Mal einen Spieler vorzeitig nach Hause. Auch Rummenigge, der sich in der Hauptsache von Schumacher in der Presse verunglimpft sieht, eine Tatsache, die er nicht beweisen kann, zieht erst auf Zureden von Delegationsleiter Egidius Braun seine Anschuldigungen zurück.

Der Druck, der sich innerhalb der Mannschaft entlädt, scheint eine befreiende Wirkung auf die Spielweise zu haben. Im Halbfinalspiel sieht man kluge Kombinationen, schöne Pässe und tolle Tore, was man nach den bisherigen Partien der Deutschen gar nicht mehr erwartet hätte. Weil Platini vom bravourös kämpfenden Wolfgang Rolff ausgeschaltet werden kann, fehlt den Franzosen der entscheidende Impulsgeber gegen die deutschen Kämpfer. Ein früher Freistoßtreffer von Brehme in der 9. Minute setzt die Franzosen unter Zugzwang. Doch bei aller spielerischen Brillanz laufen sie immer wieder in die deutsche Abseitsfalle oder scheitern am herausragenden Schumacher. Kurz vor Schluß gelingt Rudi Völler noch das 2:0, als er den herauslaufenden Bats mit einem gekonnten Lupfer überspielt und den Ball dann routiniert ins Tor befördert. Wieder einmal steht Deutschland im Finale.

Die Hand Gottes

Der Gegner im Endspiel ist die hervorragende argentinische Mannschaft um Diego Maradona, der diesem Turnier seinen Stempel aufgedrückt hat. Kein Spieler hat die Gemüter mehr erzürnt oder entzückt.

> Ein Herr mit etwa zweiundzwanzig Beinen,
> ein Phänomen, ein Schatten, ein famoser,
> ein allenfalls einssechsundsechzig großer
> geschätzter netter Herr wird nun erscheinen.
> In großer Höhe und in großer Hitze,
> da schwirrt er wie der Traum, der wundervolle
> Herr Maradona in der Heldenrolle:
> er tanzt furios auf seiner Stiefelspitze.

So lyrisch führt ihn Ror Wolf in die Fußballgeschichte ein. Diego Armando Maradona ist einer der größten Zauberer am Ball, ähnlich wie Pelé fliegen ihm – fast von überall – die Herzen der Fans zu. Die Legende des Diego Armando Maradona hat alle Attribute eines modernen Märchens: Geboren in einem armen Vorort der argentinischen Hauptstadt Buenos Aires, gelingt dem kleinen Diego der Aufstieg durch den Fußball. In seiner Heimat unzufrieden, wechselt er ins ferne Europa zum SSC Neapel. Dort wird er zum Messias der ganzen wirtschaftlich und sportlich benachteiligten Region und löst einen wahren Fußballrausch aus, als er mit seinem Verein zum ersten Mal den UEFA-Cup holt. Neapel liebt seinen Diego und die Wunder, die er mit seinen Füßen vollbringen kann – »wenn er auf engstem Raum seine Gegner ausspielte, wenn er aus unmöglicher Position spielentscheidende Pässe schlug, wenn er mit Vollstreckerinstinkt zum Torschuß zur Stelle war, wenn er Freistöße ins Eck zirkelte, als wären sie von San Gennaro ferngesteuert«, so der Autor Dirk Schümer.

Neben dem obersten Schutzheiligen Neapels wird Maradona zum Fußballheiligen. Bis heute ist das Trikot mit der Nummer 10 für ihn reserviert, nie mehr wird ein Spieler in Neapel diese Nummer tragen. Einzig religiöse Metaphern scheinen der italienischen Presse angemessen, seine Kunst zu beschreiben. Das Bibelzitat von Papst Johannes Paul II., das dieser der italienischen Weltmeister-Mannschaft mit auf den Weg gegeben hat, scheint sich in Diego zu erfüllen: »Preiset Gott an eurem Leib!« (1. Kor 6, 20)

Leider beginnt Maradona bald selbst daran zu glauben, ein vom Himmel Auserwählter zu sein. Im Viertelfinalspiel gegen England erzielt er das berühmt gewordene 1:0 mit der Hand, das beweisen nicht nur die Fernsehbilder, das gibt er in seiner Autobiographie auch offen zu. Daß er so etwas eigentlich nicht nötig hat, beweist er fünf Minuten später. Er spaziert ab der Mittellinie durch die englischen Abwehrreihen, läßt vier Gegenspieler stehen, spielt Torhüter Shilton mit einer Körpertäuschung aus und schießt das schönste Tor dieses Turniers. Trotz eines Anschlußtreffers der Engländer gewinnt Argentinien verdient mit 2:1. Und das gerade gegen England, das Argentinien im Falklandkrieg besiegt hat. Auf die Vorwürfe des Handspiels gibt Maradona der erstaunten Presse zu Gehör, wenn überhaupt eine Hand im Spiel gewesen sei, dann sei es die »Hand Gottes« gewesen. Die englischen Fans sind empört und fühlen sich betrogen. Dieses Tor werden sie Maradona nie verzeihen.

Auch im Spiel gegen Belgien um den Einzug ins Finale ist Maradona zweifacher Torschütze. Egal, was die Verteidiger anstellen, der kleine Argentinier ist schon an ihnen vorbeigedribbelt. Mit 2:0 zieht das Team von Trainer Carlos Bilardo ins Finale ein, wo es gegen die Mannschaft antreten muß, vor der sogar Maradona Respekt hat: »Die Deutschen sind immer gut. Bis man ihnen nicht die Sterbeurkunde ausgestellt hat, geben die nicht auf«, schreibt er in seinen Erinnerungen. Vor 115 000 Zuschauern im Aztekenstadion gibt es endlich wieder ein Finale ohne Elfmeterschießen. Maradona findet anfänglich nicht richtig in sein gewohntes Spiel, denn Beckenbauer hat seinen besten Mann auf ihn angesetzt: »Beim Endspiel haben sie mir Lothar Matthäus auf den Hals gehetzt. Der verstand allerdings seine Sache, das war keiner von den gewöhnlichen Manndeckern. Normalerweise sind das eher schwerfällige Spieler, aber Lothar verstand etwas vom Fußball.« Ohne Maradonas Hilfe – obwohl er natürlich ständig die halbe Abwehr in Bewegung hält – gehen die Argentinier dennoch in Führung. In der 21. Minute tritt kurz vor der rechten Strafraumgrenze Burruchaga einen Freistoß – Matthäus hat Maradona nur durch ein Foul stoppen können – und legt den Ball genau vor das deutsche Tor. Beim Herauslaufen verfehlt Schumacher den Ball, und Brown köpft ein. Das 2:0 fällt in der 55. Minute, als Enrique eine Blöße in der deutschen Abwehr sieht und mit einem »tödlichen Paß« die Abseitsfalle überwindet. Valdano hat nach dieser Vorlage keine Mühe, den Ball vorbei an Schumacher ins lange Eck zu schieben. Alles sieht nach einem klaren Sieg der Argentinier aus. Doch die Deutschen geben – wie von Maradona vorhergesagt – nicht auf. Dieter Hoeneß wird eingewechselt, um den Sturm zu verstärken. Die beiden anderen Stürmer laufen noch einmal zu Höchstform auf. Erst trifft Rummenigge nach einer Völler-Vorlage, dann köpft Völler in der 81. Minute nach einem Eckball von Brehme und einer Vorlage von Berthold ein. Jetzt ist wieder alles möglich. Doch nur drei Minuten später zeigt sich die Genialität des Diego Maradona. Bei einem Geplänkel im Mittelfeld sieht er – noch in der Drehung – eine Lücke und paßt unnachahmlich aus dem Fußgelenk genau in den Weg des von der Mittellinie heranstürmenden Burruchaga, dem Briegel chancenlos hinterherläuft. Ohne Schwierigkeiten verwandelt der Argentinier zum 3:2. Den erschöpften Deutschen fehlt jetzt die Kraft für einen zweiten Anlauf, und Argentinien wird Weltmeister. Der Star dieser Weltmeisterschaft, der glücklich strahlende Maradona, läuft seine Ehrenrunde mit dem Cup Jules Rimet. Und Ror Wolf beendet seine letzte WM-Moritat mit den Worten: »Die Herren Völler und Matthäus saßen / am Ende ganz verloren auf dem Rasen.«

Doch, doch, genauso war es.

Der Kanzler und sein Kaiser

Von Gary Lineker, dem englischen Stürmer und mit sechs Treffern Torschützenkönig des WM-Turniers von 1986, stammt der bedeutungsvolle Satz: »Fußball ist ein Spiel für 22 Mann und einen Ball, und am Ende gewinnen immer die Deutschen.«

»Außer manchmal«, ergänzt der Journalist Christoph Biermann in seinem gleichnamigen Buch. So ist es gerechterweise auch in Mexiko. Trotz des eher hölzernen Spiels der Nationalmannschaft gibt es wenig kritische Stimmen. Im Gegenteil, die deutschen Fußballer werden in Frankfurt empfangen, als hätten sie den Weltpokal geholt. Unter frenetischem Beifall verkündet der Nationalkeeper Toni Schumacher der versammelten Fangemeinde: »Nach dem heutigen Empfang möchte ich sagen: Wir deutschen Fans brauchen uns hinter keinen Fans der Welt zu verstecken. Und zum Schluß möchte ich noch zwei Dinge loswerden: Ich bin stolz, hier in dieser deutschen Fußballnationalmannschaft Fußball spielen zu dürfen, und ich glaube, da spreche ich im Namen unser aller, wir können stolz darauf sein, Deutsche zu sein.« 15000 Fans jubeln auf dem Römerberg. Schumacher schreibt später, er habe nicht damit gerechnet, daß seine Rede eine derartige Resonanz auslösen würde. »Waschkorbweise« erhält er deutschtümelnde Bekennerbriefe: »Endlich wieder einer, der von Nationalstolz spricht.« »Bravo! Es ist keine Schande, das Vaterland zu lieben!« Da sei ihm bewußt geworden, daß er in der Öffentlichkeit mit seinen Äußerungen besser aufpassen müsse.

Nicht so der Kanzler, denn Helmut Kohl nutzt jede Gelegenheit, sich im Dunstkreis der Nationalmannschaft sehen zu lassen. Natürlich sitzt er auch beim Endspiel in Mexiko auf der Tribüne und spricht den Reportern siegessicher in die Mikrophone: »Jetzt hoffe ich auf ein interessantes Spiel, auf ein faires Spiel und natürlich darauf, daß wir gewinnen.« Bei der Siegerehrung schiebt sich der deutsche Regierungschef neben dem kleinen Staatspräsidenten Pertini unübersehbar vor die Kameras. Im Gegensatz zu seinem Vorgänger Schmidt, der sich bei Spielen immer langweilte, ist Kohl wirklich bei der Sache, das liegt dem Pfälzer wohl im Blut. Kohls Regierung möchte die patriotischen Tendenzen nutzen, die der Fußball fördert. In der Debatte um kaugummikauende Nationalspieler, die nicht einmal den Text der eigenen Hymne kennen, geschweige denn mitsingen, zeigt sich, wes Geistes Kind die deutschen Konservativen Mitte der Achtziger sind. Vor allem die schwäbische CDU des Gerhard Meyer-Vorfelder pflegt solch patriotische Ideen. Der ebenso erzkonservative DFB reagiert sofort und fordert die Kicker auf, zukünftig die Hymne mitzusingen. Auch an die Zuschauer im Stadion wird der Text verteilt, sogar in der Version mit allen drei Strophen. Zur Belustigung der Fernsehzuschauer entwikkeln die Nationalspieler eine neue Disziplin: Das »So-tun-als-ob-man-mitsingt«. Bei manchen Spielern sieht es weiterhin nach Kaugummikauen aus.

Patriotismus allein nützt leider auf dem Spielfeld wenig. Eine angebliche Leistungssteigerung, die einige Beobachter erkannt haben wollen, sieht der Teamchef nicht. Erstaunlich objektiv resümiert Franz Beckenbauer: »Was wir konnten, und zwar besser als die meisten anderen: kämpfen. Das hat, mit Glück, bis zum Finale gereicht. Noch selten hat eine Mannschaft mit so bescheidenen Voraussetzungen gewonnen.«

Bei der Europameisterschaft 1988 in Deutschland soll nun alles anders werden. Zum Glück entfällt für das gastgebende Land die Qualifikation. Der östliche Nachbar hat da weniger Glück. Wieder einmal scheitert die DDR-Auswahl denkbar knapp, obwohl sie sich mit Siegen über Frankreich und Norwegen durchaus Respekt verschaffen kann. Die Vorbereitungsspiele der BRD-Elf sind eher durchwachsen. Im Berliner Olympiastadion bei der 2:4-Niederlage gegen Schweden im März 1988 offenbaren sich spielerische Defizite. Nur in Standardsituationen beweist man Nervenstärke.

Im ersten Gruppenspiel der EM gehen – beinahe gewohnheitsmäßig – die Italiener in Führung, das Spiel endet – mal wieder – mit 1:1. Im folgenden Match gegen Dänemark schießt der Stuttgarter Jürgen Klinsmann das 1:0 in der 10. Minute. (Beckenbauer hatte den Stürmer vom VfB Stuttgart ein halbes Jahr zuvor während der Südamerikareise zum ersten Mal aufgestellt.) In einem zähen Spiel gelingt dem jungen Schalker Olaf Thon das 2:0 kurz vor Schluß. Auch gegen Spanien gibt es ein 2:0, beide Treffer erzielt Rudi Völler, der seine Torjägerqualitäten wieder einmal unterstreicht. Im Halbfinale trifft die deutsche Mannschaft auf die Niederlande. Im Hamburger Volksparkstadion geht die Beckenbauer-Elf in der zweiten Halbzeit in Führung, Lothar Matthäus verwandelt den Elfmeter nach einem Foul von Rijkaard an Klinsmann zum 1:0. Doch in diesem Spiel lassen ihnen die Holländer mit ihrem Star Marco van Basten keine Chance. Fast alle Zweikämpfe gehen verloren. Wie entfesselt läuft das Oranje-Team gegen die deutsche Abwehr an, in der 74. fällt dann van Basten im deutschen Strafraum, hart bedrängt von Jürgen Kohler. Koeman verwandelt sicher zum 1:1. Als es schon nach Verlängerung aussieht, überwindet van Basten den deutschen Keeper Eike Immel ein zweites Mal.

Bei Spielschluß ist eine häßliche Geste auf seiten der Holländer zu sehen: Nach dem Trikottausch mit Lothar Matthäus wischt sich Verteidiger Koeman damit symbolisch den Hintern ab. Ein gefundenes Fressen für die Nationalisten in beiden Ländern. Den 2:1-Sieg feiern nicht nur die Niederländer als Revanche für 1974. Die spanische Zeitung *El Pais* frohlockt: »Endlich siegt Intelligenz über rohe Kraft.« Der enttäuschte Bundestrainer Beckenbauer hingegen spricht von der »unglücklichsten Niederlage seit Jahrzehnten«. Das Oranje-Team gewinnt auch das Finale gegen die UdSSR, der sie in der Vorrunde noch mit 0:1 unterlegen waren. Im ausverkauften Münchener Olympiastadion bieten van Basten, Gullit und Co. eine Galavorstellung. Diesmal laufen sie nicht kopflos stürmend in die Konter der schnellen Russen, sondern erarbeiten sich die Chancen klug. Mit 2:0 gewinnen die Niederlande ihren ersten internationalen Titel und sind verdient Europameister.

Der deutsche Fußballpatriotismus hat bei der EM 1988 im eigenen Land einen Dämpfer erhalten. Gewonnen hat aber der Fußball insgesamt. Das, was die Mannschaften aus Holland, Italien oder der UdSSR geboten haben, zeigt auch den deutschen Zuschauern, wie moderner und kluger Fußball aussehen kann.

»Hymne auf Bum-Kun Cha«

Die allgemeine Lähmung, die sich seit Mitte der achtziger Jahre auf Politik, Gesellschaft und Fußball legt, greift auch auf das literarische Leben über. Die deutsche Literatur ist dem Stadion ferner denn je und schwelgt in der Nabelschau. Neuerscheinungen zum Thema Fußball sind rar. Dirk Schümer lästert über »immer neue Romane und Theaterstücke über die gescheiterte Selbstfindung von Sozialarbeitern«, mit der sich die Literatur der Achtziger bevorzugt beschäftige. Dies sage viel über die Isolation der Intellektuellen, »während die Bundesrepublik allenfalls in

Ror Wolf und Eckhard Henscheid Fußballkenner hervorbrachte, die mit den Stilmitteln des Spiels große Literatur schufen – und gerade wegen dieses anarchischen Witzes von den literarischen Schiedsrichtern geächtet wurden«.

Henscheid ist einer der größten Fußballfans unter den Schriftstellern. Schon seit seinem Erstling *Die Vollidioten* ziehen sich der Ball und alles, was damit zusammenhängt, durch sein Werk. Eines seiner wichtigsten Stilmittel ist die Provokation des Erhabenen, die Konfrontation von Hochkultur mit der Alltagskultur, zu der in diesem Fall auch der Fußball zählt. Er selbst, von beidem durchdrungen, zeigt so den philosophischen und sozialkritischen »Spießern«, den Priestern und Apologeten der Hochkultur, die Lächerlichkeit ihres Redens und Handelns auf, wobei er zeitgleich von ihnen beeinflußt und fasziniert ist. So entlarvt er in seinem Anekdotenband *Wie Max Horkheimer einmal sogar Adorno hereinlegte* den Vater der Kritischen Theorie als verhinderten Fußballspieler: Bei einem Match der »Wiener Schule« gegen die »Frankfurter Schule« soll ausgerechnet Theodor W. Adorno, der beiden Philosophierichtungen angehört, abwechselnd erst in der einen Mannschaft und dann in der anderen spielen, »beide Male mit radikal-unversöhnlichem Engagement, versteht sich. Alle dahin gehende Einigung erwies sich freilich wenig später als nutzlos, als sich nämlich herausstellte, daß Adorno gar nicht Fußball spielen konnte. ›Obwohl es‹, wie Habermas diese Geschichte später ergänzte, ›doch heißt: Der Theodor im Fußballtor!‹« Das ist eine wahrhaft Henscheidsche Chuzpe, ausgerechnet Adorno, der in seinen Schriften den Sport ins »Reich der Unfreiheit« verbannte, im Zusammenhang mit Schlager und Fußball auflaufen zu lassen.

Henscheid gehört jener heutzutage selten anzutreffenden Sorte Mensch an, die sich wie selbstverständlich sowohl mit Opern und Philosophie als auch mit Fußball und Jägermeister auskennt. Seine Protagonisten, denen man in allen Büchern begegnet, gehören – wie er selbst – zu den »umfassenden Persönlichkeiten«, die sich mit Leichtigkeit zwischen Hoch- und Trivialkultur bewegen und von fast allem eine Ahnung haben. Oder wie es der Germanist Walter Olma ausdrückt: Sie »propagieren als Vorbilder ein gleichzeitiges Interesse an diesen häufig als so unvereinbar betrachteten Welten, wobei natürlich insgesamt der Fußball als wichtige Angelegenheit aufgewertet, sozusagen in den Reigen der beachtenswerten Kulturgüter implizit aufgenommen wird«.

Das Spiel mit dem Fußball ist für Henscheid aber nicht nur Provokation, sondern eben auch Obsession. Noch heute kann er die Aufstellung der Weltmeisterelf von Sepp Herberger aufzählen, dem er selbst einmal begegnet ist – einer der »Lichtmomente« seines Lebens, wie er sagt. Immer ist in seinen Geschichten einer, der kann nicht anders als über Fußball nachdenken. Und wenn Hermann, der tumbe Tor aus »Maria Schnee«, immer wieder an den »Club« denken muß, ist das vermutlich ein biographisches Detail. Inmitten der Schankstubenidylle, in die sich Hermann vor einem mysteriösen Unbekannten geflüchtet hat, läßt ihn Henscheid zur Ruhe kommen: »Ein wenig ängstlich wurde Hermann gleichwohl wieder, wenn er an die neue Spielzeit dachte, an die Zukunft. Den Abgang von Reuter und Grahammer hätte der Club ja sehr gut wohl verkraften können. Aber den Wechsel von Andersen zur Eintracht, den hätte es ja durchaus nicht gebraucht.« Diese ständige Beschäftigung mit dem Fußball, die Henscheid schildert, ist aus der Perspektive eines Fußballfans nicht abwegig. Nick Hornby beschreibt in seinem autobiographischen Fan-Roman ähnliche Ausfälle: »Die Wahrheit ist: Während alarmierend großer Abschnitte eines durchschnittlichen Tages bin ich ein Schwachsinniger.«

Henscheids Helden wissen über beinahe alles Bescheid, nur nicht über die richtig wichtigen Dinge: Liebe und die wirkliche Welt. Aber um sie zu begreifen, hilft – auch angesichts eines tragisch Liebenden in *Die Vollidioten* – oft der Fußball: »Im übrigen, wer sagt uns denn, daß nach der Beseitigung des Kapitalismus alles besser wird? Alles? Ach wo denn! [...] Wie auch immer: Geld und Liebe sind die Säulen unseres Lebens. Das dritte aber ist der Fußball, ja er hat möglicherweise sogar die Liebe schon überholt. Ich meine, gegen einen zentimetergenauen Beckenbauer-Paß oder einen Spurt Netzers in den gegnerischen Strafraum ist sogar die Liebe des Herrn Jackopp gegenstandslos, verlieren sogar Herrn Jackopps Gefühle jeden Witz.«

Bei einem Ausflug in die Welt der Lyrik erklimmt Henscheid, der selbsternannte »Krawallschriftsteller«, noch einmal unerhörte Höhen der Poesie. Seine *Hymne auf Bum-Kun Cha* ist dem koreanischen Stürmer von Eintracht Frankfurt gewidmet:

Schön ist, Mutter Natur, deiner Erfindung Pracht,
Die den großen Gedanken vermochte, den
Knaben zu träumen, zu denken – und dann auch zu
Bilden mit den schnellen, beseelten, jauchzenden
Füßen des Jünglings: Flink, flitzend,
Flirrend und flackernd – nicht lange fackelnd,
Doch feuernd und feiernd, den fühlenden Herzen
Frankfurts zur Freude.

Hinter all diesen Alliterationen verbirgt sich eine der gelungensten Kombinationen aus Dichtkunst und fußballerischer Verehrung des Autors. So leicht Henscheid hier eine Parodie von Klopstocks Ode *Der Zürchersee* gelingt, so fingerfertig baut er *Wanderers Nachtlied* von Goethe im folgenden ein:

Anbeten will ich,
Singen dein Lob all mein Lebtag und
Endlich, wenn's gutgeht, warte nur balde,
Berückt in Verzückung unendlicher Schönheit
vergehn – – –

Die ständige Beschäftigung mit dem Fußball ist Henscheids Art der Verehrung. Begründet auf fußballerischer

Ästhetik entstehen Texte, die die Faszination des Fußballs voll zarter Innigkeit beschreiben:

> Ach! Wie du da Förster, den Holzer,
> Versetztest und Martin, den Rammler, so daß selbst
> Sie dein Lob da sangen – wie du dich
> Schlängeltest durch die Abwehr – um endlich,
> Endlich, kurz nach der Halbzeit, hoch in die
> Lüfte dich reckend, die Flanke von Borchers
> Nahmest mit der Stirn, der klugen, das
> Leder versenktest im rechten Toreck – es war
> Wie ein Herzkrampf, ein schöner, in Freude und
> Ahnendem Jubel in eins.

Schöner kann man die hohe Kunst des Rühmens, deren Verlust Robert Gernhardt einst in *Glück, Glanz, Ruhm* beklagte, gar nicht pflegen. Nach all der Begeisterung über die fußballerische Ästhetik, bei aller romantischen Verklärung, die Henscheid dem Koreaner entgegenbringt, folgt erwartungsgemäß der satirische Bruch. Die Hymne endet mit einer fast prosaischen, knappen und nüchternen Notiz, mit der die religiöse Sphäre, in die das Gedicht sich zu versteigen droht, weggewischt wird. Die verbliebene intellektuelle Distanz des Dichters zum verehrten Objekt offenbart sich darin:

> Nur, Bum, daß du, folgt man einem Bericht in
> Der FAZ, nach deiner Aktiven-Laufbahn Deutsche
> Predigend zu Gott bekehren willst, das, Bum,
> Muß ja wohl nicht sein.

Trotz des unromantischen Schlusses steht in dieser Hymne die Schönheit des Fußballs im Vordergrund, die Distanzierung gelingt Henscheid nur bedingt und ist auch nicht beabsichtigt. Literarische Anerkennung bleibt solchen Spielereien allerdings meist versagt, nur in den Oasen der linken Literaturzeitschriften, dem Satireblatt *Titanic* und im »Sportfeuilleton« finden Schriftsteller wie Henscheid in den Achtzigern die gebührende Anerkennung. Sein einziges »echtes« Fußballbuch erscheint 1988 unter dem Titel *Standardsituationen*. Die Texte – zum Teil mit F. W. Bernstein zusammen verfaßt – bestehen aus 47 kurzen Einaktern und beschäftigten sich mit der faulen und oberflächlichen Fußballwarenwelt der achtziger Jahre. Die Kicker werden als narzistische, geldgeile und tumbe Toren in geschmackloser und protziger Kleidung vorgeführt. Wir treffen auf die verschiedensten Arten von Fußballerklischees: Ein Toni-Schumacher-Double, das sich eitel vor dem Spiegel produziert und den Sitz des »Säckchens« im Schritt der engen Trainingsshort kontrolliert, und wir lesen ein Interview, das nur so überquillt vor dummdeutschen Ausdrücken, oder beobachten einen Manfred Manglitz beim Telefonieren, der gerade über Bestechungsgelder verhandelt. – Das Klischee eignet sich bestens, die hohle Welt des bezahlten Fußballs zu entlarven.

Wiedervereinigung und Abschied

Als am 19. April 1989 im Uefa-Cup-Halbfinale der VfB Stuttgart bei Dynamo Dresden antritt, ahnt noch niemand, daß dies die letzte deutsch-deutsche Begegnung im Fußball sein wird. Die Stuttgarter, die im Hinspiel 1:0 gewonnen haben, kommen mit einem 1:1 ins Finale. Dort treffen sie auf den SSC Neapel, dessen Star Diego Maradona einen Hauch der großen Welt ins Neckarstadion bringt und zum ersten Mal Bekanntschaft mit dem eisenharten Guido Buchwald macht.

Im Fußball der DDR herrscht zu Beginn des Jahres 1989 genausoviel Durcheinander wie in der restlichen Republik. In einer Nacht-und-Nebel-Aktion schicken die Fußballfunktionäre das glücklose Trainerduo Bernd Stange und Harald Irmscher in die Provinz zurück. Neuer Cheftrainer der DDR-Auswahl wird der einstige Ausputzer des 1. FC

Magdeburg Manfred Zapf, der mit Heinz Werner und Frank Engel zwei erfahrene Kollegen an die Seite gestellt bekommt. Doch Zapf ist eher ein Praktiker und findet keinen Draht zu seinen Spielern: »Er sprach uns immer mit Genosse an. Für uns war er ein Anti-Trainer, der selbst in keinen Trainingsanzug paßte«, beschreibt Auswahlspieler Matthias Döschner das Verhältnis. Der beleibte Trainer wird von seinen Schützlingen eher verhöhnt als ernst genommen, für das Auswahl-Training läßt man sich krank schreiben. Beim Heimspiel in der WM-Qualifikation verliert der lockere Haufen prompt mit 0:2 gegen die Türkei. Zwei Wochen später fährt nur ein Teil der Mannschaft mit nach Kiew, acht der Fußballer haben sich Atteste besorgt. Reisen in den Ostblock mögen die Kicker nicht so gern, lieber reist man in den Westen. Die Sowjets gewinnen mit 3:0. Als beim folgenden Spiel gegen Österreich nur ein glückliches 1:1 herauskommt, reicht es den Verantwortlichen. Man holt als neuen Auswahlcoach Eduard Geyer, der als Trainer bei Dynamo Dresden zwar erfolgreich ist, mit seinen Spielern aber nicht mehr klarkommt. Die haben es lieber gemütlicher, und »Eisenede« ist streng, konsequent und nachtragend. Zudem gibt sich der ehrgeizige Geyer nicht mit mittelmäßigen Ergebnissen zufrieden. Auch ein schwacher Sieg kann ihn auf die Palme bringen. Sein Ruf eilt ihm voraus. Doch die Auswahlspieler erleben beim ersten Training einen erstaunlich lockeren Ede Geyer. Er schafft es, die Mannschaft mitsamt seinen aufmüpfigen Dresdnern, erneut zu motivieren. Das Rückspiel gegen die Sowjetunion am 8. Oktober in Karl-Marx-Stadt gewinnt man mit 2:1. Der taktische Schachzug Geyers, dem Stürmerstar Protassow von Anfang an hart zuzusetzen, funktioniert. Nach einer bösen Attacke in der ersten Minute durch gleich drei Abwehrspieler traut sich der Stürmer kaum noch an den Ball. Thom und Kirsten erzielen in der Schlußphase die entscheidenden Treffer.

Nun genügt ein Unentschieden gegen die Österreicher am 15. November im Wiener Prater-Stadion, die Weltmeisterschaft ist plötzlich ganz nah. Im Vorbereitungstraining in Lindabrunn bei Wien erleben die Fußballer gebannt, wie Günther Schabowski die neue Ausreiseregelung erklärt, und sehen die Bilder von der Maueröffnung. Mit der Ruhe und Abgeschlossenheit ist es nun vorbei. Schon ab dem nächsten Tag läuft das Telefon im Quartier heiß. Sämtliche Vereinsvertreter und Spielervermittler versuchen, mit Thom, Sammer, Kirsten, Steinmann oder Doll Kontakt aufzunehmen. Auch unter den Spielern gibt es nur noch ein Gesprächsthema: die Bundesliga. Trainer Geyer zeigt sich von den Turbulenzen genervt. Er hat böse Vorahnungen, die sich am Spieltag auch bestätigen. Vor einigen tausend DDR-Fans, die zum ersten Mal mit ihren Trabbis nach Österreich gefahren sind, kassiert die unkonzentrierte Truppe schon nach zwei Minuten das erste Tor. Im ausverkauften Prater-Stadion – der *Wiener Kurier* titelt: »55000 Mann und ein Befehl« – unterliegt die völlig indisponierte DDR-Auswahl vor den Augen ihres am Spielfeldrand tobenden Trainers Eduard Geyer. Mit dem 3:0 setzt Toni Polster, schon Torschütze des ersten Treffers, einen Schlußpunkt unter das Drama. Österreich ist für die Weltmeisterschaft in Italien qualifiziert, die DDR ist endgültig draußen. Dieser sang- und klanglose Abgang der Nationalauswahl tut der Volksseele zu Hause weh. Der erste Transfer folgt auf dem Fuß: Andreas Thom vom BFC Dynamo – Fußballer des Jahres 88 – wechselt noch im November 1989 zu Bayer Leverkusen. Die meisten seiner Kollegen aus der DDR-Mannschaft folgen ihm. Schnell merken die ostdeutschen Fans, daß jetzt auch im Fußball der »wind of change« weht.

5.
Die neunziger Jahre

»Wir sind schon auf dem Brenner«

Die Qualifikation für die Weltmeisterschaft in Italien wird die Elf von Franz Beckenbauer zwar schaffen, aber mit ähnlichen Schwierigkeiten wie die DDR-Auswahl. Im Mai 1989 scheint das Ziel noch in weite Ferne gerückt. Gegen »Fußballzwerg« Wales gelingt, wie schon zuvor gegen die Niederlande, nur ein schlappes 0:0. Keiner der im Vorfeld so hochgelobten Wunderstürmer der DFB-Elf, weder Völler noch Klinsmann oder Riedle, kann gegen die massive Abwehr der Waliser ein Tor erzielen. Durch Franz Beckenbauers herbe Teamkritik noch einmal aufgescheucht, steht man nun am 4. Oktober in Dortmund Finnland gegenüber, das man noch im Hinspiel mit 4:0 bezwungen hat. Die motivierten Spieler deklassieren die Skandinavier auch in diesem Match deutlich. Nach dem frühen 1:0 durch Andreas Möller blitzt kurz nach der Halbzeit endlich die Klasse der Mannschaft auf. Zwei Minuten nach Wiederanpfiff trifft Littbarski, dann im Sechsminutentakt Klinsmann und Völler. Trotz des Anschlußtreffers der Finnen zum 4:1 lassen ihnen die entschlossenen Deutschen keine weitere Chance. Andi Möller erzielt in der 80. Minute seinen zweiten Treffer. Lothar Matthäus vollendet durch einen Foulelfmeter zum 6:1. Knapp zwei Wochen später geht es erneut gegen Wales. Um sich zu qualifizieren, muß die deutsche Nationalelf gewinnen. In der 11. Minute schockiert der walisische Mittelstürmer Allen die deutschen Fans in Köln – 0:1 für Wales. Sollte diese WM ohne die Deutschen stattfinden? Das Team von Beckenbauer denkt nicht daran aufzugeben. Wie so oft im deutschen Fußball ist der Rückstand von Vorteil. Rudi Völler rackert und kämpft wie gewohnt, bei seinem Ausgleichstor in der 25. Minute hallen die »Ruudi, Ruudi!«-Rufe durchs Stadionrund. Und alles wird gut.

Ausgerechnet der Kleinste in der Mannschaft schießt das größte und entscheidende Tor: Thomas Häßler stürmt in der 48. Minute heran, erwischt eine Flanke volley – 2:1. Es bleibt bei diesem Ergebnis – Deutschland fährt als bester Gruppenzweiter zur WM nach Italien. Und alle lieben »Icke« Häßler, der mit seinem Traumtor die Fans verzückt hat: »Mit so einem in der Mannschaft kannst du Weltmeister werden«, weissagt sogar der gestrenge Kaiser.

Die Welt spielt sich frei,
und auch wir sind dabei,
hollahi, hollaho!
Wir sind enorm motiviert und in Form,
und die Freundschaft gewinnt.
Versiegelt das Tor, schiebt elf Riegel davor,
denn wir kommen bestimmt.

Wir sind schon auf dem Brenner,
wir brennen schon darauf.
Wir sind schon auf dem Brenner,
ja, da kommt Freude auf!

Hier wird der Frust von unbändiger Lust
in den Schatten gestellt.
Nehmt uns beim Wort, in der Sonne Vorort,
dort am Stiefel der Welt.

Wenigstens die Richtung stimmt, als Udo Jürgens die deutsche Nationalmannschaft zum zweiten Mal vor die Mikrophone lockt. *Wir sind schon auf dem Brenner* wird zu einem Verkaufsschlager, ein positives Vorzeichen für die WM. Das Turnier in Italien wird in jeder Hinsicht ein Hit, auch wenn es noch drei Monate vor der Eröffnungsfeier nicht so aussieht, als würden die Stadien rechtzeitig fertig werden. Doch alle Vorurteile gegen das Land des Dolce Vita erweisen sich als falsch, knapp, aber pünktlich präsentiert sich Italien der Welt als perfekter Gastgeber. Die Drei

Tenöre eröffnen die Feierlichkeiten mit einem Potpourri aus Klassikarien. Pavarottis Arie aus *Turandot* wird zur offiziellen Hymne der italienischen WM und leitet einen neuen Opernboom ein, der Live-Mitschnitt wird über zehn Millionen Mal verkauft. Auch das deutsche Unterhaltungsgewerbe profitiert von den Spielen. Als Berichterstatter fürs Radio und die *taz* läßt sich die Punkband Die Toten Hosen nach Italien schicken. Ihre aufgedrehte Coverversion von Adriano Celentanos *Azzurro* wird zum echten Gassenhauer und bringt die bekennenden Fans von Fortuna Düsseldorf ganz nach oben in die deutschen Charts.

Schwungvoll beginnt auch die deutsche Mannschaft: Mit 4:1 besiegt man Jugoslawien, Inter-Star Matthäus schießt im Mailänder Stadion San Siro zwei Tore vor eigenem Publikum. Das Team der Vereinigten Arabischen Emirate stürzt die Deutschen jedoch anfangs in schiere Verzweiflung. Die Abwehr der Araber steht erstaunlich dicht. Im strömenden Sommerregen scheint einfach kein Weg zum Tor zu führen. Erst als auf Anweisung des wütenden Franz Beckenbauer auch über die Flügel gespielt wird, fällt nach einer Flanke Völlers das 1:0 durch Klinsmann in der 35. Minute. Danach läuft das Match erheblich besser, und die Außenseiter haben keine Chance mehr gegen das befreit aufspielende deutsche Team. Das letzte Tor zum 5:1 erzielt ebenfalls Völler. Auch mit der kompakten Abwehr der Kolumbianer haben die Stürmer Schwierigkeiten. Während Beckenbauer an der Auswechselbank tobt, müssen sich die Nationalspieler immer wieder vom starken Carlos Valderrama düpieren lassen, der nicht nur durch seine extravagante Frisur auffällt. Der kolumbianische Torwart Higuita ist eines der Originale dieser WM. Immer wieder erschreckt er die Gegenspieler durch eigene Vorstöße oder liefert sich weit vor dem eigenen Strafraum Dribbelduelle mit den deutschen Stürmern, die er meistens gewinnt. Erst in der 89. Minute kann Pierre Littbarski den buntgekleideten Keeper überwinden. Doch die Freude über das 1:0 währt nicht lange, beinahe im Gegenzug, nach einem klugen Querpaß von Valderrama, tunnelt Rincon Torhüter Illgner zum 1:1-Endstand. Trotzdem bedeutet dies den Gruppensieg für Beckenbauers Team. Man kann fürs Achtelfinale in Mailand bleiben. Auch Kolumbien kommt eine Runde weiter.

Die Überraschungsmannschaft des Turniers ist Kamerun. Im Eröffnungsspiel der WM in Mailand sehen die Zuschauer das, was den Fußball immer wieder so faszinierend macht. Ausgerechnet Weltmeister Argentinien ist der erste Gegner der Afrikaner. Mit viel Respekt vor den Südamerikanern aber auch mit großer Härte verteidigen die Kameruner ihr Tor. Nach einem harmlosen Freistoß in der Nähe des argentinischen Tores kommt Omam-Bijik mit Mühe und Not mit dem Kopf noch an den Ball. Der springt in Richtung Torhüter. Goicoechea ist völlig überrascht und bekommt das Leder nicht mehr zu fassen. 1:0 für Kamerun, die Sensation ist perfekt. Und die Polizisten im Stadion geben es endlich auf, den mitgereisten Fans auf den Rängen das Tanzen zu verbieten: »Als die unzähmbaren Löwen aus Kamerun das 1:0 machten, tanzte sowieso das ganze Stadion, keine Chance mehr für die Uniformen«, witzeln Die Toten Hosen in der *taz*. Den Hüftschwung des Kapitäns Roger Milla wird bald schon die ganze Welt bewundern. Im Spiel gegen Rumänien erzielt der Mann, dessen wahres Alter lange die Medien beschäftigt, gleich zwei Tore. In seiner unnachahmlichen Art rennt Milla zur Eckfahne und tanzt mit ihr, das italienische Publikum ist begeistert. Kamerun kommt ins Achtelfinale. Ebenso Italien, dessen Presse entzückt ist über einen Sizilianer, der die miteinander verfeindeten Fußball-Hälften des Landes, den Norden und den Süden, aussöhnen soll: Salvatore »Totò« Schillaci wird zum heimischen WM-Star. Nach einem 2:0-Sieg über Uruguay erzielt der »Negro« Schillaci das einzige Tor gegen Irland und bringt ganz Italien zum Jubeln. Mittendrin die Jungs von den Toten Hosen: »Nicht schlecht, was der Schillaci mit seinem Tor angerichtet hat: südländischer Begeisterungstaumel der allerfeinsten Güte.

Um uns herum tanzen die Leute auf den Tischen, danken Gott auf den Knien, Wein spritzt – einfach genial.« Nach der Halbfinalniederlage gegen Argentinien ist aber wieder Schluß mit der Nord-Süd-Verbrüderung. Trotz eines Tors von »Totò Nationale« scheitert Italien nach der Verlängerung an »Elfmetertöter« Goicoechea. Ein ganzes Land stürzt in Verzweiflung und gießt seine Wut über einen Neapolitaner aus: Maradona, der den entscheidenden Elfer verwandelt, ist an allem schuld. In der Po-Ebene wartet schon der dumpfe Rassismus auf seine Chance: Anfang der Neunziger gründet Umberto Bossi seine Lega Nord in Oberitalien.

Die deutsche Mannschaft trifft im Achtelfinale auf den Erzrivalen Holland. Schon ist von einem vorgezogenen Endspiel die Rede. Die Stimmung auf beiden Seiten ist gereizt, beide Teams schenken sich nichts. Es gibt viele böse Fouls, gerade zwischen Frank Rijkaard und Rudi Völler geht es hoch her, beide bekommen früh die gelbe Karte. In der 22. Minute hechtet Völler einer Flanke im holländischen Strafraum hinterher und kann Torwart van Breukelen gerade noch ausweichen. Der fühlt sich bedrängt, diskutiert mit dem am Boden liegenden Völler, Rijkaard kommt hinzu und zieht Völler am Ohr hoch. Fernsehkommentator Heribert Faßbender, der sich immer wieder abfällig über die holländischen Spieler äußert, hetzt aus der Sprecherkabine: »Jetzt muß der Unparteiische aufpassen, was Rijkaard da gemacht hat – der Völler ist außer Rand und Band. – Er gibt ihm Rot!« Beide Spieler müssen vom Platz. Co-Moderator Rummenigge ist entsetzt: »Das kann nicht sein, was er da gemacht hat, das ist ein Skandal, diese Entscheidung!« Kollege Armin Hauffe, der für den Rundfunk berichtet, ist ganz anderer Meinung und zollt dem argentinischen Schiedsrichter Loustau Respekt für diese konsequente Entscheidung.

Doch die Reporter müssen mit ansehen, wie die Situation eskaliert. Völlig unerwartet spuckt Rijkaard im Abgehen dem entsetzten Völler ins Gesicht. Ein Bild, das wie selten eines zur Legende geworden ist. Das unversöhnliche Auseinandergehen der Kampfhähne – Rijkaard hat sich später entschuldigt – dient der Presse noch auf Jahre zum Anheizen der Fans vor Länderspielen. Die *Bild* ernennt Frank Rijkaard zum »Lama«.

Erstaunlicherweise wird das Spiel nun besser, die Fußballer besinnen sich wieder auf ihre eigentliche Arbeit, und es kommt Schwung in die Partie. Die »Schwaben-Connection« schlägt in der 51. Minute zu: Guido Buchwald flankt auf Klinsmann, der köpft ein – 1:0. Auch am nächsten Treffer ist Buchwald beteiligt. Er arbeitet sich links an den niederländischen Strafraum vor, gibt zurück auf den freistehenden Brehme, der aus 20 Metern den Ball im weiten Bogen in die rechte obere Ecke drischt. Die komplette deutsche Ersatzmannschaft springt auf und jubelt. Auch Faßbender freut sich, merkt aber: »Nur der Kaiser guckt noch ernst.« Der Elfmeter, den Koemann in der 88. Minute verwandelt, ist nur noch Ergebniskosmetik. Deutschland ist im Viertelfinale, die Spieler auf dem Feld verabschieden sich beinahe freundschaftlich voneinander. Und sogar der Kaiser lächelt. Der Krieg scheint vorüber. Eigentlich sollte auch für die erregten Fernsehkommentatoren alles gut sein. Doch Faßbender, mit dem Schiedsrichter unzufrieden, forderte die Verantwortlichen der FIFA auf: »Schicken Sie ihn ganz schnell zurück in die Pampa, diesen Mann!«

Das Viertelfinalspiel gegen die ČSSR wird durch ein Elfmetertor von Matthäus entschieden, nachdem Klinsmann im Strafraum der Tschechen mehr oder weniger bedrängt zu Fall gekommen ist. Die Diskussion um die »Schwalbenkönige« wird auch bei dieser WM fortgesetzt, ohne große Reue von deutscher Seite allerdings. Denn die Mannschaft steht mit diesem mageren 1:0 im Halbfinale. Teamchef Beckenbauer, mit der Leistung der Mannschaft völlig unzufrieden, verläßt als erster den Platz und stürmt wutschnaubend in die Kabine.

Die respektlos aufspielenden »Löwen« aus Kamerun

sind inzwischen zu absoluten Publikumslieblingen geworden. Im Achtelfinale gegen Kolumbien zeigt Roger Milla noch einmal seine ganze Klasse. Zwei Tore macht der Oldie, eines davon, als er Torwart Higuita, der wieder einmal dreißig Meter vor seinem Gehäuse Libero spielt, einfach den Ball abnimmt und damit ins leere Tor läuft. Im Viertelfinale gegen England fallen mehrere dubiose Schiedsrichterentscheidungen. Nach zwei umstrittenen Elfmetern, der entscheidende zum 2:3 fällt in der Verlängerung, müssen sich die »Löwen« vom begeisterten Publikum verabschieden.

Der Sieger im Halbfinalspiel zwischen Deutschland und England muß wieder einmal im Elfmeterschießen ermittelt werden. Im Mailänder San Siro steht es nach 120 Minuten durch Tore von Brehme und Gary 1:1. Beim Stand von 3:3 scheitert Stuart Pearce am gut reagierenden Illgner. Ein sichtlich um Coolness bemühter Olaf Thon verwandelt zum 4:3. Die Erleichterung ist ihm deutlich ins Gesicht geschrieben. Den anschließenden Elfmeter drischt Chris Waddle weit über das Tor hinaus, und die Welt staunt über die Tränen des sonst so harten Paul Gascoigne. Für England wiederholt sich das deutsche Trauma, und genau in dem Moment, als er den »Kaiser« tatsächlich jubelnd am Spielfeldrand entlanghüpfen sieht, muß Gary Lineker sein vielzitierter Spruch eingefallen sein.

Die Wiederholung des Finales von 1986, Deutschland gegen Argentinien, findet im Olympiastadion von Rom statt. Die Atmosphäre im vollbesetzten Haus ist gereizt, ein ohrenbetäubendes Pfeifkonzert ertönt, als die argentinische Nationalhymne gespielt wird. »Das römische Stadion war fest in deutscher Hand«, erinnert sich Lothar Matthäus. Maradona und seine Nationalmannschaftskollegen spielen aus italienischer Sicht die Rolle der Bösen. Zum einen haben sie die Squadra Azzurra aus dem Wettbewerb geworfen, zum anderen sind die Norditaliener wütend auf Maradona, der sie seit seiner Zeit beim SSC Neapel immer wieder des Rassismus bezichtigt. Im Gegensatz zu den Deutschen, die in Bestbesetzung antreten, sind die argentinischen Spieler schwer lädiert. Auch der sichtlich übergewichtige Maradona ist angeschlagen. Sein kongenialer Mannschaftskamerad Caniggia wie auch Batista sind gesperrt. Es wird kein großes Finale: Trotz klarer Feldüberlegenheit schaffen es die Deutschen nicht, den Ball ins Tor zu schießen. Maradona hat diesmal Guido Buchwald als Bewacher bekommen, der ihm durch einige harte Tritte gleich zu Anfang zeigt, wo es langgeht. Maradona beschwert sich – laut seiner Biographie – in der Pause beim mexikanischen Schiedsrichter Mendez: »Ahnden Sie doch die Fouls, bitte!« Doch der Angriff auf die Schienbeine geht weiter. Erst als in der 65. Minute der Argentinier Monzon für ein klares, aber alles andere als grobes Foul an Klinsmann vom Platz geschickt wird, eröffnen sich dem deutschen Sturm Chancen. Maradona fühlt sich von der »FIFA-Mafia« betrogen und protestiert.

In der Schlußphase sieht Matthäus bei einem schnellen Gegenstoß Völler laufen, paßt haargenau zum Stürmer, und Völler wird im Sechzehner gefoult – Elfmeter. Zum Strafstoß tritt »der Mann mit den starken Nerven« an, so Reporter Jochen Sprenzel über Andreas Brehme. In der 85. Spielminute fällt das einzige Tor dieser Begegnung, Brehme läuft an, schießt ins linke untere Eck, Goicoechea, der »Elfmeterkiller«, kommt fast noch ran, aber nur fast – 1:0. Als fünf Minuten später der Abpfiff ertönt, ist Deutschland zum dritten Mal Weltmeister. Der Jubel des gesamten Teams, inklusive der Ersatzspieler und sogar des Teamchefs Beckenbauer, wirkt ansteckend. Zu Hause in Deutschland geschieht, was man sonst nur aus südlichen Ländern kennt: Zigtausende Fans feiern draußen auf der Straße. Spontane Feuerwerke, Parties und Autokorsos in Ost und West erinnern an die Nacht der Maueröffnung. Unter dem begeisterten Eindruck des Weltmeisterschaftsgewinns sind die Deutschen zum ersten Mal wirklich *ein* Volk.

Der bittere Tränen weinende Maradona zeigt der Welt, wie nah Freud und Leid im Fußball zusammenliegen. Wie

Hohn wirken die Nahaufnahmen auf den riesigen Videoleinwänden des Stadions. Und während die deutschen Spieler sich gegenseitig mit Sekt begießen, bietet sich dem Betrachter ein noch seltsameres Bild. Ganz allein, mitten auf dem Spielfeld, geht in Gedanken und mit ernster Miene der Teamchef, die Siegesmedaille um den Hals und beide Hände in den Hosentaschen. Frei nach Ror Wolf, der sich dieser WM leider nie lyrisch widmete: »Man sieht den Kaiser in des Stadions tiefen Weiten / in sich versunken über den Rasen schreiten.«

Herzilein

Am 8. Oktober 1990, fünf Tage nach der großen Vereinigungsfeier am Brandenburger Tor, stirbt Willi Brandt, der nach dem Mauerfall optimistisch verkündet hat: »Jetzt wächst zusammen, was zusammengehört!« Der sozialdemokratische Kanzlerkandidat Oskar Lafontaine, der vor den Folgen einer übereilten Wiedervereinigung gewarnt hat, ist dem Amtsinhaber Kohl bei der gesamtdeutschen Bundestagswahl deutlich unterlegen, die Regierungskoalition erhält 54,8 Prozent der Stimmen. Dieser Trend zum Konservativismus bei den DDR-Bürgern hat sich schon bei der Volkskammerwahl im März abgezeichnet. Lothar de Maizière, ein CDU-Mann mit strittiger Vergangenheit, wird Ministerpräsident der Übergangsregierung, an der neben der CDU auch Liberale und Sozialdemokraten beteiligt sind.

Helmut Kohl ist 1990 auf dem Gipfel seiner Macht, genau wie Beckenbauer gilt er als autoritär und machtbewußt. Beim Sieg der deutschen Nationalmannschaft in Rom versäumt er es, den Zipfel des »Mantels der Geschichte« zu ergreifen. Denn nicht er steht auf der Tribüne, sondern Bundespräsident Richard von Weizsäcker, der im Scheinwerferlicht der Kameras die Trophäe überreicht. Mit vollem Körpereinsatz überwindet Kohl nach der Zeremonie die

Polizeiabsperrungen und hält auf dem Rasen nach umarmungswürdigen Spielern Ausschau. Wie Uwe Bein sich erinnert, verfolgt er sie sogar bis in die Kabine, um ihnen seine Glückwünsche auszusprechen.

Und noch einer sucht das Licht der Öffentlichkeit. Franz Beckenbauer – zurück von seinem einsamen Spaziergang – erklärt den staunenden Reportern in feldherrenhaften Worten: »Es tut mir leid für den Rest der Welt, doch Deutschland wird jetzt, da auch noch die ostdeutschen Spieler hinzukommen, in den nächsten Jahren nicht mehr zu besiegen sein.«

Trotz der darauf aufkommenden Nationalismusdebatte in den deutschen Medien – jubelnde Deutsche auf der Straße sind per se verdächtig – hält sich der deutschtümelnde Fanatismus in Grenzen. Die »Wiedervereinigung« mit all ihren Folgen und Problemen beschäftigt die Menschen im Moment mehr. Nicht einmal die Debatte über eine zukünftige Nationalhymne bringt die Deutschen aus der Fassung. Denn die läuft schon – grenzüberschreitend – von morgens bis abends im Radio. Zwei dicke Männer in komischen Trachten, die Wildecker Herzbuben, haben die mentale Wiedervereinigung längst eingeleitet: »Herzilein, du mußt nicht traurig sein. Ich weiß, du bist nicht gern allein. Und schuld war nur der Wein!« ist der erste gesamtdeutsche Hit.

Summer in the City

Das wiedervereinigte Berlin hat in diesem Sommer fast etwas Südländisches. Das ganze Leben spielt sich auf der Straße ab. Vor den Cafés und den Restaurants zeigen sich die Menschen in ihrer mehr oder weniger bekleideten Schönheit, es lohnt sich, die Augen offenzuhalten. Längst verloren Geglaubtes taucht wieder auf: Weiße Sportsocken in Sandalen, tief ausgeschnittene Ringerhemden spannen sich prall über verschwitzte Männerbäuche. Ein Geruch von Knabenumkleidekabine beherrscht die öffentlichen

Verkehrsmittel. Bei aller olfaktorischen Pein: Die Maueröffnung läßt die Berliner wieder näher zusammenrücken, das finde ich schön. Während sich die Unverwüstlichen auch bei dieser großen Hitze vor dem Reichstag treffen, um zu kicken – auf dem besten Rasenplatz der Stadt –, liegen die Klugen im Schatten des Tiergartens und sehen nur zu.

Die Fußballweltmeisterschaft bestimmt den Tagesablauf. Am Spätnachmittag treffe ich Freunde in Kreuzberg, wo die Tifosi von der *Osteria* in einem Zelt Fernseher aufgestellt haben, um selbst ja nichts zu verpassen. Hier sieht man immer erstaunlich viele Frauen, die alle Italien *und* Kamerun toll finden, die einen wegen der gutaussehenden Spieler, die anderen wegen des Hurrafußballs. Das zweite kann ich gut verstehen. Beim Spiel von Argentinien gegen Brasilien füllt sich das Zelt im Lauf der ersten Halbzeit immer mehr. Die Leute sitzen so dicht, daß man kaum noch den Fernseher sieht, die Luft steht. Wir beschließen zu wechseln und kommen am *Ambrosius*, einer der Prollkneipen in der Bergmannstraße, vorbei. Der Fernseher läuft, drinnen ist es kühler, nur einige Bauarbeiter hängen an der Theke herum. Wir bestellen uns etwas zu essen und verfolgen gebannt die zweite Halbzeit, immer noch ist kein Tor gefallen. Aus den Reaktionen an der Theke kann man schließen, daß dort alle für Brasilien sind. Der Grund wird klar: Jedesmal, wenn Maradona zu sehen ist, beschimpfen sie ihn. Sie hassen ihn abgrundtief, zischen giftig vor sich hin: »Hand Gottes, pah!« oder »Schauspieler!«. Brasilien spielt viel besser als die Argentinier, aber irgendwie auch deutsch. Diego sieht sich das Spiel auf dem Rasen und am Tresen eine Weile an. Und dann bestraft er sie. Sie, die Brasilianer, und die Männer an der Theke. Er startet plötzlich aus dem Nichts, legt ein geniales Solo hin und spielt auf Caniggia – der tödliche Paß. 1:0 für Argentinien. Ich bin der einzige, der jubelt. Wir gehen gleich nach dem Spiel weiter.

Anpfiff, ran und Kirch-Ära

Der deutsche Fußball in den neunziger Jahren ist geprägt von der radikalen Kommerzialisierung des Fernsehens und der Bundesliga. Nach einer kurzen Hochphase Mitte der siebziger Jahre stagniert das Zuschauerinteresse bis Ende der achtziger. Erst mit der Wiedervereinigung steigen die Besucherzahlen in den Stadien allmählich wieder, von sechs auf knapp zehn Millionen Zuschauer im Jahr 1998. Der Gewinn der Weltmeisterschaft in Italien tut das übrige. Das gestiegene Interesse ist aber auch der wachsenden Vermarktung des Fußballs zu verdanken. In der Saison 1988/89 kauft sich der Privatsender RTL die Erstübertragungsrechte der Bundesliga und verspricht sich davon hohe Werbeeinnahmen. *Anpfiff – die totale Fußballshow* soll die Sportberichterstattung modernisieren. Die beliebte, aber behäbige *Sportschau* im ersten Programm, sozusagen die »Mutter aller Sportsendungen«, hat Konkurrenz bekommen. Aufgrund der mangelnden Kompetenz der RTL-Sportjournalisten und wegen der eingeschränkten Empfangsmöglichkeiten – noch sind viele Haushalte nicht verkabelt – scheitert dieser erste Putschversuch der Privaten. Seit 1992 besitzt *Sat.1* die Übertragungsrechte. Mit einem neuen, dynamischen Konzept soll die Sportberichterstattung revolutioniert werden. Zusatzkameras, ungewöhnliche Einstellungen und rasante Schnitte bestimmen das Tempo von *ran*. Junge, smarte Moderatoren mit flottem Mundwerk wie Reinhold Beckmann und Johannes B. Kerner sind der Gegenentwurf zum altväterlichen Heribert Faßbender und erschließen dem Fußball neue, jüngere Zielgruppen. Die neue Ästhetik der Präsentation hat Auswirkungen auf das Sehverhalten, befürchtet Helmut Böttiger: »Der Fußball wird zum Kampfplatz der Kommerzsender, zum wichtigsten Experimentierfeld für die neuen Fernsehformen: Der Fußball liefert die Einschaltquoten, und die sich daraus entwickelnde Werbeästhetik fällt verändernd auf den Fußball zurück.« Die Öffentlich-Rechtlichen reagieren verschnupft, hat man doch ihr Monopol angekratzt. Auf großen Plakaten und ganzseitigen Anzeigen wirbt die ARD für die *Sportschau*: »Kompakt, kompetent und ohne Firlefanz«. Allerdings hat der »Firlefanz« der Privaten auch positive Auswirkungen auf den Sport: Zu Hochzeiten verfolgen jeden Samstagabend über sechs Millionen Zuschauer *ran*. Durch die zusätzlichen Werbeeinnahmen gewinnt der Fußball auch an ökonomischer Bedeutung. Das bringt den Vereinen höhere Einnahmen, bessere Spieler und für die Fans tatsächlich bessere Spiele. Im internationalen Vergleich mischen deutsche Vereine ganz oben mit.

Der Fußball ist in den Zeiten der Kirch-Ära umstrittener als je zuvor. Das zeigt die erbitterte Diskussion über die Übertragungsrechte für die Weltmeisterschaften. Wo die einen nur ein Geschäft sehen, befürchten die anderen gleich den Verfall der Gesamtkultur. Das Recht auf Fußball und auf die unentgeltliche Übertragung der Weltmeisterschaften wird zur Existenzfrage eines ganzen Volkes, das aufatmet, als Kanzler Schröder ein Machtwort spricht. Als ginge es um unveräußerliche Grundrechte. Kirch kann gar nicht mehr anders, als sich mit ARD und ZDF zu einigen.

Dabei kann man Fan-Interessen viel effektiver durchsetzen. Die Farce um die Sendezeiten von *ran* hat gezeigt, wie es funktioniert. Als der Großmogul Leo Kirch, Beherrscher aller Fußballgläubigen, zu Beginn der Saison 2001/02 beschließt, daß die Bundesliga nur noch am Samstagabend ab Viertel nach acht gezeigt wird, regt sich Widerstand im Land. Fast niemand läßt sich erpressen und kauft – Sinn von Kirchs Manöver – einen *Premiere*-Decoder. *Sat.1* wird einfach boykottiert, nur noch knapp 1,7 Millionen Zuschauer wollen die »Fußballshow« am dritten Spieltag sehen. Plötzlich schlägt wieder die Stunde der Sportkneipen, illegale und halblegale Treffen in Hinterzimmern finden Samstag nachmittags statt. Bei Fußball und Bier kommen die Menschen zusammen – auch ein Wirtschaftsaufschwung. Ebenso erlebt die Bundesligakonferenz im

Hörfunk eine Renaissance, plötzlich ist es schick, bekennender Radiohörer zu sein. Da man nun mal am besten mit den Ohren sieht, ist man so immer live dabei, ganz nah am Spielfeldrand. Und kann geistferne Dinge erledigen: Kochen oder Autowaschen.

Widerstandsmöglichkeiten gegen die totale Kommerzialisierung des Fußballs gibt es viele. Die organisierten Fans in den Stadien reagieren schon seit Jahren auf diese Art und Weise. Man muß die Vereine da packen, wo es ihnen weh tut: beim Geld! Stell dir vor, es ist Bundesliga, und keiner geht hin. Leere Ränge sind keine gute Werbung. Das weiß auch ein Topmanager und bekennender Erzkapitalist wie Uli Hoeneß vom FC Bayern. Ähnlich funktioniert das auch beim Fernsehen. Wenn keiner zuschaut, gehen die Werbeeinnahmen zurück. Solches widerfährt auch *Sat.1* im Herbst 2001. Die Fernsehallmächtigen reagieren, *ran* wird schon nach wenigen Wochen wieder auf sozial kompatible Zeiten verlegt und abgespeckt. Das ist die Macht der Fans.

»Vanitas! Vanitatum vanitas!«

Der Fußball verdankt das steigende Zuschauerinteresse zu Beginn der 90er Jahre zu einem Großteil auch dem Zusammenbruch der DDR und der Wiedervereinigung. Im Osten ist er – trotz seines offiziellen Mauerblümchendaseins – immer schon ein Publikumsmagnet gewesen. Die zahlreichen Vereine der DDR-Oberliga haben jedes Wochenende Tausende in die Stadien gelockt, Fußball ist *der* Breitensport gewesen, obwohl es an internationalen Erfolgen mangelt.

In der Saison 1991/92 spielen erstmals zwanzig Mannschaften in der Bundesliga, um wenigstens zwei Ostvereine zu integrieren. Von 24 Mannschaften in der Zweiten Liga sollen sechs aus dem Osten kommen. Ein »erbittertes Geholze« um diese acht Plätze prägt die letzte Oberligasaison, wie Christoph Dieckmann in *Hattrick* berichtet.

Zwei Vereine schaffen den Aufstieg ins Oberhaus der Liga: Hansa Rostock und Dynamo Dresden. Doch der »Aufschwung Ost« ist im Fußball von kurzer Dauer, die meisten Clubs bluten wirtschaftlich und personell aus. Schon kurz nach dem Fall der Mauer haben sich die westdeutschen Vereine im Osten nach neuen Spielern umgesehen. Mit den hohen Gehältern der westdeutschen Bundesliga können die Oberliga-Vereine nicht mithalten, der Ausverkauf ist die Folge.

Zum Leidwesen der Fans: »Die Mannschaft zersprengt und zerfleddert!« beklagt der sächsische Schriftsteller Karl Mickel in seiner *Nänie* den Zerfall von Dynamo Dresden. Als habe er bereits 1989 vorausgesehen, was aus der einstigen Spitzenmannschaft werden würde. Junge Hoffnungsträger wie Matthias Sammer oder Ulf Kirsten sind gen Westen verschwunden, die Übriggebliebenen verletzt oder schon zu alt:

> Vanitas! Vanitatum vanitas! und die Geliebten meiner Jugend sind alte Weiber.
> Lachmann, Lippmann, Trautmann und Hübschmann, Schülbe, Schlicke, Mecke, Minge und Mittag, was soll das nur werden.

Nach dem Exodus gen Westen fehlt den Ostclubs die wirtschaftliche Basis. Ablösesummen für die Spieler sind meist nicht vereinbart, das Vertragsrecht der DDR ist ganz anders strukturiert. Es gehen vor allem die Begabten, die Talentierten, zu sehr lockt der goldene Westen. Fünf Jahre nach der Wiedervereinigung klagt Dirk Peters in der *taz* über »Ost-Kicker ohne Kohle«: »Während die Liga in den alten Bundesländern boomt wie nie zuvor, nagt der Osten am fußballerischen Hungertuch: Weil die Wirtschaft nicht läuft, hat keiner Geld für Sport; weil kein Geld da ist, kommt keine Leistung; weil keine Leistung kommt, kommen keine Fans; weil keine Fans kommen, ist kein Geld da.«

Dieser Teufelskreis, der die Ost-Vereine kollektiv befallen hat, zeigt heute noch Folgen: Im neuen Jahrtausend sind nur noch Hansa Rostock und Energie Cottbus in der Bundesliga präsent, Union Berlin und Babelsberg in der Zweiten. Die beiden Vereine in der Zweiten Liga haben lange kämpfen müssen. Der 1. FC Union Berlin ist mehrfach wiederaufgestiegen und hat dann wegen wirtschaftlicher Schwierigkeiten oder Betrügereien in der Vereinsführung keine Lizenz bekommen. Über Jahre werden die Eintrittsgelder des Vereins direkt gepfändet. Erst nach der wirtschaftlichen Konsolidierung, die durch neue Sponsoren und den Verkauf wichtiger Spieler wie Marco Rehmer und Jörg Schwanke möglich wird, gelingt 2001 der Einzug ins Unterhaus der Liga. Die Nachwuchsprobleme löst man durch die Verpflichtung junger Spieler aus Osteuropa, ganz nach dem Vorbild der etablierteren Cottbusser. Auch der SV Babelsberg 03 hat heute zahlungskräftigere Sponsoren gewonnen und profitiert vom Hauptstadtboom, sein Mannschaftskader liest sich wie die Besetzungsliste einer europäischen Filmproduktion.

Einstige Zugpferde des Ostfußballs wie der 1. FC Magdeburg, Lokomotive Leipzig oder Dynamo Dresden sind inzwischen in den Tiefen der Regionalliga verschwunden. Der glorreiche DDR-Fußball, der seine Hochzeit in den Siebzigern hatte, existiert nur noch in den heroisierenden Erzählungen der hinterbliebenen Fans:

Aus vierzig Metern
Vollspann
Ein Strich
Ins linke obere Eck!

Bedrängt
Im Hechtflug
Nach halbhoher Flanke
Unhaltbar!

Oder mit Doppelpaß
Mitten durchs Zentrum
Abgeklärt
Kalt

Jetzt jetzt Czecho
Den Schrei!
Du sollst jubeln.

So lautet Karl Mickels *Dritte Ode* von 1980, ein am großen Klopstock orientiertes Werk, das selige Dynamo-Zeiten feiert. Zusammen mit seiner *Nänie* bilden die beiden Gedichte rührende Relikte ostdeutscher Fußballgeschichte.

»Früher war alles besser!« pflichtet Christoph Dieckmann bei, wenn er die Regionalliga Nordost verklärt. Hier finde noch echter Ostfußball statt, schreibt der Jena-Fan und endet mit einem rührseligen Aufruf an die letzten großen Ost-Vereine. »Falls Rostock und Cottbus Heimweh kriegen: Kommt runter nach Hause!« Das ist Vergangenheitsverherrlichung, hat aber langfristig keine Perspektive.

Was wird aus dem Fußball im Osten? Soll man resignieren angesichts der millionenschweren Westvereine wie Bayern München oder Borussia Dortmund, deren Talentspäher sich auch in Zukunft die besten Rosinen aus dem Fußballkuchen picken werden? Allerdings läßt sich auch der FC St. Pauli vom großen HSV nicht unterkriegen. Das gewinnorientierte Geschäft mit dem Fußball ist kein genuines Westphänomen, das Geschacher mit jungen Spielern findet auch schon in der Regionalliga Nordost statt.

Resignieren nützt nichts. Die Situation des Fußballs in den »neuen Ländern« kann nur besser werden und läßt manchmal auch hoffen. Die Ost-Vereine profitieren vor allem von ihren Fans, die sich durch unerschütterliche Treue auszeichnen. Das ist ein unbezahlbares Kapital. Als Union im Februar 2001 im Pokalhalbfinale gegen Borussia Mönchengladbach steht und das Spiel wegen Schneefalls auszufallen droht, kommen – vom lokalen Radiosender und über die Homepage des Vereins alarmiert – Hunderte von Fans ins Stadion an der Alten Försterei, um die weiße Pracht wegzuschippen. Das Spiel findet statt, und Union gewinnt mit 4:2 im Elfmeterschießen. Der große Nachbar Hertha BSC hingegen sagt sein Spiel gegen Unterhaching einfach ab.

So tritt »Eisern Union« am 26. Mai im Berliner Olympiastadion zum DFB-Pokal-Finale gegen Schalke 04 an. Die frech aufspielende Multikulti-Truppe von Trainer Wassilev verliert zwar mit 0:2, erspielt sich aber einige gute Chancen gegen den Bundesligisten und erobert damit die Herzen der Fußballfans. Da die Schalker lieber in der Champigonsleague spielen wollen, ziehen die Köpenicker sogar in den Uefa-Cup-Wettbewerb ein. Und sie kommen nach einem Sieg gegen Haka Valkeakoski, den Tabellenführer der finnischen Liga, sogar in Runde zwei. Union, Energie, Babelsberg und Hansa machen vor, wohin der Weg des Ostfußballs führen kann. Wünschen wir ihnen einfach noch ein bißchen Glück dazu!

Von den Dänen lernen heißt siegen lernen

In einer lauen portugiesischen Mainacht im Estádio da Luz in Lissabon findet 1992 ein Duell der Kleinen statt. Durch Tore von Klaus Allofs und Wynton Rufer holt der SV Werder Bremen mit einem 2:0 gegen den AS Monaco den Europapokal der Pokalsieger. Ein Zeichen für die sportliche Entwicklung der kleineren Vereine in Deutschland. Die Bundesliga wird zu Beginn der Neunziger nicht mehr nur von den Bayern dominiert, die von 1980 bis 1990 die deutsche Meisterschaft siebenmal gewinnen. 1991 holt sich der 1. FC Kaiserslautern den Titel, dann der VfB Stuttgart, und 1993 gelingt der Truppe von Otto Rehhagel ein zweites Mal der Coup. Nach 1965 und 1988 erspielt sich Werder Bremen zum dritten Mal den Titel der besten Bundesligamannschaft. In den Sportgazetten und sogar in den Feuilletons ergeht man sich über die Renaissance der Fußballprovinz.

Beckenbauers Nachfolger Berti Vogts übernimmt als Bundestrainer ein gut eingespieltes Team. Die meisten der Nationalspieler haben bei der Europameisterschaft 1992 ihren spielerischen Zenit jedoch schon überschritten. Der Altersdurchschnitt der Nationalmannschaft liegt bei knapp unter 30 Jahren. Für einige der amtierenden Weltmeister wie Völler, Brehme, Bein oder Littbarski soll die EM in Schweden der letzte Auftritt im deutschen Trikot sein.

Die Wiedervereinigung hat nun auch in der Nationalmannschaft stattgefunden, obwohl der DFB dem einigen Widerstand entgegengesetzt hat. Präsident Neuberger fürchtet nämlich um bestehende Werbeverträge. Nach der Auslosung hätte die BRD nämlich gegen die DDR in der Qualifikation spielen müssen. »Wir gegen uns« titelt *Bild* hämisch. Inzwischen aber sind drei ehemalige DDR-Auswahlspieler in die Mannschaft integriert: Andreas Thom, Thomas Doll vom AS Rom und Matthias Sammer, der nach zwei Jahren beim VfB Stuttgart nun bei Inter Mailand spielt. Der Sohn des einstigen DDR-Auswahltrainers Klaus Sammer ist der einzige, der im Sommer 1990 beim letzten offiziellen Länderspiel für die DDR mitwirkt. Der letzte Auswahltrainer Eduard Geyer hat immense Schwierigkeiten, überhaupt noch genügend Spieler für den Einsatz gegen Belgien zu überreden. Den meisten sind die DDR und ihre Nationalmannschaft inzwischen egal, locken im Westen doch die großen Vereine und viel Geld. Sammer schießt beide Tore zum 2:0 und debütiert vier Monate später als erster ostdeutscher Kicker in der DFB-Elf. Für ihn erfüllt sich mit dieser Berufung ein Kindheitstraum: »Mit Westfernsehen war bei uns im Tal der Ahnungslosen nichts drin. Da haben mein Vater und ich vorm Radio gesessen und die Spiele verfolgt«, erzählt er der *taz*.

Aus dem EM-Quartier im schwedischen Atvidaberg vernimmt man Erstaunliches: Die Spieler schlafen in Einzelzimmern, ein absolutes Novum. Das obligatorische Doppelzimmer, das den Zusammenhalt stärken soll, gilt bis dahin als Dogma des DFB. Böse Zungen behaupten seit je, daß die Zusammenlegung eher der sexuellen Enthaltsamkeit dienen sollte. Die emanzipatorische Maßnahme scheint beim ersten Spiel nicht zu greifen, gegen die unerfahrene Mannschaft der GUS gelingt nur ein schwaches 1:1. Erst in der 90. Minute kann Häßler durch einen genialen Freistoß den Ausgleich erzielen. Das verletzungsbedingte Fehlen von Völler und Matthäus fällt schwer ins Gewicht. Dessen Vertreter Stefan Effenberg scheint zu schwächeln, man vermißt Impulse aus dem Mittelfeld. Beim Spiel gegen Schottland rehabilitiert sich der von der Presse böse gescholtene Effenberg. Nach dem 1:0 durch Karl-Heinz Riedle trifft er in der 47. Minute zum 2:0-Endstand. Doch beim erneuten Duell mit Holland treten alle Schwächen der deutschen Mannschaft deutlich zutage. Mit 3:1 werden die Spieler zurück in die Kabine geschickt. Schon nach vier Minuten fällt das 0:1 durch Frank Rijkaard, den Mann mit der feuchten Aussprache. Mit viel Glück – Schottland beendet seine Niederlagenserie und gewinnt gegen die GUS – wurstelt sich das deutsche Team doch noch als Gruppenzweiter ins Halbfinale. Gegner in Stockholm ist Gastgeber Schweden, das – auch für die eigenen Landsleute überraschend – mit Siegen über Dänemark und England Gruppenprimus geworden ist.

Im Trainingsquartier der Deutschen herrscht Unruhe, von Teamgeist keine Spur. Berti Vogts ärgert sich über Thomas Helmer, den der Vertragspoker zwischen Borussia Dortmund und Bayern München erheblich ablenkt, und über den mangelnden Zusammenhalt. Man merkt, daß es dem Bundestrainer an Autorität fehlt und er mit den Jungmillionären so seine Schwierigkeiten hat. Der kleine Mann aus Korschenbroich ist weit weniger weltgewandt als sein Vorgänger. Das weiß er selbst: »Ich bin nicht der Franz«, lautet seine verkrampfte Antwort auf viele Vorwürfe. Sein Auftreten in der Öffentlichkeit wirkt stets unsicher, gerade im Umgang mit der Presse. Die Verbissenheit, die ihm einst als Verteidiger zu Ruhm und Ehre gereichte, schadet ihm nun. Seine Weigerung, der *Bild* interne Einblicke ins EM-Quartier zu gewähren, wie das Beckenbauer mit seiner täglichen Kolumne getan hat, schadet ihm. »Brav, arbeitsam, diszipliniert und verläßlich wie eine Brieftaube«, so sieht der *Spiegel* den Bundestrainer. Er erinnert eher an Jupp Derwall, der trotz aller Erfolge ähnlich glanzlos bleibt.

Immerhin gelingt es Vogts, seine Mannschaft zum Halbfinale noch einmal wachzurütteln. Gegen Schweden spielt eine engagierte deutsche Elf. Schon vom Anpfiff an ist Schwedens Keeper Ravelli schwer gefordert. Beim Freistoß von Häßler in der 11. Minute ist der Startorwart chancenlos und sieht völlig versteinert zu, wie sich der Ball über die Mauer hebt und in unmöglichem Winkel kurz überm Boden einschlägt. Auch beim 2:0 nach knapp einer Stunde ist Häßler beteiligt. Er luchst seinem Gegenspieler den Ball ab, paßt blitzschnell auf Sammer, der Riedle für einen perfekten Kopfball auflegt. Aber die Schweden kommen noch einmal ins Spiel, nach einem Foul des unkonzentrierten Helmer entscheidet der Schiri auf Strafstoß, Brolin verwandelt zum 2:1. Kurz vor Schluß aber, in der 88. Minute, gelingt Riedle nach einer Vorlage von Helmer, der jetzt endlich Druck macht, das 3:1. Der erneute Anschlußtreffer der Schweden gleich nach dem Anstoß kommt zu spät. Deutschland gewinnt mit 3:2 und steht im Finale.

Die Dänen sind die Überraschungsmannschaft des Turniers. Erst zehn Tage vor Beginn der Spiele haben sie erfahren, daß sie überhaupt antreten dürfen. Die eigentlich qualifizierten Jugoslawen werden wegen des UN-Sportboykotts, der dem Bürgerkrieg auf dem Balkan folgt, wieder nach Hause geschickt. Mit Müh und Not kann Nationaltrainer Möller-Nielsen seine Spieler, die schon in den Urlaub gefahren sind, zusammentreiben. Das gilt auch für die dänischen Fans. Das einzige Vorbereitungsspiel gegen die GUS in Kopenhagen sehen gerade mal 5 500 Zuschauer.

Die Dänen gehen das ganze Turnier locker an, lassen sich lieber im Liegestuhl fotografieren, als zu trainieren, und werden mit einem Unentschieden gegen England und einem 2:1-Sieg über Frankreich noch Gruppenzweiter. Flemming Povlsen von Borussia Dortmund verrät das dänische Erfolgsgeheimnis: »Wir haben viel getrunken, viel gelacht, viel Mini-Golf gespielt, sind zu McDonald's gegangen und haben Hamburger gegessen. Das ist die typische dänische Mentalität, nur so kommen wir Dänen zum Erfolg.« Liegestuhl statt Laktatwert – die deutsche Presse kann über den begeisternden Fußball des kleinen Nachbarlands nur staunen. Im Halbfinale gegen die Niederlande sehen die Zuschauer europäischen Fußball der Extraklasse. Getragen von einer unglaublichen Sympathiewelle der Schweden und den Sprechchören der doch noch angereisten dänischen Fans – »We are red, we are white, we are Danish dynamite!« –, gelingt die Sensation. Im Elfmeterschießen schlagen die Skandinavier den Europameister von 1988. Ganz Dänemark steht kopf, nach dem entscheidenden Elfmeter von Kim Christofte feiern die Fans auf Kopenhagens Straßen. Tausende von Glückwünschen lassen das dänische Telefonnetz zusammenbrechen.

Für die Buchmacher ist Weltmeister Deutschland dennoch klarer Titelfavorit. Auch Kanzler Kohl ist optimistisch. Er ruft persönlich beim ehemaligen CDU-Wahlkampfhelfer Vogts an. Der Presse erzählt der freudestrahlende Bundestrainer, welche Anweisungen ihm Kohl gegeben habe: »Ich habe ihm gesagt, daß es einfach nicht geht, daß die Dänen aus der Europäischen Gemeinschaft rauswollen, aber trotzdem Europameister werden.« Die *taz* aus Berlin freut sich über diese Steilvorlage und orakelt auf der Sportseite: »Dänemark gewinnt! – Kanzler Kohl bestimmt persönlich die deutsche Taktik«.

Sie sollte recht behalten. Ins Finale gegen den Weltmeister gehen die Dänen mit sehr viel Respekt. Zu Recht, wie sich herausstellen soll, denn schon früh kommen die Deutschen, kampfstark wie immer, zu guten Chancen.

Stefan Reuter vergibt allein vor Torhüter Schmeichel die Gelegenheit zur Führung. Das rächt sich. In der 19. Minute läßt sich der sonst so zuverlässige Brehme den Ball abluchsen, Povlsen schnappt sich die Kugel und gibt sie zu John Jensen, der aus vollem Lauf am Sechzehner abzieht – Illgner ist chancenlos –, genau ins rechte Tordreieck. Die deutsche Elf bemüht sich erfolglos, diesen Rückstand aufzuholen. Gegen die gut agierende Raumdeckung der Dänen findet sie wenig Möglichkeiten, obwohl die Dänen nach einer guten Stunde völlig ausgepowert sind. Nach einem Eckball kommt Klinsmann zum Köpfen, Schmeichel schiebt den Ball noch mit den Fingerspitzen über die Latte. Klinsmann legt Riedle mit der Hacke den Ball in den Lauf, Schmeichel faustet zur Ecke. Und immer wieder starten unter dem Jubel des begeisterten Publikums Laudrup oder Povlsen zu schnellen gefährlichen Gegenangriffen. Bei einem dieser Konter in der 79. Minute gibt Povlsen zu Vilfort, der sich kaum noch auf den Beinen halten kann, der spielt – handverdächtig – irgendwie das Leder zwischen Brehme und Helmer durch und schießt mit letzter Kraft an den Innenpfosten, und der Ball ist drin. Das 2:0 – die Deutschen sind entmutigt und besiegt. Franz Beckenbauers Prophezeiung erfüllt sich nicht. In einem Meer von Rot-Weiß feiert Dänemark, das weniger Einwohner als der DFB Mitglieder hat, den ersten internationalen Titel. In Deutschland bleibt es ruhig. Noch fordert keiner den Rücktritt von Berti Vogts.

Eintracht, Zwietracht, Uwe Seeler

Als im August 1993 die Bundesligasaison startet, ist die Niederlage von Stockholm schon fast wieder vergessen. Der dazu passende Spruch »Lebbä gäht weita!« wird Dragoslav Stepanovic, dem einstigen Trainer von Eintracht Frankfurt, zugeschrieben. Die Hessen spielen Anfang der Neunziger den schönsten Fußball der Liga. Mit dem Spielmacher und Kunstschützen Uwe Bein, dem quirligen Frauenschwarm Maurizio Gaudino, dem ghanaischen Torjäger Anthony Yeboah und dem nigerianischen Wirbelwind Augustine »JJ« Okocha zieht noch einmal der Zauber grandioser Eintracht-Zeiten durchs Stadionrund. Beim Heimspiel gegen den Karlsruher SC erzielt Okocha ein Tor, das nicht nur die Zuschauer aus dem Häuschen bringt. Er kommt nach einem Paß von Bein an den Strafraum von KSC-Keeper Kahn, der läuft heraus – »Schieß doch!« –, Okocha geht nach links, läßt Kahn aussteigen und zwei herbeigeeilte Verteidiger ins Leere laufen – »Schieß doch, endlich!« –, Kahn ist im Tor zurück, der Nigerianer holt zum Schuß aus, spielt auf Höhe des Elfmeterpunktes noch mal Reich und Nowotny aus, täuscht sie durch eine kleine Drehung des Fußes und schlenzt den Ball an allen dreien vorbei ins Karlsruher Tor. – »Jaaaaaaaaaah!« Das Waldstadion tobt, standing ovations. Der *Sat.1*-Reporter Jörg Dahlmann flippt aus: »Ekstase im Waldstadion, das haben wir seit Libuda nicht mehr erlebt. Das ist das Beste, was der Fußball bieten kann.« Das Tor kommt zweimal in der Wiederholung, dreimal: »Oh, wie ist das schön! Liebe Zuschauer, die Zeit für meinen Bericht ist zwar abgelaufen, aber egal ... Sollen sie mich doch rausschmeißen. Ich zeige Ihnen die Szene noch bis zum Umfallen!« Insgesamt sechsmal zeigt er uns die Wiederholung dieses Fußball-Schmankerls.

Leider strahlt der Glanz der »launischen Diva vom Main« nicht lange, immer wieder scheitert die Mannschaft knapp im Kampf um den Meistertitel. Abhilfe verspricht sich das Präsidium von einem neuen Trainer. Klaus Toppmöller wird entlassen, Jupp Heynckes soll es in der Saison 1994/95 richten. Das kann nicht gutgehen: Zwei Welten prallen aufeinander. Dort der lässige, spaßbestimmte und multikulturelle Fußball der Frankfurter, auf der anderen Seite der autoritärfeldwebelhafte Trainer – wegen seines vor Erregung rot leuchtenden Kopfes von Mitspieler Wolfram Wuttke in den Siebzigern »Osram« getauft –, den Laktatwerte und Disziplin mehr interessieren als alles andere. Das Experiment geht gnadenlos in die »Buchs«. Der Trainer beleidigt seine Stars: »Der tanzt doch nur fürs Publikum!« raunzt er über Okocha. Dem Kapitän Yeboah, bis dahin ein zuverlässiger Torgarant, wirft er vor, zu dick zu sein und sich nicht »richtig artikulieren« zu können. Kurz vor Weihnachten 94 verordnet er Yeboah, Gaudinho und Okocha ein Straftraining mit Waldlauf. Die Spieler laufen, aber sie rebellieren und treten am nächsten Tag nicht zum Bundesligaspiel an, sie seien erschöpft und ausgelaugt. Heynckes explodiert angesichts dieser Unbotmäßigkeit und stellt den Verein vor die Wahl: »Die oder ich« – und gewinnt. Zum Leidwesen der Fans werden Yeboah und Gaudinho nach England verkauft. Okocha bekommt noch eine Chance, verläßt den Verein dann aber im Sommer Richtung Istanbul. Und auch Heynckes geht: »Der Verein und ich passen nicht zusammen.« Das haben die Fans schon viel früher gewußt. Von dem Schlag erholt sich die Eintracht nicht mehr, in der folgenden Saison steigen die Frankfurter ab.

Die Bundesliga ist Mitte der Neunziger insgesamt bunter und besser. Durch das Bosman-Urteil von 1995 können in der Liga jetzt mehr Ausländer antreten. Das belebt die Spielweise auf dem Platz und die Laune auf den Rängen. Die unerträglich langweilige Serie der Bayern scheint vorbei, Dortmund und Frankfurt spielen ganz oben mit. Inzwischen kann man sogar *ran* gucken, das im Lauf der Jahre erträglicher geworden ist. Die Moderatoren werfen sich nicht mehr ganz so eitel in Pose, es gibt auch recht erträgliche Reporter zu sehen. Mit Freunden zusammen »Fußball schauen« ist ganz lustig. Man nölt über die dummen Sprüche von Werner Hansch – »damals beim Radio noch ein ganz Großer« – oder freut sich über die Pannen und Versprecher. Wenn Bruno Labbadia nach einem Spiel gegen seine Ex-Mannschaft sagt: »Das wird immer alles so hochsterilisiert«, schauen wir uns erst ungläubig an, bevor wir losprusten. Jemand zitiert Dieter-Thomas Heck: »Das ist eben das Schöne an live – live – live!« Auch die früher so nervenden Werbepausen werden jetzt sinnvoll genutzt: Man schaltet um auf die *Sportschau*, geht Bier holen oder aufs Klo. Sogar Chefmoderator Reinhold Beckmann, in unseren Augen ein unglaublicher Poser, hat an Profil gewonnen, als er in einer denkwürdigen Situation die Ruhe behält. Er interviewt Uwe Seeler, damals Präsident des HSV. »Uns Uwe« sitzt entspannt – in Jogginghose und Poloshirt – auf einer Kiste irgendwo im Stadion, die Hand verspielt im Schritt, und – ich glaub', ich sehe nicht richtig – kratzt sich, während er mit Beckmann spricht, verträumt am Sack. »Ja, merken die denn nichts?« – Es dauert tatsächlich fast eine Minute, bis die Kamera näher an Seeler heranfährt, so daß man die Hand nicht mehr sieht. Wir kriegen uns nicht mehr ein vor Lachen. Nach dem Interview schaut Beckmann treuherzig in die Kamera – ich bin gespannt, wie er das überspielt! – und sagt: »Interessante Handhaltung bei Uwe Seeler!« Dann moderiert er einfach weiter. Ich falle vom Sofa.

»Berti, bitte geh!«

Zwei Monate später zieht Bundestrainer Vogts erste Konsequenzen aus der Schweden-Pleite. Zum Freundschaftsspiel in Kopenhagen im September 1992 läßt er Brehme, Völler, Littbarski und Bein zu Hause, auch Sammer und Möller fehlen im Aufgebot, Häßler und Matthäus sind verletzt. Mit Thomas Strunz, Knut Reinhardt und Olaf Thon will er die Mannschaft verjüngen. Prompt gewinnt man gegen den dänischen Europameister mit 2:1. Weitere Spiele enden eher enttäuschend: 1:1 in Dresden gegen Mexiko, ein mageres 0:0 gegen Österreich. Als Weltmeister muß man – zum Glück – nicht an der Qualifikation teilnehmen. Beim Testspiel im Juni 1993 in Chicago besiegt die Mannschaft den Gastgeber USA mit 4:3, zeigt aber, daß die wacklige deutsche Abwehr sogar von den unterschätzten

»US Boys« zu überwinden ist. Nach mehreren Mannschaftsumstellungen, Diskussionen über Stefan Effenberg und Mäkeleien in der Presse greift der Bundestrainer auf Altbewährtes zurück. Völler und Brehme werden reaktiviert, auch der 33jährige Lothar Matthäus ist wieder dabei. Schon vor dem Beginn des Turniers im »Fußball-Entwicklungsland« klingt Vogts mißmutig: »Franz wird immer die Lichtgestalt bleiben. Ich komme aus den USA entweder als Vaterlandsverräter oder als Held zurück. An meinem Image wird sich erst etwas ändern, wenn wir das Finale 5:0 gewinnen.«

Die Vorbereitungen des DFB laufen auf Hochtouren. Als besonderen PR-Gag hat man den obligatorischen Song der Nationalmannschaft diesmal mit einer Gruppe aufgenommen, die man nicht im Plattenschrank der Funktionäre suchen würde. Das Lied *Far Away in America* stammt aus der bewährten Feder von Ralph Siegel, wird aber sehr innovativ präsentiert. Christoph Biermann jubelt in der *taz*: »Man muß sich das mal vorstellen: Unser Nationalteam singt das offizielle WM-Lied mit der weltbekannten Schwulenband Village People. Wer hätte jemals vom DFB so viel political correctness erwartet. Und Village People dürfen auf dem Cover der Platte neben den Nationalkickern sogar ihre Darkroom-Phantasiekleidung tragen. Harte Jungs mit dicken Schwänzen, inszeniert als Bauarbeiter, Indianer, Cop, Cowboy und Flugkapitän. Klasse! Die Zeiten verdrängter Homosexualität im Fußball sind damit wohl vorbei.«

Die Vorrunde übersteht das deutsche Team als Gruppenerster. Gegen Bolivien holt man mit einem schlappen 1:0 drei Punkte, in Chicago gegen Spanien reicht es nur zu einem 1:1. Beim Spiel gegen Südkorea in Dallas sieht es anfänglich so aus, als ob die alte Weisheit stimmt, daß die Deutschen eine »Turniermannschaft« seien. Bereits nach 35 Minuten steht es durch Tore von Klinsmann und Riedle 3:0, doch nach der Halbzeit kommen die Südkoreaner ins Spiel. Die Deutschen werden auch nicht wach, als die

Koreaner in der 63. Minute auf 3:2 verkürzen. Nur mit Glück schafft die Nationalelf diese Vorrunde.

Die Kritik in der Heimat ist gnadenlos, der »Fußball zum Wegsehen« ist in aller Munde. Sogar der bisher zurückhaltende Günter Netzer kritisiert seinen ehemaligen Mannschaftskameraden öffentlich: »Dieser Fußball hat keine Seele, keine Kultur, keinen Unterhaltungswert. Nur Kampf, Wille, Athletik. Berti, tut mir leid.« Vogts scheint mit der Zähmung der Jungmillionäre überfordert zu sein. Der DFB kümmert sich um wichtigere Dinge. Schreckliches ist geschehen und Präsident Egidius Braun empört: Mittelfeldregisseur Effenberg hat sich im letzten Gruppenspiel mit dem Publikum angelegt und den angesichts der Leistungsverweigerung schimpfenden Fans den Mittelfinger gezeigt. Diese vor allem im Straßenverkehr übliche Geste – gern auch »Stinkefinger« genannt – führt zum Ausschluß des Gladbachers aus der Mannschaft. Effenberg hat Glück und darf nach Hause fahren.

Zur Stärkung des Offensivgeistes bei dieser WM soll die Drei-Punkte-Regel beitragen. Mehr Tore sollen auch durch die neue Abseitsauslegung fallen, »gleiche Höhe« des angreifenden Spielers wird in Zukunft nicht mehr geahndet. Ungewohnt wirkt beim Zusehen die Rückpaßregel, die dem Torhüter verbietet, einen Ball in die Hand zu nehmen, wenn er vom Fuß des eigenen Mitspielers kommt. Das klappt anfänglich nicht immer.

Das Turnier steht unter guten Vorzeichen. Die Bilder von den Spielen zeigen fröhliche Amerikaner und flippige Touristen, die einen erstaunt über den seltsamen europäischen Sport, die anderen erfreut über die entspannte Atmosphäre. Im Mittelpunkt des öffentlichen Interesses stehen die »US Boys«, die in ihrer zwanglosen Art und mit ihrem Auftreten eher an coole Snowboarder erinnern. Alexis Lalas, der durch verwegene rote Haar- und Barttracht auffällt, ist ein echter Rockmusiker, Eric Wynalda und Thomas Dooley kennt man aus der Bundesliga. Die Elf des knautschgesichtigen Trainers Bora Milutinovic schlägt sich beachtlich und kommt nach einem 2:1 gegen Kolumbien, bei dem das verhängnisvolle Eigentor von Escobar fällt, sogar bis ins Achtelfinale. Dort scheidet sie nach einem respektablen 0:1 gegen Brasilien unter freundlichem Beifall aus. Man wird in den nächsten Jahren noch von ihnen hören.

Doch die allgemein herrschende Lässigkeit täuscht: Rings um die Stadien und die Trainingsgelände herrscht höchste Sicherheitsstufe. Überall stehen Wachmänner und Polizisten, beim Betreten der Stadien muß man Leibesvisitationen über sich ergehen lassen, das gilt auch für Journalisten bei den täglichen Pressekonferenzen. Man befürchtet Terroranschläge und randalierende Fans. Das Problem der britischen Hooligans hat sich diesmal von selbst erledigt: England ist nach Niederlagen gegen Norwegen und die Niederlande nicht qualifiziert. Auch Europameister Dänemark und Frankreich, das an Bulgarien gescheitert ist, müssen zu Hause bleiben.

Nigeria ist die Überraschungsmannschaft. Mit Marokko und Kamerun treten diesmal gleich drei afrikanische Mannschaften an, eine Folge des begeisternden WM-Auftritts der Kameruner »Löwen« in Italien. Vizeweltmeister Argentinien qualifiziert sich denkbar knapp, nachdem es in der Relegation Australien besiegt hat. Seine dritte Weltmeisterschaft erlebt ein sichtlich abgespeckter Diego Maradona. Der Held von Neapel ist überraschenderweise wieder in der Nationalelf, obwohl er in den Jahren nach dem WM-Finale von Rom mehr durch seinen Kokainkonsum von sich reden gemacht hat. Beim 2:1 Argentiniens gegen Nigeria zeigt »El Diego« seine alte Klasse und verzückt die Fans. Am Ende des Spiels wird ein fröhlich ins Publikum winkender Maradona von einer Krankenschwester vom Feld geführt, es geht zur Doping-Probe. Drei Tage später erfährt die schockierte Öffentlichkeit, daß der beste Fußballer der Welt mit Ephedrin gedopt war. Bis heute behauptet Maradona, nichts von verbotenen Substanzen gewußt zu haben, und wähnt sich als Opfer einer Verschwörung der FIFA-Oberen. Mit Tränen in den Augen verschwindet der tragische Held für lange Zeit in der Versenkung.

Berti Vogts beschließt im Achtelfinale eine leichte Umstellung der Mannschaft. Durch Effenbergs unfreiwillige Abreise rückt Sammer mehr in die Mitte, er hat die Aufgabe, sich um Enzo Scifo, den Spielmacher der Belgier, zu kümmern. Die Abwehr verstärkt Vogts durch Helmer, vorn spielt neben Klinsmann wieder Völler. Das Konzept scheint zu greifen, die beiden Stürmer ergänzen sich prächtig, schon nach fünf Minuten steht es 1:0 durch Völler. Die Belgier gleichen durch Grun zwei Minuten später aus. In der 10. Minute schlägt Völler erneut zu, und nach dem 3:1 von Klinsmann scheint das Spiel schon vor der Pause gelaufen. Alberts Anschlußtreffer in der 90. Minute läßt die deutschen Fans in der Schlußphase noch einmal zittern. Doch es bleibt – endlich einmal verdient – beim 3:2.

Im Training vor dem Viertelfinale läßt der Bundestrainer zur Verwunderung der anwesenden Journalisten Raumdeckung üben. Die Beobachter am Trainingsgelände haben den Eindruck, daß die deutschen Spieler diese moderne Spielweise nicht begreifen und größtenteils überfordert sind. Vogts bleibt schließlich doch lieber bei der klassischen Manndeckung, vor allem Hristo Stoitchkov, der Star der Bulgaren, soll so ausgeschaltet werden. Doch die technisch brillanten Osteuropäer sind nicht so leicht zu stoppen. Im Giants Stadium in New York sieht man ein eher behäbiges Spiel, die deutschen Stürmer machen der bulgarischen Abwehr kaum Schwierigkeiten. Bei den Bulgaren erweisen sich vor allem Krassimir Balakov, damals noch bei Sporting Lissabon, und Yordan Letchkov vom HSV als treibende Kräfte. Eine Tatsache, die dem auf Manndeckung setzenden Bundestrainer entgangen zu sein scheint. Nach der Halbzeit gehen die Deutschen in Führung. Ein nicht gerade zwingendes Foul an Klinsmann bringt einen Strafstoß, den Matthäus gewohnt routiniert verwandelt. Es scheint, als könnten die DFB-Kicker diese knappe Führung halten. Doch in der letzten Viertelstunde machen die

Bulgaren Druck. Bei einem Freistoß von Stoitchkov, den dieser aus achtzehn Metern um die Mauer herum ins Tor schlenzt, kann Illgner nur noch verdutzt zusehen wie der Ball im Netz zappelt. Und zwei Minuten später, in der 78. Minute, kommt Letchkov – kaum bedrängt vom kleinen Häßler – im deutschen Strafraum zum Kopfball: 2:1. Wie erschlagen schleichen Klinsmann und Co. nach dem Abpfiff vom Rasen. Zum ersten Mal seit 1962 ist eine deutsche Mannschaft so früh bei einer WM ausgeschieden. Bundestrainer Berti Vogts gibt den Spielern die Schuld. Er habe ihnen anscheinend zu viel Freiheit gewährt. Auf die taktischen Mängel möchte er gar nicht eingehen. Er fordert von den Nationalspielern mehr Einsatz und Entsagung: »Ich brauche hier Spieler, Spieler, die bereit sind, wieder auf etwas zu verzichten, Spieler, die bereit sind, wirklich alles zu geben.«

Die *Bild* titelt am nächsten Tag: »Berti, bitte geh!« Und jammert im Namen des Volkes über den Verfall eines nationalen Gutes: »Unsere früher so stolze Nationalelf ist nur noch ein Trümmerhaufen.« Eine vorgedruckte Rücktrittserklärung fügt das Blatt gleich bei: »Herr Vogts, unterschreiben Sie hier.« Im *FAZ*-Feuilleton resümiert Dirk Schümer gewohnt fremdwortlastig über die »Dialektik der Abklärung«: »Mit dem anachronistischen Festhalten am Mythos deutscher Effizienz ist Berti Vogts glanzlos gescheitert.« Trotz aller öffentlichen Kritik hält DFB-Präsident Egidius Braun an Vogts fest. Bundeskanzler Kohl, inzwischen Duzfreund des Bundestrainers, rät ihm durchzuhalten. Es beginnt eine schwierige Zeit für den kleinen Mann aus Korschenbroich. Erst nach der WM wird der simple Blödelrap von Stefan Raab und den Bekloppten ein Hit und landet auf Platz vier in den deutschen Charts:

Wer redet, was kein Mensch versteht?
Böörti, Böörti Vogts!
Wer hat an der Uhr gedreht?
Böörti, Böörti Vogts!

Wer spielt Fußball und nicht Golf?
Böörti, Böörti Vogts!
Wer hat Angst vorm bösen Wolf?
Böörti, Böörti Vogts! Böörti, Böörti Vogts!
Wer trainiert die deutsche Elf?
Böörti, Böörti Vogts!
Wer sah mit zehn aus wie zwölf?
Böörti, Böörti Vogts!
Wer bestimmt den Speiseplan?
Böörti, Böörti Vogts!

Vogts aber macht weiter, trotz Spott, Drohungen und Beschimpfungen – und wird zwei Jahre später doch noch zum Helden.

Bertis Buben

Bei der Auslosung für die Europameisterschaft 1996, die in England, dem »Mutterland« des Fußballs, stattfindet, hat der Bundestrainer schon wieder gut lachen. Die deutsche Elf befindet sich in einer Qualifikationsgruppe mit Georgien, Moldawien, Albanien, Wales und – ein kleiner Wermutstropfen – Bulgarien, an das man keine guten Erinnerungen hegt. Die Nationalmannschaft spielt sich souverän durch die Qualifikation und stolpert diesmal über keinen der Fußballzwerge. Vor allem, weil es innerhalb der Mannschaft einige positive Veränderungen gegeben hat. Mit Matthias Sammer, dem neuen »Leitwolf«, hat sich auch die Einsatzbereitschaft der Mannschaft verbessert. Sammer bildet zusammen mit Thomas Helmer, der die Abwehr organisiert, und dem Stürmerstar Klinsmann ein Triumvirat, das gut miteinander harmoniert. Vogts mischt sich in diese Rasen-Hierarchie kaum ein. Sammer, der die Position des Spielmachers auch bei Borussia Dortmund innehat, ist ein Besessener, der auf dem Spielfeld auch mal ausrasten kann. Er gibt die Kritik des Trainers an die Mitspieler weiter, wenn er dem Betreffenden nicht schon längst selbst Bescheid gestoßen hat. Ehrfurchtsvoll nennen ihn die anderen »Motzki«. Auf das mangelnde Profil des Teams angesprochen, prägt Berti Vogts den Satz, der diese ganze EM aus deutscher Sicht beschreiben wird: »Der Star ist die Mannschaft.«

In den Gruppenspielen läuft alles nach Plan, mit deutlichen Siegen über Tschechien und Rußland ist die DFB-Elf schon fürs Viertelfinale qualifiziert. Beim letzten Spiel gegen Italien, das gewonnen werden muß, um weiterzukommen, wiederholt sich die gesamte Tragik des WM-Finales in den USA. Vor zwei Jahren ist es Roberto Baggio beim Elfmeterschießen gewesen, der den von ihm getretenen Ball mit ungläubigem Blick in die Wolken verschwinden sah und damit ganz Italien in abgrundtiefe Trauer gestürzt hat. Diesmal ist es Zola, dessen Strafstoß der überragende Andreas Köpke pariert. Italien ist ausgeschieden, und wieder trauert die ganze Nation.

Das Viertelfinale gegen Kroatien wird nicht zum großen Spiel, die anfangs unterschätzten Kroaten können nach einem Strafstoßtor der Deutschen noch einmal zum 1:1 ausgleichen. Alles scheint nun für die Kroaten zu laufen, doch ein Platzverweis in der 57. Minute bringt sie aus dem Konzept. Diese Gelegenheit läßt sich Sammer zwei Minuten später nicht entgehen. Er drängt sich mit dem Ball in den gegnerischen Strafraum, dreht sich – wie einst Gerd Müller – am Fünfmeterraum um seinen Gegenspieler und schießt ein. Diesen psychischen Knick überwinden die Kroaten nicht mehr. Deutschland ist im Halbfinale, und die Nation scheint versöhnt. Liebevoll spricht man in Deutschland inzwischen von »Bertis Buben«.

Im Halbfinale im legendären Wembley-Stadion droht nun der schwerste Gegner: Gastgeber England. Für viele Briten ist diese Begegnung mehr als nur ein Fußballspiel, denn man fühlt sich von ganz Europa verraten und betrogen: Die BSE-Seuche, die 1994 bekannt wird, hat das Land schwer verunsichert. Die Folgen des Boykotts von britischem Rindfleisch, initiiert von den wirtschaftlich dominierenden Deutschen, sind verheerend für die Landwirtschaft. Getragen von einem anti-europäischen Nationalismus, kommt ein Fußballspiel gegen die deutschen »Panzer« gerade recht. Die englische Boulevardpresse schürte die alten Ressentiments: »Wir erklären den Krauts den Krieg – schießt sie in Fetzen!« Der *Mirror* bildet den Haudegen Stuart Pearce und den »Hooligan auf dem Spielfeld« Paul Gascoigne mit Wehrmachtshelmen ab, inklusive Kriegserklärung zum Ausschneiden: »Achtung! Surrender. For you Fritz, ze Euro 96 Championship is over!« Die deutsche Presse reagiert gelassen angesichts der britischen Provokation. Norbert Mayer kontert in der *Berliner Zeitung*: »Hat der Rinderwahn bereits unkontrolliert Hunderttausende Menschen erfaßt? fragt sich der nüchterne Deutsche. Dreht eine Nation, die allgemein als unterkühlt und distanziert gilt, wegen einer Sportveranstaltung vollends durch?« Er kommt zum Resümee: »Da übt sich eine ganze Nation im Hobby der Satire, der läßlichen Sünde des skurrilen Humors. Was für ein Krieg! Soviel Schweiß und Tränen – und hoffentlich kein Blut.« Heysel ist noch nicht vergessen.

Vogts läßt gegen England defensiver als zuvor spielen: »Ich lasse mich nicht mehr unter Druck setzen«, diktiert er kritisch zweifelnden Reportern in den Block. Das Spiel gegen England beginnt mit einem Schock für die Deutschen. Alan Shearer versetzt schon in der 3. Minute das Wembley-Stadion in einen kollektiven Freudentaumel: »Football's coming home!« singen 70000 englische Fans, nachdem er den deutschen Verteidiger Babbel chancenlos hinter sich herlaufen lassen hat und zum 1:0 einschießt. Aller Spott verstummt – auch zu Hause vor den Bildschirmen –, als Stefan Kuntz, der für den verletzten Klinsmann spielt, in der 17. Minute den Ausgleich erzielt. Vogts Taktik scheint aufzugehen, der entscheidende Paß kommt vom selbstbewußt aufspielenden Möller, der vom Trainer erstmals die Kapitänsbinde erhalten hat.

Die Engländer präsentieren sich zwar als die bessere

Mannschaft, sind aber vom Pech verfolgt. Kurz vor der Pause geht Shearers Kopfball um Millimeter am Pfosten vorbei, Reuter rettet vor dem köpfenden Sheringham auf der Linie. Nach dem Wiederanpfiff steht die deutsche Abwehr kompakter: Sammer organisiert, Eilts wird zum »Staubsauger vor der Abwehr«, Helmer räumt ab. Es geht in die Verlängerung, und schon nach zwei Minuten raunt ein Stöhnen durch Wembley, als Anderton beinahe das erste Golden Goal der Fußballgeschichte erzielt – das Leder knallt an den Pfosten. Es soll nicht sein – die Verlängerung bleibt torlos. Kurz vor dem Elfmeterschießen kommen noch Bode und Strunz aufs Feld. Vogts taktiert klug und bestimmt selbst, wer schießen soll. Die ersten fünf Spieler jeder Mannschaft verwandeln – 5:5 –, das Stadion knistert vor Spannung. Gareth Southgate, der Verteidiger, läuft an, schießt viel zu zögerlich, und Köpke pariert souverän. Nun liegt es an Andi Möller, der von Vogts als sechster Schütze eingeteilt wurde, gegen den englischen Keeper Seaman anzutreten. Ausgerechnet Möller soll es richten, das ungeliebte »Weichei«, den die eigenen Fans »Heintje« getauft haben und dem sie »Mama« singen, wenn er mal wieder gefoult am Boden liegt. Diesmal zeigt er es allen. Mannhaft läuft Möller an und verwandelt souverän, keine Chance für Seaman. Der vielgeschmähte Möller läuft zur Grundlinie, stützt beide Arme in die Hüften und wirft sich vor den englischen Fans gockelhaft in die Brust. Da ist er wieder – »der häßliche Deutsche« in Feldherrenpose. Im Stadion herrscht Fassungslosigkeit, nur die Hooligans toben. Aber erst in der Nacht bricht die Randale aus. Enttäuschte Fans werfen am Trafalgar Square mit Flaschen auf die Polizei, die antwortet mit Schlagstockeinsatz und nimmt über 200 Randalierer fest, 40 Personen werden verletzt.

Vor dem Finale gegen Tschechien plagen Berti Vogts vor allem personelle Sorgen, die Liste der Verletzten ist lang. Klinsmann entschließt sich, trotz Wadenzerrung zu spielen. Die Tschechen, die sich nach der 0:2-Niederlage gegen die Deutschen in der Vorrunde dennoch bis in die Endrunde gespielt haben, treten in bester Besetzung an. Mit Pavel Kuka und Miroslav Kadlec vom 1. FC Kaiserslautern und Patrik Berger von Borussia Dortmund verfügen sie über erfahrene Spieler, die den Deutschen schwer zusetzen. In der eher ereignislosen ersten Halbzeit macht vor allem die DFB-Elf Druck, die Tschechen lauern auf Konter. In der zweiten Hälfte kommt mehr Bewegung ins Spiel. Das Glück scheint auf tschechischer Seite zu sein. Als Sammer in der 58. Minute Poborsky kurz vor dem Sechzehner foult, fällt der Stürmer in den Strafraum. Schiedsrichter Pairetto entscheidet trotz der Proteste des fassungslosen Sammer auf Elfmeter, Berger verwandelt. Bundestrainer Vogts reagiert und nimmt Scholl heraus, zu seinem achten Länderspieleinsatz kommt Oliver Bierhoff. Der Torjäger aus der italienischen Seria A erweist sich als echter Joker. Schon fünf Minuten später köpft er einen hohen Freistoß von Ziege ins Tor. Auf der Gegenseite verhindert Andreas Köpke kurz darauf mit einem enormen Hechtsprung eine hundertprozentige Chance von Smicer.

In der Verlängerung entscheidet das erste Golden Goal in der Geschichte des europäischen Fußballs: Fünf Minuten nach Wiederanpfiff bekommt Bierhoff den Ball mit dem Rücken zum Tor, dreht sich um die eigene Achse, schießt eher schwach, ein Verteidigerbein fälscht noch etwas ab, und das Leder ist drin. Augenblicklich pfeift der Schiedsrichter ab, und Bierhoff, den man in Deutschland bisher kaum kennt, geht in die europäische Fußballgeschichte ein. Deutschland ist Europameister 1996. Und noch einer steht im Mittelpunkt: Der vielgescholtene Bundestrainer, der den richtigen Riecher und das notwendige Quentchen Glück hat, übt vor der deutschen Kurve *La Ola* mit den Fans und nimmt die begeisterten »Bertiii, Bertiii!«-Ovationen entgegen.

Freude allerorten: Auf dem Weg hinauf zu Queen Elizabeth, die den Cup überreicht, werden die Spieler vom »größten Fan der Nationalmannschaft«, Boris Becker, und seiner Frau Barbara geherzt und gedrückt. Nach der offiziellen Ehrung tanzen die Spieler durchs Stadion, die Bayern Scholl und Helmer trinken und verschütten Champagner aus der Magnum-Flasche, die Dortmunder Kohler, Reuter und Sammer halten sich zusammen mit ihrem tschechischen Mannschaftskameraden an Dosenbier. Sammer spricht über Vogts und sagt mit ernstem Gesicht in die Kamera: »Wenn es einer verdient hat, dann er – was hat dieser Mann alles einstecken müssen.« Als Bundeskanzler Kohl und Egidius Braun später die Kabine betreten, singt der schamlose Fußballerchor: »Helmut, senk den Steuersatz!« und »Egi, rück die Kohle raus!« – Immerhin gibt es 250000 Mark pro Nase für den Sieg. Und der großzügige Braun erzählt der Presse: »Zum ersten Mal habe ich in den Augen eines deutschen Bundeskanzlers ein paar Tränen gesehen.«

Die englischen Zeitungen titeln mit »Hunbearable!« und »Lucky Krauts!«. Der *Guardian* schreibt über die Enttäuschung der englischen Fans im Stadion, die für die Tschechen waren, weil sie die Deutschen verlieren sehen wollten – egal, gegen wen. Und in Deutschland haben plötzlich alle Berti und seine Buben lieb, egal, was noch Tage zuvor in den Zeitungen stand. Sogar *Bild* räumt ein: »Seit gestern darf sich Berti Vogts als großer Trainer fühlen.«

Der Mittwoch, an dem ich Champions-League-Sieger wurde

Ein typischer lauer Mittwochabend im Mai 97. Ich fahre mit meinem Taxi durch die Straßen von Berlin-Mitte und lauere auf Fahrgäste. Das Radio läuft lauter als sonst: Borussia Dortmund spielt im Champions-League-Finale in München gegen Juventus Turin. Eigentlich sollte ich jetzt zu Hause vor dem Fernseher sitzen und meine Mannschaft unterstützen. Aber ich halte es, ehrlich gesagt, nicht mehr aus: Die Schwarz-Gelben haben in den letzten Spielen immer nur knapp gewonnen. Ich kann diese Zitterpartien einfach nicht mehr ertragen. Außerdem bin ich mir langsam sicher, daß es an mir liegt. Jedesmal wenn ich zuschaue, verlieren sie. Fast jedesmal – und wenn nicht, dann spielen sie wie die Bayern, grottenschlecht, aber glücklich.

Zuschauen habe ich mir heute verboten, aber Zuhören geht. Manni Breuckmann sitzt für die ARD im Olympiastadion. Das ist einer der guten Reporter, selbst BVB-Fan, er ahnt, wenn etwas kommt: »Jetzt wittern die Dortmunder Fans Morgenluft, 0:0 steht es nach 28. Minuten – da kommt die Ecke herein – Abwehr von Torhüter Peruzzi, noch einmal die Chance für Lambert, der flankt – da recken sie sich hoch: Riedle – Tor! Tor! Tor! Kalle Riedle macht das 1:0! Für Borussia Dortmund, und jetzt küßt er die Eckfahne.« Ich trete voll ins Pedal, Bremsen quietschen – fast wäre ich meinem Vordermann draufgefahren. So kann ich nicht arbeiten, und zuhören auch nicht, das macht mich nervös.

Ich fahre um die Ecke und stelle mich an die Taxihalte am Roten Rathaus. Nur ein Kollege steht vor mir, hoffentlich kommt jetzt nicht gleich jemand. Das ist immer das schlimmste: In Führung gehen und dann bei jedem Gegenangriff zittern. Manni hat das Mikrophon jetzt an den Kollegen Tom Bayer übergeben, wahrscheinlich hat es ihm die Sprache verschlagen, genau wie mir, schon wieder gibt es eine Ecke: »Oooohhoooohhhooo kommt es aus der Kurve, in der Erwartung des hoffentlich guten Eckballs von Möller – mit dem rechten Fuß, Kopfball, Tooor! – Kalle Riedle zum zweiten – ja, gibt's das denn? Jetzt bauen sie Kalle Riedle ein Denkmal in Dortmund am Borsigplatz!« Jetzt halte ich es nicht mehr aus – ich schalte das Taxisignal aus, mache den Motor an und fahre nach Hause. In knapp fünfzehn Minuten presche ich durch die halbe Stadt, bis zur Halbzeit passiert nichts. Kein Parkplatz weit und breit, also parke ich direkt vorm Haus in der zweiten Reihe. Hoch in die Wohnung, keiner da, Fernseher an, Ton weg, Radio an. Anpfiff! Es kommt so, wie ich es befürchtet habe: Juventus greift an wie von der Tarantel gestochen, die Borussen kommen kaum noch aus dem Strafraum raus.

Die Italiener schießen aus allen Lagen, immer wieder rettet Torhüter Klos. »Jetzt merkt man, die entscheidende Phase ist angebrochen, immerhin läuft schon die 64. Minute, immer noch 2:0 für Borussia Dortmund. – Aufgepaßt! Boksic im Strafraum auf Linksaußenposition, in den Fünfmeterraum – und da isser drin! Da isser drin, und Alessandro Del Piero macht das Anschlußtor.«

Es liegt an mir! Es muß an mir liegen! – Dann hupt jemand unten vor der Tür, ein Typ will aus der Parklücke raus. Ich winke aus dem Fenster und renne die Treppe runter, lasse ihn rausfahren, mache sicherheitshalber das Autoradio an, parke ein und renne wieder hoch. Nichts passiert! Ecke für Italien, Manni ist genauso nervös wie ich: »Jetzt wird es haarig, jetzt wird es eng, das 2:2 liegt in der Luft!« Doch immer wieder hat Kohler sein Bein dazwischen, hält Klos. Der Reporter kündigt eine Auswechslung an: »Jetzt kommt auch gleich Lars Ricken, der Mann für die entscheidenden Tore – (lacht) und der macht dann auch gleich das 3:1. Wir hoffen es jedenfalls!« Chapuisat geht raus, Ricken kommt rein, bekommt sofort den Ball vor die Füße und: »Aber jetzt müssen wir am Ball bleiben – denn Lars Ricken schiiieeßt – Toooor! Tooooor! – Es ist nicht möglich, es war eins mit Ansage! Lars Ricken – mit einem Heber! Zum 3:1! Und was für ein Tor!«

Tooor! – brülle ich – Tooor! Das Fenster ist immer noch offen, aber sollen mich die Nachbarn für verrückt halten, sollen sie mich für übergeschnappt halten – Tooor! Noch eine Viertelstunde bibbern, aber es passiert nichts mehr! Der Abpfiff ertönt – Aus! Aus! Aus! Aus! Aus! Die Fans im Stadion singen: »Jürgen Kohler! Fußballgott!« – Heute arbeite ich nicht mehr. Denn wir sind Championsleague-Sieger, der Jürgen, der Lars, der Matthias, die Borussia und ich. (Genauso war es – sogar heute kriege ich bei der Erinnerung noch eine Gänsehaut.)

Anpfiff auf italienisch

Im März 1998 sind es nur noch wenige Wochen bis zur Meisterschaft. Entgegen allen Erwartungen steht der Wiederaufsteiger 1. FC Kaiserslautern an der Tabellenspitze. Die siegesgewohnten Bayern schwächeln. Innerhalb der Mannschaft gibt es Streit zwischen den Spielern, und am Stuhl des eigens aus Mailand engagierten Startrainers Giovanni Trapattoni wird kräftig gesägt. Bei der routinemäßigen Pressekonferenz erleben die staunenden Journalisten einen aufgebrachten Bayerncoach, der seinen Männern gehörig den Kopf wäscht: »Ein Trainer ist nicht ein Idiot. Ein Trainer seh, was passieren in Platz. In diese Spiel, es waren zwei, drei, diese Spieler waren schwach wie eine Flasche leer! Habe Sie gesehen Mittwoch? Welche Mannschaft hat gespielt Mittwoch? Hat gespielt Mehmet, oder hat gespielt Basler, oder hat gespielt Trapattoni?« Die verdutzten Pressevertreter bekommen eine Galavorstellung, die dem »FC Hollywood« angemessen ist. Der sonst so zurückhaltende »Mister« brüllt und haut auf den Tisch: »Struunz! Strunz is zwei Jahre hier und hat gespielt seine Spiel. Ist immer verletzt. Was erlauben Strunz?« Nach der »Brandrede« endet Trapattoni mit dem Satz, der zum Sprichwort geworden ist: »Ich habe fertig!«

Dieses »Sprachdenkmal im multikulturellen Austauschprozeß«, wie es Martin M. Schwarz nennt, beschäftigt die Öffentlichkeit weit über die fußballerischen Grenzen hinaus. Der Rhetorikpapst Walter Jens lobt den Trainer für seine wegweisend kreative Metaphorik, die Gesellschaft für deutsche Sprache nimmt »wie eine Flasche leer« unter die Worte des Jahres auf. Dem Fernsehmoderator Harald Schmidt liefert die Pressekonferenz über Wochen *running gags*, und sogar der gescholtene Fußballspieler kann jene unverhoffte Popularität nutzen. Bei jedem Spiel seiner Mannschaft und auf der Straße wird er mit freudigen »Struuunz«-Rufen empfangen. Trotz Trapattonis Auftritt wird der Aufsteiger aus Kaiserslautern mit Otto Rehhagel

Deutscher Meister 1998 und der »Mister« selbst vom FC Bayern dann doch bald ehrenvoll verabschiedet. Dennoch profitiert er heute noch von seinem damaligen Auftritt: Im deutschen Werbefernsehen radebrecht er in bekannter Manier für Joghurt, ohne »Ich habe fertig« hätte ihm das keiner abgekauft.

Frankreich und Ende

Berti Vogts hat angeblich die Idee zu der Hymne, die der DFB für die WM in Frankreich in Auftrag gibt, doch die enthält eine böse Prophezeiung. Zusammen mit der schönen Anna Maria Kaufmann singt 1998 ein gewisser Joey Tempest das Stück *Running With A Dream*. Nichts gegen den Musikgeschmack von Berti Vogts oder gar gegen den des DFB. Aber es ist zum einen eine undiplomatische Geschmacklosigkeit, zu einer WM in Frankreich einen englischsprachigen Titel aufzunehmen – man hätte die Fußballer angesichts sprachlicher Defizite ja »Fronkreisch, Fronkreisch« grölen lassen können. Andererseits hätte man sich auch mal über die Vergangenheit dieses Herrn Tempest (der Name bedeutet im Englischen »Sturm«) schlau machen können. Dann wäre man darauf gestoßen, daß besagter Herr Mitglied und Sänger der Bombastrock-Gruppe Europe war, deren größter Hit *The Final Countdown* hieß. Das kann nicht gutgehen.

Auch andere Vorzeichen stehen schlecht. Überhaupt ähnelt dieses Turnier in so vielen Punkten dem vor vier Jahren in den USA. Schon vor der Weltmeisterschaft kriselt es wieder mal im deutschen Team. Man fahre ohne Spielmacher ins Quartier nach Frankreich, so die harsche Kritik. In den Qualifikationsspielen hat der Bundestrainer wieder einige »Kreativspieler« ausprobiert, ist aber zu keinem Ergebnis gekommen. Vielleicht auch, weil seine Spieler in einer Gruppe mit Armenien, Nordirland und Portugal kaum gefordert und wenig engagiert sind, einzig der spätere Gruppenzweite Ukraine macht der DFB-Auswahl etwas zu schaffen. Und natürlich der Fußballzwerg aus Albanien beim Spiel in Hannover, bei dem Oliver Bierhoff erst in der 90. Minute das entscheidende 4:3 gelingt.

Zwangsläufig wärmt Vogts alte Freundschaften wieder auf: Mario Basler ist im Gespräch, wird getestet und erscheint dem Nationaltrainer als zu unzuverlässig. Ebenso fällt Vereinskamerad Scholl in Ungnade. Auch die *Bild* ist sich unschlüssig, zuerst schlägt sie sich auf die Seite von Stefan Effenberg. Der DFB beharrt aber auf der Abstrafung des Mittelfingerzeigers. Dann schürt Deutschlands größte Boulevardzeitung wenigstens den Streit zwischen Klinsmann und Matthäus, die im Bayern-Kader gegeneinander intrigieren. *Bild* schlägt sich auf die Seite von Matthäus, der zwar prompt von Vogts nominiert wird, Klinsmann aber bleibt Kapitän. Dem Vorwurf, daß er fast nur »alte« Spieler mitgenommen habe – das Durchschnittsalter liegt bei knapp 30 Jahren –, begegnet Vogts mit einem Lächeln: Die Mannschaft sei »nicht alt, sondern reif«. Das merkt man auch an Lothar: »Wir sind eine gut intrigierte Truppe«, verrät er der Presse.

Durch die Vorrunde der WM schlägt man sich schließlich mit gewohnt deutschen Tugenden. Ein uninspiriertes 2:0 genügt im ersten Spiel, um die kreativen Defizite deutlich zu machen. Gegen Jugoslawien im Stadion Félix-Bollaert in Lens reaktiviert Vogts auf Forderung der *Bild* endlich Lothar Matthäus. Die Streithähne geben sich nun völlig versöhnt, sie hätten sich ausgesprochen. Tatsächlich wechselt Vogts den 37jährigen kurz nach der Pause für einen völlig desorientierten Hamann ein. Es steht bereits 0:1 für die Jugoslawen, dann erzielt Stojkovic in der 54. Minute das 0:2 nach einem Fehler von Köpke. Die völlig indiskutabel spielende DFB-Elf zeigt in diesem Match, wie wenig kompakt sie als Mannschaft steht, erst nach der Einwechslung von Tarnat kommt wieder etwas Struktur ins Spiel. Die Deutschen haben Glück, Pechvogel Mihajlovic lenkt einen Freistoß von Tarnat zum Anschlußtreffer, und am Ende ist es wieder einmal Oliver Bierhoff, der das rettende Tor zum 2:2 erzielt. Der Presse gegenüber meint Vogts, man sei noch einmal mit einem blauen Auge davongekommen: »Ich war unheimlich böse über das Verhalten der Spieler. Einige schienen nicht begriffen zu haben, daß wir hier bei einer WM spielen.« Der eingewechselte Matthäus kriegt am nächsten Tag als einziger durchweg gute Noten in der Beurteilung der Sportjournalisten.

In dieser Nacht denkt Berti Vogts zum ersten Mal öffentlich über seinen Rücktritt nach. Grund ist nicht das bemühte Gekicke seiner Elf, sondern die Überlegung des DFB, nach den schweren Ausschreitungen deutscher Hooligans in Lens die Nationalmannschaft aus dem Turnier zu nehmen. Eine Handvoll Gewalttäter tritt dem Polizisten Daniel Nivel so schwer an den Kopf, daß er bleibende körperliche und geistige Schäden davonträgt.

Er hätte gerne das Spiel verloren, wenn dafür in Lens nichts passiert wäre, teilt Vogts den Medien mit: »Ich bin tief betroffen, was deutsche Kriminelle in Lens angerichtet haben. Die Mannschaft und ich sind entsetzt und werden versuchen, der Familie des lebensgefährlich verletzten Polizisten alle denkbare Hilfe zukommen zu lassen.« Die Idee, daß man sich nach diesem Mordversuch Gedanken über etwas anderes als Fußball machen sollte, kommt dem Trainer aber nicht: »Daß man aber seitens des DFB überlegt, die Mannschaft aus dem Turnier zu nehmen, dafür fehlen mir die Worte.« Nicht nur ihm. Die *Bild* titelt wieder einmal passend. »Wir schämen uns!« Die Frage ist nur, wofür?

Vier Tage später geht die deutsche Fußball-Show in Montpellier weiter, allerdings unter erhöhten Sicherheitsauflagen. Das kann man beim Spiel gegen den Iran auch auf die Ereignisse auf dem Rasen beziehen. Vor allem die Bundesliga-Legionäre Ali Daei und Karim Bagheri, beide bei Arminia Bielefeld, und den Kölner Khodadad Azizi hat die Taktikabteilung des DFB als »dominante Figuren« ausgemacht. Die defensiven Iraner ermöglichen den Deutschen in der ersten Halbzeit kaum eine Chance. Das vielgepriesene Flügelspiel lahmt. Der iranische Stürmerstar Bagheri bringt Andi Köpke wenigstens einmal durch einen Weitschuß, bei dem sich der Torhüter ziemlich strecken muß, fast in Verlegenheit. Thomas Häßler wird in der zweiten Halbzeit stärker und leitet auch den schönsten Spielzug des Matches ein. In der 51. Minute schickt er Heinrich auf die rechte Außenbahn, dieser dreht eine Flanke genau auf den Kopf von Bierhoff, der nur noch einnicken muß – 1:0. Sieben Minuten später verwandelt Klinsmann mit einer artistischen Einlage einen geköpften Abpraller von Bierhoff zum 2:0-Endstand. Das Achtelfinale ist mit Müh und Kampf erreicht.

Vogts ist zufrieden mit der Mannschaft, warnt jedoch davor, sich schon im Halbfinale zu wähnen. Die nächsten Gegner seien nicht zu unterschätzen. Beim Spiel gegen Mexiko bleibt er bei der siegreichen Aufstellung aus der Partie gegen den Iran. Spielmacher ist jetzt unangefochten Matthäus, Thon muß auf die Ersatzbank. Und Kapitän Klinsmann verkündet vollmundig ein neues Selbstbewußtsein bei den Spielern: »In schwierigen Situationen waren wir immer fähig, einen Gang hochzuschalten. Und dann möchte ich erst einmal die Mannschaft sehen, die uns schlägt.«

Fast wäre es Mexiko gewesen. Zwei Minuten nach der Pause, in einem von den Deutschen dominierten Spiel, entkommt Stürmer-Star Luis Hernandez seinem Bewacher Markus Babbel, versetzt Matthäus und schießt über Köpke hinweg zum 1:0 für Mexiko ein. Die DFB-Elf zeigt sich sichtlich geschockt und kommt nicht richtig in dieses Achtelfinal-Match. Ein zweites Mal entkommt Hernandez und hat in der 62. Minute die Chance zum 2:0, doch Matthäus rettet in letzter Sekunde. Erst jetzt machen die deutschen Stürmer wieder Druck. Nach einem Abwehrfehler von Lara nutzt Klinsmann die Gelegenheit zum Ausgleich. Erst kurz vor Schluß, in der 86. Minute erzielt – wer sonst? – Bierhoff das entscheidende 1:2 nach einer Flanke von Ulf Kirsten.

Erstaunlicherweise ist Vogts hochzufrieden. Deutsche Tugenden will er wieder einmal gesehen haben: Die Kraft, ein fast verlorenes Spiel wieder umzudrehen. Der Bundestrainer lobt seinen Sturm und seine Abwehr. Worüber er schweigt, ist das lahme Mittelfeld. Das bewegt sich – von der Ersatzbank aus – nur verbal für die Öffentlichkeit. Der vom Publikum ausgepfiffene und vom Trainer gescholtene Andi Möller wird von *Bild* mit einer ganz eigenen Schlagzeile bedacht. »Schatzi, am liebsten würde ich dich nach Hause mitnehmen«, zitiert das Blatt seine Ehefrau und legt ihr nahe, das doch zu tun. Seine Leistung beim Spiel gegen Mexiko ist indiskutabel. Und Kollege Thon, der auf die Bank verbannt ist, hält eigene Pressekonferenzen ab, bei denen er sich in gewohnt geschulter Rhetorik beim Bundestrainer andient: »Ich habe in den drei Vorrundenspielen nicht gut, aber auch nicht schlecht gespielt, ich sage mal: Durchschnitt.«

Hinsichtlich des Viertelfinales gegen Kroatien ist Vogts optimistisch: »Ich will dieses Spiel auf jeden Fall gewinnen.« Und freut sich auf sein 100. Länderspiel, das, so die Presseauguren, auf den Tag genau 44 Jahre nach dem Wunder von Bern stattfindet. Der Bundestrainer blickt auch schon in die nähere Zukunft. Ans Aufhören denke er noch lange nicht, weil ihm »der Job nach wie vor Spaß macht«. Dennoch sei Fußball nicht alles: »Ich könnte morgen aufhören und trotzdem zweimal am Tag warm essen.« Diese Weisheit landet sogleich bei Harald Schmidt und wird von dem noch wochenlang genüßlich zitiert.

Auch andere Mannschaften leiden in diesem Achtelfinale. Das Team aus Nigeria, wieder mal von berufenen Fachleuten zum »Geheimfavoriten« erklärt, wird von den klug offensiv spielenden Dänen überrollt. Bereits in der 3. Minute fällt das 1:0 durch Møller. Die Skandinavier mit den überragenden Brüdern Michael und Brian Laudrup zeigen überlegenen modernen Fußball gegen defensiv schwache Afrikaner. Nur der Ex-Frankfurter Okocha bietet eine akzeptable Leistung bei der 1:4-Niederlage.

Die Niederlande spielen gewohnt schön, aber uneffektiv gegen eine völlig defensive jugoslawische Mannschaft. Obwohl sie über die gesamte erste Halbzeit das Spiel beherrschen, führen sie nur 1:0 und kassieren dann ein unnötiges Gegentor. In der 50. Minute müssen die Oranjefans sogar noch zittern, als Mijatovic zum Foulelfmeter anläuft. Zur Erleichterung der Holländer knallt er den Ball aber an die Latte. Erst in der 92. Minute gelingt Edgar Davids das 2:1 mit einem abgefälschten Schuß aus 20 Metern.

Beim Spiel Italien gegen Norwegen leidet vor allem das Marseiller Publikum. In bester Catenaccio-Tradition verriegeln die Italiener das eigene Tor, nachdem Christian Vieri in der 18. Minute das 1:0 erzielt hat. Die Norweger kommen nur zu einer einzigen zwingenden Chance durch einen Kopfball von Flò, den Torhüter Pagliuca mit Ach und Krach parieren kann. Die Italiener ernten empörte Pfiffe. Doch manchmal ist der Fußballgott gerecht. Im Viertelfinale gegen Frankreich werden die Freunde des Catenaccio bestraft. Frankreichs bravourös aufspielende Equipe Tricolore kann den Riegel der italienischen Abwehr zwar auch nicht knacken, siegt aber dann im Elfmeterschießen. Die Wahl des Schicksals für diese von den Italienern so häufig ausgeübte Disziplin fällt diesmal auf Luigi Di Baggio, der beim Stand von 3:3 das Leder an die Latte knallt.

Das Match der Deutschen gegen Kroatien findet in Lyon statt, 39000 Zuschauer sehen eine glänzend aufgelegte deutsche Mannschaft. Die ersten 30 Minuten dominiert sie das Spiel, dann wird es härter. Bierhoff wird von Soldo gefoult, der revanchiert sich, Handgreiflichkeiten, Diskussionen mit dem Schiedsrichter, Hektik kommt auf. Die Partie kippt nach einem Aussetzer des bis dahin tadellosen Christian Wörns. Als Davor Suker mit hohem Tempo an ihm vorbeizuziehen droht, rammt ihn der Verteidiger mit einem völlig unnötigen Bodycheck. Suker fliegt – vielleicht zirkusreif – in hohem Bogen durch die Luft, und Schiedsrichter Pedersen aus Norwegen zieht, ohne zu zögern, die rote Karte. Trotz heftiger Proteste von Mitspielern und Trainer Vogts muß Wörns in der 40. Minute zu Recht vom Platz. Das ist der Wendepunkt im Spiel, schon sechs Minuten später kommt der Kroate Jarni unbedrängt vom zuständigen Heinrich aus 22 Metern zum Schuß, der Ball setzt auf und landet in Köpkes langem Eck. Mit einem 0:1-Rückstand geht es in die Pause. Sieben Minuten nach Wiederanpfiff ermöglicht Tarnats Flanke in den Fünfmeterraum Bierhoff die Chance auszugleichen, Torhüter Ladic hält mit einer unglaublichen Parade. Immer wieder zeigen sich die Schwächen des deutschen Stürmers, der nur in der Luft Zweikämpfe gewinnt, am Boden aber versagt. Auch ein abgefälschter Freistoß von Hamann landet nur am Pfosten. Und die Kroaten lassen sich von deutschen Tugenden nicht beeindrucken. Schließlich hat sie ihr Trainer dementsprechend vorbereitet. »Fußball ist wie Krieg«, verlautbart Miroslav Blasevic. Und so verpassen die kroatischen Kämpfer den Deutschen den »Fangschuß«. Vlaovics 2:0 in der 80. Minute bricht den Kampfeswillen der DFB-Elf endgültig. Suker vollendet fünf Minuten später zum 3:0. Deutschland ist, wie vier Jahre zuvor, im Viertelfinale ausgeschieden.

Berti Vogts zeigt sich als schlechter Verlierer und gratuliert dem kroatischen Kollegen nicht zum Sieg. Im Gegenteil, bei der Pressekonferenz legt der zutiefst getroffene Bundestrainer nach: »Vielleicht ist der deutsche Fußball zu erfolgreich«, überlegt er. »Es gab schon sehr seltsame Entscheidungen gegen die deutsche Mannschaft. Die anderen können spucken, kratzen, beißen, aber man will es nicht sehen«, klagt er über die schlechte Schiedsrichter-Leistung. Daß sein Team schlecht gespielt haben könnte, kommt ihm gar nicht in den Sinn. Nicht zuletzt dank seiner Uneinsichtigkeit scheitert Vogts letztendlich. Spott trifft ihn und die Nationalmannschaft bei der Heimkehr: »Wo waren sie, unsere Männer? In Ballgewittern. Jetzt kommen sie heim, im Felde unbesiegt, als Opfer eines tückischen Dolchstosses in den Rücken«, so Harald Martenstein im

Tagesspiegel. Schlechte Verlierer kann niemand leiden. Es braucht noch zwei Monate und zwei Länderspiele, bis auch Hans-Hubert Vogts die Worte von PUR versteht:

> Wenn der Kleine keine Chance hat,
> wenn Versprechungen Lügen sind,
> wenn es das Böse reich und gut hat,
> wenn die Guten meist die Blöden sind,
> dann ist klar, daß das Klima reichlich frustig
> werden kann.
> Denn wer nichts zu verlieren hat,
> der ist schlimm drauf, ist übel dran.

Die meisten Nationalspieler haben ihren Bundestrainer nach der WM verlassen, Kapitän Jürgen Klinsmann tritt gleich nach dem Kroatien-Spiel ab. Nach den Freundschaftsspielen in La Valetta, die mit einem schwachen 2:1 gegen den Gastgeber Malta und einem schlappen 1:1 gegen Rumänien enden, sieht es auch Berti Vogts ein und erklärt am 7. September 1998 seinen Rücktritt. Die spanische Tageszeitung *El Mundo* weissagt: »Die Fahnenflucht der Spieler und die mageren Ergebnisse gegen Malta und Rumänien gaben Vogts den Rest. Am Ende stand nur noch Bundeskanzler Helmut Kohl hinter ihm. Und dieser befindet sich nach den Umfragen ebenfalls auf dem Rückzug.«

6.
Das neue Jahrtausend

Herr von Ribbeck

Bis zum bitteren Ende stärkt Helmut Kohl seinem Duzfreund Berti Vogts den Rücken: »Die Mannschaft hat in Frankreich eine gute Visitenkarte abgegeben«, entscheidet der Bundeskanzler und läßt etwaige Kritik nicht gelten – ein selbstgeschaffenes Privileg, das er so häufig auf seine eigenen Entscheidungen anzuwenden pflegt. Verzweifelt versucht Vogts noch einmal, die Erneuerung der Nationalelf anzugehen, und zieht alle Register, um seine Kritiker verstummen zu lassen. Mit Michael Ballack und Marco Reich holt er endlich junge Talente ins Team und beruft erstmalig Spieler, denen der deutsche Paß nicht schon in die Wiege gelegt wurde: den Brasilianer Paulo Rink, den Schweizer Oliver Neuville und den türkischstämmigen Mustafa Dogan.

Schon 1996 hat der Bundestrainer die Diskussion um die Aufnahme »eingewanderter« Fußball-Fachkräfte in die Nationalmannschaft angestoßen, als er versucht, den Südafrikaner Sean Dundee ins Team zu holen. Mit Hilfe seines Vereins, des Karlsruher SC, und der Fürsprache des DFB gelang ein kleines Wunder: Worauf politisch verfolgte Kurden jahrelang hoffen müssen, das erfüllt sich für den weißen Mittelstandsboy in nur wenigen Wochen. Trotz Bedenken des Innenministers und berüchtigten Hardliners Manfred Kanther, der lieber deutschblütigen Nachwuchs in der Auswahl sehen würde, wird Dundee als potentieller Nationalspieler bevorzugt eingebürgert.

Das ist keine unübliche Praxis, vor allem in der Leichtathletik und im Eishockey gab es einige Präzedenzfälle. Dundees Mäzen, der ehemalige Außenminister Klaus Kinkel, zufällig auch Mitglied des KSC, gratuliert: »Ich freue mich mit Sean Dundee, daß ihm nunmehr die Perspektive für die Aufnahme in die deutsche Fußball-Nationalmannschaft offensteht. Sein Einsatz wäre sicherlich ein Gewinn für den deutschen Fußball.« Leider kommt der neudeutsche Kicker wegen Verletzungsproblemen und privaten Schwierigkeiten nie zum Einsatz, ein Zeichen ist jedoch gesetzt.

Nach den Erfolgen des französischen Weltmeisterteams, das mit seiner multikulturellen Besetzung auch die deutschen Fußballfans begeistert hat, scheinen die Widerstände gegen die Berufung von »Fußball-Deutschen« verschwunden zu sein. Für Berti Vogts kommt diese Einsicht zu spät. Zwar ist der Fußball diesmal der Politik um einiges voraus – die CDU/CSU wehrt sich immer noch vehement gegen erleichternde Einbürgerungsgesetze und die doppelte Staatsbürgerschaft –, doch Vogts' Demission ist nicht mehr aufzuhalten. Nach seinem traurigen Abgang analysiert das niederländische *Allgemeen Dagblad*: »Vogts hätte nach der WM, die zu einem beispiellosen Drama geworden war, zurücktreten müssen. Er hätte wissen müssen, daß der deutsche Fußball so gut wie tot ist. Aber er ignorierte die Tatsachen und beging damit Harakiri.« Sein unbelehrbarer Freund im Kanzleramt folgt ihm kaum einen Monat später.

Bei den Bundestagswahlen im September 1998 rutscht die CDU in der Wählergunst auf ungeahnte 35 Prozent ab. Helmut Kohl übernimmt die volle Verantwortung für diese Wahl und tritt auch gleich als Parteivorsitzender zurück. Sein Herausforderer Gerhard Schröder wird neuer Regierungschef einer rot-grünen Koalition. Und auch für Vogts findet sich schnell ein Nachfolger. Nur zwei Tage nach seinem Abtritt präsentiert der DFB ein illustres Trainergespann: den gutgekleideten Weltmann und charmanten Plauderer »Sir« Erich Ribbeck und seinen Co-Trainer Uli Stielike, der durch sein großkariertes Sakko dezent andeutet, daß er fürs Grobe zuständig sein wird.

Der Berufung des ungleichen Duos gehen zwei Tage voller Gerüchte und Gerangel voraus. Das kaiserliche Hofblatt *Bild* verkündet, daß es nur einen passenden Nachfolger für

Berti Vogts gebe: Jupp Heynckes, der durch seine internationale Erfahrung als Trainer und seine Kompetenz die nötigen Voraussetzungen erfülle. Millionen von Nationalmannschafts-Anhängern stockt das Herz. Doch Heynckes lehnt die undankbare Aufgabe ab. (Hämische Stimmen behaupten, es gebe in dieser Mannschaft nicht genug Spielerpotential, das ruiniert werden könne.) Bayern-Manager Hoeneß lästert, der DFB würde alle möglichen Kandidaten ansprechen, »die nicht bei drei auf den Bäumen« seien.

DFB-Präsident Egidius Braun sorgt für weitere Verwirrung: Erst fragt er bei Paul Breitner an, ob er bereit wäre, das Amt zu übernehmen, der sagt zu. Dann jedoch erfährt Braun, daß sich Breitner dafür ausgesprochen hat, Beckenbauer möglichst bald zu seinem Nachfolger im Amt des DFB-Präsidenten zu wählen. Er könne niemanden gebrauchen, der seinen Rücktritt fordere, bekräftigt Braun und sagt dem Bayern wieder ab. Auch der nächste Kandidat, der ehemalige Nationalspieler und Ex-Trainer der schweizerischen Landesauswahl, Uli Stielike, wird vom Präsidenten telefonisch engagiert und gibt bereits die ersten Interviews als alleinverantwortlicher Mann, da holt Braun den längst vergessenen Ribbeck direkt vom Golfplatz aus der Altersruhe. Als Teamchef soll er die Mannschaft nach außen hin vertreten, Stielike dagegen die Arbeit auf dem Spielfeld organisieren. Das spätberufene Duo soll sich symbiotisch ergänzen, gilt doch der eine als medienerfahren und vorzeigbar, der andere als bodenständiger Fußballarbeiter.

Ribbeck erhält von der *Bild* die ersten Vorschußlorbeeren: »Er kann mit Stars umgehen. Er war schon einmal beim DFB. Und: Er kennt das Mediengeschäft. Nach den turbulenten Monaten unter Vogts muß es jetzt das erste Ziel des DFB sein, endlich wieder Ruhe in die Nationalmannschaft zu bringen. Dafür ist Ribbeck genau der richtige Mann.« Auch der Kaiser ist zufrieden und schickt seinen Vizepräsidenten Karl-Heinz Rummenigge vor: »Eine gute Wahl. Erich Ribbeck ist ein guter Freund des FC Bayern München.« Das ist ja auch das wichtigste. Man muß eben keine Ahnung haben von Taktik, Psychologie und dergleichen Kokolores, um Bundestrainer zu werden. Da erscheint Ribbeck als der ideale Mann, dem einst als Bayern-Trainer der Verteidiger Jan Wouters bestätigt hat: »Trainer, Sie sind der einzige im Verein, der von Fußball keine Ahnung hat.«

Mehr Schein als Sein also – wieder einmal hält der DFB an seiner Taktik der Tatsachenverschleierung fest und ignoriert die mittlerweile drängenden Probleme. Die *taz* vermißt einen fußballerischen Neubeginn und zieht Parallelen zur Personalpolitik der angeschlagenen CDU: »Der eine kommt aus einer Zeit, in der man Einstecktücher für ein Zeichen von Noblesse hielt, der andere mit dem diplomatischen Geschick einer Häckselmaschine daher. Sir und Junker sozusagen, als würde man Kohl durch von Weizsäcker und Kanther ersetzen.«

Doch auch Kohls tatsächlicher Nachfolger, Gerhard Schröder, hat seinen Stielike. Der volksverbundene SPD-Vorsitzende Oskar Lafontaine, der gerne mal wartende Journalisten zu einem Schnäpschen am Gartenzaun seines Hauses einlädt, ist auch ein Mann der klaren Worte. Das Duo, zwischen das noch während des Wahlkampfs »kein Blatt Papier« passen soll, wird sich im Regierungsalltag bald wieder spinnefeind. Der Kanzler und sein Finanzminister kommen sich in Sachfragen in die Quere, vor allem Lafontaines sozialliberale Vorstöße zur Finanz- und Wirtschaftspolitik bringen Schröders politischen Kurs immer wieder ins Schlingern. In der Europäischen Union stößt er mit seinen Forderungen nach Lohnerhöhungen und Eingriffen in die Arbeitsmarktpolitik die Konzernherren und die wirtschaftsliberalen Regierungschefs vor den Kopf. Seine Kritik an der Weltbank verschafft ihm sogar den Ehrentitel »gefährlichster Mann Europas«, verliehen durch das britische Massenblatt *Sun*. Im März 1999 eskaliert der Konflikt mit Schröder, Lafontaine tritt angesichts des allgemeinen Drucks zurück. Auch sein Amt als Parteivorsitzender und sein Bundestagsmandat gibt er auf. Die *Bild* wittert Fahnenflucht: »Lafontaine läßt seinen Kanzler sitzen.« Das Ansehen der noch neuen Bundesregierung ist angekratzt, und auch Brioni-Dressman Schröder hat Imageprobleme. Erst sein medial perfekt inszenierter Auftritt zur Holzmann-Affäre bringt ihm endlich die nötigen Pluspunkte in der Öffentlichkeit.

Ähnliche Erfolgserlebnisse kann Bundestrainer Ribbeck nicht aufweisen. In den Qualifikationsspielen für die Europameisterschaft 2000 in Belgien und den Niederlanden kann die deutsche Elf nicht überzeugen. Bereits das erste Spiel gegen die Türkei geht mit 0:1 verloren. Die folgenden sechs Partien gegen Moldawien, Nordirland und Finnland können die Deutschen jedoch für sich entscheiden. Beim ausschlaggebenden letzten Spiel gegen die Türkei am 9. Oktober 1999 gelingt in einer schwachen Partie zwar nur ein 0:0, aber dieser eine Punkt reicht zum wenig überraschenden Gruppensieg vor der türkischen Elf. Doch während einer Freundschaftsspiel-Reise in die USA im Februar 1999 macht sich die DFB-Elf endgültig zum Gespött der gesamten Nation, als sie in Jacksonville den zweitklassigen US Boys mit 3:0 unterliegt. »Über Florida lacht die Sonne, über Deutschland die ganze Welt«, höhnt die *Saarbrücker Zeitung.*

Auch das Verhältnis zwischen Teamchef und Trainer ist getrübt. Der gekränkte Stielike kann es Ribbeck nicht verzeihen, daß der ihm vor die Nase gesetzt wurde. Und entgegen seiner vollmundigen Ankündigung gegenüber der Presse, er würde mehr tun als nur »Bäll uffpumpe und Hütche uffstelle«, sieht man ihn meist im Trainingsanzug auf dem Rasen besagte Hütchen verteilen, während Erich Ribbeck sich vor der versammelten Presse produziert. Angebliche Auseinandersetzungen über Taktikkonzepte und Trainingsmethoden besiegeln offiziell das Ende dieser Zweckgemeinschaft. Stielike erfährt telefonisch von seiner Demissionierung.

Sein Nachfolger wird Horst Hrubesch, dessen »Fußballverständnis« dem von Erich Ribbeck näher liegen soll. Der *Spiegel* mutmaßt über die Gründe von Stielikes Entlassung nur wenige Wochen vor Beginn der EM: »Denn mit der Berufung Hrubeschs betrieb Ribbeck allenfalls Problemmanagement in eigener Sache. Immer wieder hatte sein ehemaliger Helfer Stielike mit spitzen Bemerkungen über Ribbecks Fachkompetenz das Binnenklima vergiftet. Mit Hrubesch holte Ribbeck nun einen Mann herbei, der seine Rolle zurückhaltender definiert: ›Da muß ich erst mal den Chef fragen.‹«

Auch mit seinen Spielern kommt der Teamchef nicht klar. Die üblichen Personalprobleme quälen ihn, die Mannschaft ist immer noch überaltert, das kreative Potential schwach entwickelt. Der medial hervorragend inszenierte Coup, Stefan Effenberg ins Team zurückzuholen, erweist sich bald als Flop, und »Effe« reist freiwillig aus dem Trainingslager ab. Jens Jeremies, einer der jungen Hoffnungsträger im defensiven Mittelfeld, verscherzt es sich mit Ribbeck, als er im Interview den Zustand der Nationalelf als »jämmerlich« bezeichnet. Vollends auf Unverständnis stößt Ribbecks Entscheidung, den 39jährigen Lothar Matthäus noch einmal für die Europameisterschaft zu reaktivieren.

Hat denn keiner die Zeichen der Zeit erkannt? Dabei hätte der DFB auch diesmal bereits im Vorfeld gewarnt sein müssen. Gerade hat Matthäus beim FC Bayern abgedankt, um zu den New York Metro Stars in die US-Soccer-League zu wechseln, da erscheint auf einer CD mit dem Titel *All Time Heroes* eine neue Version des Elvis-Klassikers: *Muß i denn zum Städtele hinaus?* Ein böses und deutliches Omen für die Nationalmannschaft, denn der Interpret heißt Lothar Matthäus.

»Die Klatsche von de Kuip«

Der Teamchef hat bereits im ersten Vorrundenspiel gegen Rumänien wenig Glück. Das schwache 1:1, bei dem die viel zu defensiv eingestellten Deutschen auch noch einem Rückstand aus der 5. Minute hinterherlaufen müssen, legt die Schwächen in allen Bereichen offen. In der 28. Minute gelingt dem akzeptabel spielenden Mehmet Scholl der Ausgleich durch einen beherzten Schuß aus 22 Metern – genau ins linke Kreuzeck. Die DFB-Elf hat Glück, daß ein klares Foul von Nowotny an Ilie nicht geahndet wird, ein Elfmeter wäre fällig gewesen. Die verkrampften Versuche Ribbecks, nach dem Spiel die sehr mäßige Leistung seines Teams schönzureden, lassen den Fans die Haare zu Berge stehen. Co-Trainer Hrubesch bringt das Ergebnis in seiner gewohnt prägnanten Art auf den Punkt: »Das muß man jetzt alles erst mal Paroli laufen lassen«, faselt er vor laufender ZDF-Kamera.

Im zweiten Gruppenspiel in Charleroi trifft die deutsche Elf auf Englands Team, dessen Trainer Kevin Keegan ebenfalls in der Schußlinie der Kritik steht. Nach der 2:3-Niederlage gegen Portugal hat die englische Presse diesmal nicht die Deutschen, sondern den eigenen Coach im Visier. Man wirft ihm vor, daß er an dem bereits 29jährigen Stürmer Alan Shearer festhält, der auch schon bessere Tage gesehen habe. Ähnliches widerfährt auch Erich Ribbeck, Matthäus ist allerdings zehn Jahre älter als der gescholtene englische Kollege.

Gedrängt von den Medien, setzt der Bundestrainer zum ersten Mal von Beginn an auf den 20jährigen Sebastian Deisler, von dem sich die deutschen Fans wahre Wunderdinge erwarten. »Basti-Fantasti«, wie ihn *Bild* und *BZ* zu nennen pflegen, ist Mittelfeldregisseur und Teenieschwarm von Hertha BSC und wird bereits mit dem jungen Beckenbauer verglichen. Und so einer müsse auch her, meint die versammelte Sportgemeinde. Der jugendliche Elan des Berliners und sein etwas seltsam geratener Schußfuß, sollen es richten. »Extremer Spreizfuß, dazu Senkfuß Knickfuß rechts stärker als links. Der große Zeh ist sehr kurz. Druckstellen an Zehenballen und Zehenkuppen«, analysiert eine Kosmetikerin für das Fachblatt *Sportbild*.

So gerüstet, geht es gegen England. Das mittelmäßige Spiel wird eine Enttäuschung für die Zuschauer auf beiden

Seiten. Doch nach zuletzt fünf Niederlagen gegen die Deutschen sind die Kicker von der Insel besser motiviert. Nur den guten Reflexen von Oliver Kahn ist es zu verdanken, daß man ohne Rückstand in die Pause geht. Zu Beginn der zweiten Hälfte wird das Spiel lebhafter, und die englische Elf hat das nötige Quentchen Glück. Eine der wenigen genialen Flanken von Beckham verwandelt ausgerechnet Shearer per Kopf zum 1:0 – Kahn ist machtlos. Danach gewinnt das Spiel zwar an Spannung, die englische Abwehr gerät etwas unter Druck, den Deutschen gelingt es jedoch nicht, sich zwingende Chancen herauszuspielen. Es zeigt sich, daß die Möglichkeiten der DFB-Spieler physisch und psychisch begrenzt sind. So bleibt es auch beim verdienten 1:0. Nur Beckham und Shearer auf englischer Seite sowie Kahn und Deisler bei den Deutschen zeigen akzeptable Leistungen.

Im Kabinengang überraschen die Reporter den deutschen Innenminister Otto Schily. Dem fällt auf die Frage, warum es denn die Nationalmannschaft wieder mal nicht geschafft habe, auch nichts Rechtes ein, und er beweist dadurch der ganzen Nation, daß er von Fußball nichts versteht. Der Bundestrainer aber analysiert messerscharf: »Das ist Scheiße – auf gut deutsch gesagt –, wenn man ein solches Spiel verliert.«

Das sieht auch die Presse so. *Bild* macht »die schlechteste Mannschaft seit Menschengedenken« aus, und die sonst so spröde *Morgenpost* wird sogar ironisch: »Vermutlich ist Ribbeck der einzige EM-Trainer, der Fußball für ein Glücksspiel hält. Mit Pech allein ist aber nicht zu erklären, was die deutsche Mannschaft abgeliefert hat.« *Die Welt*, fern jedes umstürzlerisch-revolutionären Verdachtes, äußert sich in antimonarchistischer Manier über den »Scherbenhaufen«: »DFB – Deutsche Früh-Bucher. Die Ära Ribbeck steht für Flickschusterei. Im Jahr 2000 muß noch einmal an den größten Kaiserschmarrn aller Zeiten erinnert werden, vor genau zehn Jahren nach dem WM-Triumph 1990 verkündet von Franz Beckenbauer: Durch das Potential der Wiedervereinigung wird der deutsche Fußball auf lange Jahre hinaus unschlagbar sein.«

Das letzte und entscheidende Spiel der Vorrunde wird zum wirklichen Debakel. Gegen eine B-Auswahl der Portugiesen, die sich bereits für das Viertelfinale qualifiziert haben, muß die deutsche Elf im Rotterdamer Stadion de Kuip antreten. Alle Versprechungen und Verlautbarungen der Spieler im Vorfeld – der verletzte Kapitän Oliver Bierhoff wendet sich sogar noch mal an die Fans und bittet sie um Unterstützung – sind nach 34 Minuten vergessen. Ohne die Stars Figo, Rui Costa und Gomez gehen die Portugiesen durch einen Kopfballtreffer von Conceiçao in Führung. Von diesem Schlag erholt sich die deutsche Mannschaft nicht mehr. Kein Konzept ist erkennbar, keine Linie, und nicht einmal der vielgerühmte Kampfgeist ist vorhanden. Nach der Pause schießt der überragende Conceiçao die deutsche Mannschaft fast im Alleingang ab und erzielt auch noch die anderen beiden Tore zum Endstand von 3:0 für Portugal. Es wäre sogar mehr drin gewesen.

Die »Klatsche von de Kuip« wird zum Waterloo des Erich Ribbeck. Noch in der Nacht informiert er den DFB über seinen Rücktritt. Am nächsten Tag berichtet er der kaum überraschten Presse von seiner Entscheidung. Die ebenfalls zur Beichte angetretenen Nationalspieler betreiben eine ungewohnte Form der Selbstkasteiung. »Ich schäme mich«, sagt Mehmet Scholl der versammelten Presse, »ich schäme mich«, gesteht der eigentlich unschuldige Oliver Kahn. Und auch Kapitän Bierhoff ist »beschämt« über das Spiel seiner Kollegen und spricht vom »bittersten Moment« seiner Laufbahn.

Nicht alle Spieler besitzen diese Fähigkeit zu trauern. Während in der Vornacht einige Fans vor dem Schloßhotel des DFB-Kaders wütend skandieren: »Ihr könnt nach Hause fahren«, geht es drinnen anscheinend weniger traurig zu. Nach einem Bericht des *Kicker*-Chefredakteurs, der die Öffentlichkeit am nächsten Tag erreicht, sind die zumeist betrunkenen Nationalspieler grölend und pöbelnd durch ihren Luxusflügel gezogen und haben anwesende Journalisten und das Personal beleidigt: »Ich hörte lautes Gegröle, Gelache, man hat sich wohl Witze erzählt. Man hat richtiggehend gefeiert, und ich habe mich geschämt, die deutschen Nationalspieler in einem solchen Zustand am Morgen nach der Katastrophe zu sehen.« Namen nennt Rainer Holzschuh nicht, um niemanden an den Pranger zu stellen. Er stellt nur betroffen fest: »Das kann nicht der Charakter eines deutschen Nationalspielers sein.«

Hoffnungsträger und Daumaffäre

Bei schlechten Spielen auf dem Rasen bleibt dem Fußballfan immer noch der Blick in die Sportpresse, oft ein Quell der größten Erheiterung und der Häme. Ribbecks Abgang wird allgemein als längst fällig bezeichnet. Auch die Zeitungen, die aus dem Trainerdarsteller zu Beginn einen Hoffnungsträger gemacht haben, schießen ihn nach der EM-Pleite gnadenlos ab. Neben der Neuauflage der legendären »Schlucksee«-Tragikomödie beschäftigt die Medien erstaunlicherweise auch das sportliche Versagen der Nationalmannschaft. Vergessen geglaubte Gestalten aus der Vergangenheit tauchen in den Meldungen wieder auf, so Ribbecks Vorgänger Berti Vogts, der fühlt sich bestätigt: »Das war eine Beerdigung Erster Klasse. Man wollte es ja vorher nicht wahrhaben.« Und auch Otto Rehhagel vom 1. FC Kaiserslautern, auch schon mal als Bundestrainer im Gespräch, tritt nach: »Mir fehlen die Worte. Jetzt weiß man, daß Erich Ribbeck wirklich keine Ahnung hat.« Da hätte er bloß Jan Wouters fragen müssen.

Die Diskussion um die Nachfolge des Bundestrainers hat schon lange vor dem Portugal-Spiel begonnen. Sogar Lothar Matthäus, der zweite große Verlierer dieses Turniers, der ausgerechnet in seinem 150. Länderspiel die größte Schlappe seiner Karriere hinnehmen muß, bringt sich ins Gespräch. Bei seinem vorzeitigen Abflug nach New York zu den Metro

Stars spricht er in sämtliche Mikrophone und beweist differenziertes pädagogisches Trainerpotential: »Vielleicht geht es einigen Spielern zu schnell zu gut. Deshalb braucht der deutsche Fußball einen Trainer, der knallhart seine Linie durchzieht und nach außen keine Schwächen zeigt, um wieder erfolgreich zu sein.« Einen Lothar Matthäus vielleicht? Diese Frage bleibt offen. Matthäus verlautbart dazu vorläufig nichts mehr und fliegt vorerst der Nationalmannschaft und dem FC Bayern davon. Auch dessen Präsident, »Kaiser Franz« Beckenbauer, läßt sich von der Presse das Amt noch einmal zu Füßen legen, lehnt aber gnädig ab. Sein Favorit ist wieder einmal Jupp Heynckes, der sich aus dem bösen Spiel aber dankenswerterweise heraushalten will. Es ist anscheinend nicht leicht, im kritischen Land der »Bundestrainer in Filzpantoffeln« einen Freiwilligen zu finden.

Bei einer Krisenkonferenz des DFB mit den Bundesligavereinen in Köln geschieht Erwartetes und Unerwartetes. Leverkusens Manager Rainer Calmund stimmt endlich zu, daß Bayer-Trainer Christoph Daum ab Juni 2001 den Posten übernehmen kann. Von den Anwesenden wird für die Zwischenzeit einer als Interimscoach ausgeguckt, der selbst vor der Sitzung noch keine Ahnung hat: Rudi Völler wird die DFB-Elf als Teamchef übernehmen. Zusammen mit Michael Skibbe, seinem Wunschkandidaten als Bundestrainer, soll er die ersten Spiele der WM-Qualifikation bestreiten und eine »neue« Nationalelf aufbauen.

Beim ersten Länderspiel, das mit einem erfolgreichen 4:1 gegen Spanien endet, feiern ihn im August 45000 Fans in Hannover mit »Ruuudi, Ruuudi«-Chören. Im Aufgebot des siegreichen Teams befinden sich immerhin fünfzehn der »WM-Versager« aus Ribbecks Elf. »Das ist das Beste, was Deutschland aufzubieten hat«, antwortet der Coach entschuldigend den Reportern. Auch das erste Qualifikationsspiel gewinnt das DFB-Team mit einem 2:0 über Griechenland. Der »Ruudi«-Effekt scheint zu funktionieren.

Vor dem entscheidenden Qualifikationshinspiel gegen England rauscht es plötzlich mächtig im Blätterwald. Eine scheinbar naive Andeutung von Bayern-Manager Uli Hoeneß in einem Interview mit der *Münchner Abendzeitung* sorgt für Furore. Es geht um seinen Intimfeind Christoph Daum, dem über den Ex-Mann seiner Lebensgefährtin Kontakte zum Rotlichtmilieu nachgesagt werden. Auch von Drogenkonsum in diesen Kreisen ist in den Medien die Rede. Er mache sich nur Sorgen um den deutschen Fußball, versichert der Bayern-Manager treuherzig: »Der DFB kann doch keine Aktion wie ›Keine Macht den Drogen‹ starten, und Herr Daum hat vielleicht damit etwas zu tun.« Damit löst Hoeneß eine Lawine aus, deren Folgen er wohl selbst nicht erwartet hat.

Zur Freude der Boulevardpresse und der Yellow Press beginnt eine tragische Farce, die an einen Kolportageroman des frühen zwanzigsten Jahrhunderts erinnert. Daum droht Hoeneß mit einer Strafanzeige wegen Verleumdung. DFB-Präsident Mayer-Vorfelder fordert Hoeneß empört auf, mit Daum selbst zu sprechen oder den Mund zu halten. Aus der zweiten Reihe der Münchner taucht Bayern-Vize Fritz Scherer auf, der vorschlägt, wenn er die Drogen-Vorwürfe ausräumen wolle, solle Daum doch eine Haaranalyse machen lassen. Für die meisten Zeitungsleser und Fernsehzuschauer ist jetzt Uli Hoeneß der Buhmann, alle Umfragen sprechen gegen ihn, als Daum verweigert, sich mit ihm an einen Tisch zu setzen. Der Manager prophezeit in der *Bild*: »Es werden sich in den nächsten Tagen noch viele Leute bei mir entschuldigen.«

Die Rechnung geht auf und Daum freiwillig in die Falle. Beim gerichtsmedizinischen Institut in Köln läßt er eine Haaranalyse machen. Danach werde die Öffentlichkeit Klarheit über seine Unschuld haben, sagt er bei der medial perfekt getimten Verkündung der massenhaft erschienenen Presse: »Ich tue das, weil ich ein absolut reines Gewissen habe.« Dennoch ist sein guter Ruf angekratzt. Der Stromriese RWE setzt einen Werbevertrag mit Daum erst einmal aus. Vielleicht klingt der neue Slogan im Kontext zu mißverständlich: »Das Denken hat seine Richtung geändert.«

Uli Hoeneß macht am folgenden Tag einen Rückzieher und stellt richtig, er habe niemals gesagt, daß Daum Drogen nehme. Jeder, der das behaupte, würde verklagt werden. Mit einer Richtigstellung und einer Entschuldigung reagiert auch die *Münchner Abendzeitung*. Man habe nur über »Spekulationen im Zusammenhang mit dem Dienstantritt des designierten Bundestrainers berichtet und dabei Gerüchte über angeblichen Drogenkonsum von Christoph Daum kolportiert«. Plötzlich herrscht wieder Frieden im Land.

Es wird aber auch noch Fußball gespielt. Inzwischen hat sich die Nationalmannschaft beim englischen Team für die EM-Niederlage revanchiert. Beim Abschiedsmatch im abrißbedrohten Wembley-Stadion gewinnt die DFB-Elf mit 1:0 durch ein beeindruckendes Freistoßtor von Hamann. Die Deutschen haben in diesem WM-Qualifikationsspiel überzeugt. Kevin Keegan, Trainer der englischen Elf, nutzt die Niederlage, um – *very British* – seinen Rücktritt zu verkünden: »Ich kann der Mannschaft nicht das nötige Extra geben, das sie braucht. Ich bin ein Mann, der weiß, wann es Zeit ist abzutreten.« Die meisten der Fans bedauern den stilvollen Abschied von »Mighty Mouse«, aber ein anderes Problem beschäftigt die Insel: Die nach der EM-Schlappe tot geglaubten Deutschen haben wieder gegen England gewonnen. *Bild* triumphiert: »1:0 – WM, wir kommen!« Ein neuer Begriff macht die Runde – »Völler-Mania« herrscht allerorten.

Auch Christoph Daum siegt, nach seinem Vorpreschen stellt sich der DFB demonstrativ hinter ihn. Der bereits per Handschlag besiegelte Vertrag ist gültig, sagt Mayer-Vorfelder. Daum hat es eher eilig und drängt auf schriftliche Besiegelung der Präsidentenworte. Die Presse spricht von einem Gehalt von acht Millionen bis Juni 2004. Bevor es jedoch zur Unterzeichnung kommen kann, bricht Christoph Daums schwärzester Tag an: Die Ergebnisse der

Haarprobe sind positiv und weisen auf Kokainkonsum hin. Nun zeigt sich, daß Daum hoch gepokert und verloren hat. Er verständigt die Geschäftsleitung von Bayer Leverkusen und bittet um sofortige Entbindung von seinen Aufgaben. Am nächsten Tag, einem Samstag, verkündet Rainer Calmund die Entlassung des Trainers und verliest eine Presseerklärung Daums: »Aufgrund der mir übermittelten Daten, die ich anzweifle und mit einer zweiten Probe widerlegen werde, sehe ich mich nicht mehr in der Lage, meine Tätigkeit bei Bayer Leverkusen fortzusetzen.« Sportdirektor Rudi Völler übernimmt sofort als Interimscoach die Mannschaft, die am selben Tag gegen Borussia Dortmund antreten muß und 2:1 gewinnt. Beim VfB Stuttgart steht DFB-Chef Mayer-Vorfelder am Spielfeldrand, spricht von einer »menschlichen Tragödie« und erklärt gleichzeitig den »Handschlag-Vertrag« für gegenstandslos.

Nun schaltet sich auch die Staatsanwaltschaft in Koblenz ein und ermittelt gegen Daum. Der hat alle Kontakte in Deutschland abgebrochen und wird in Florida vermutet, wo er untergetaucht sein soll. Die Spürhunde der Boulevardzeitungen schwärmen aus, können Daum aber nicht finden. Drei Wochen später taucht die Meldung auf, eine zweite Haarprobe Daums sei in den USA als negativ bewertet worden. Am 12. November übernimmt Berti Vogts den Trainerjob bei Bayer 04, worüber der *Spiegel* hämisch urteilt: »Mit Berti Vogts ist sozusagen das reine Gewissen des Fußballs nach Leverkusen gekommen. Der Anti-Daum. Der leise Sportskamerad vom linken Niederrhein. Müßte Vogts an einer Zigarette ziehen, würde ihm schlecht. Nach Daum ist Vogts für Bayer wie eine Heilsalbe.« Mitte Dezember kündigt Daum auf seiner Homepage im Internet an, daß er eine Rückkehr in die Bundesliga nicht ausschließe. Der Vertrag mit Bayer Leverkusen wird offiziell gelöst, angeblich hat man sich auf eine Abfindung von zwei Millionen Mark geeinigt. Nachdem er es bereits in einem Interview mit der *Bild* und im Privatsender RTL angekündigt hat, kehrt Daum am 11. Januar wieder nach Deutschland zurück und gesteht, Kokain konsumiert zu haben. Bei der auf allen Sendern live übertragenen Pressekonferenz wirkt der Sünder bestens gelaunt und scherzt sogar lachend: »Ja, das mit der Haarprobe – muß man im nachhinein sagen – war wohl ein Fehler.« Das freut die anwesenden Journalisten und liefert Stoff für die nächsten Tage. Sie sind erleichtert, Daum wird ihnen wohl als Thema erhalten bleiben.

Erst am 7. Dezember 2001 steht auch die Zukunft der Nationalmannschaft fest: Interimscoach Rudi Völler bleibt und unterschreibt einen Vertrag, der bis nach der WM 2006 läuft. Doch vorher muß er noch durch sämtliche Trainerhöllen. Denn in der Qualifikation gegen Finnland droht unerwartet das WM-Aus. Mit zwei Toren Rückstand geht die deutsche Elf zur Halbzeit in die Kabine. Nach einer desolaten Leistung der Abwehr – insbesondere Libero Nowotny wirkt völlig unsicher – scheint die erste Niederlage gegen Finnland seit 78 Jahren schon besiegelt zu sein. Trotz des energischen Einsatzes von Neuville und Asamoah, der ein erfolgreiches Länderspieldebüt hat, bleiben die deutschen Angriffe erfolglos. Erst in der zweiten Halbzeit gelingt es Janker, die gegnerische Abwehr in Bedrängnis zu bringen. Einen daraus resultierenden Elfer verwandelt Ballack zum Anschlußtreffer. Und auch Lars Ricken, der für den verletzten Deisler spielt, kann sich noch einmal steigern. Er bedient in der 72. Minute Jancker, der den Ausgleich erzielen kann. Die DFB-Elf ist noch einmal mit einem blauen Auge davongekommen. Im folgenden, eher durchwachsenen Match gegen Albanien gewinnt Völlers verjüngtes Team mit 2:0. Vor allem der regenerierte Deisler und der Schalker Gerald Asamoah machen den deutschen Fans Hoffnung.

Im Münchner Olympiastadion kann die DFB-Elf am 1. September gegen England die WM-Qualifikation klarmachen. Vor 63 000 Zuschauern gehen die Deutschen schon nach fünf Minuten durch Jancker in Führung. Doch die Hoffnung auf einen deutlichen Sieg ist trügerisch.

Schon sechs Minuten später folgt der Ausgleich durch Michael Owen. Es zeigt sich, daß die deutsche Mannschaft dem Druck der Engländer nicht gewachsen ist. Völlig verunsichert verlieren die Spieler die meisten Zweikämpfe und lassen sich vom Gegner entmutigen. Noch in der 45. Minute fällt das Führungstor für die Gäste. Nach der Pause bricht das deutsche Team völlig ein und wird von den überragenden Engländern vorgeführt. Owen erzielt noch zwei Treffer, Heskey markiert mit dem 1:5 den Endstand. Ein »rabenschwarzer Tag«, so Rudi Völler, der sofort nach dem Spiel ins Krankenhaus fährt. Sein Vater hat auf der Tribüne einen Herzanfall erlitten.

Vom »Super-Gau« spricht Oliver Kahn, *Bild* klagt: »Das war eine Hinrichtung.« Doch nicht alle stürzen sich in die kollektive Trauer. »England hat Deutschland plattgewalzt«, schreibt die *Süddeutsche* ohne Häme und analysiert treffend, daß der deutsche Fußball noch lange nicht ausgereift ist. Auch die Berliner *taz* sieht die wahren Defizite. Unter der Schlagzeile »DFB-Elf beugt sich den Tatsachen« stellt Frank Ketterer klar: »Von Fußball, wie ihn die Engländer am Samstagabend zelebriert haben, sind die deutschen Kicker Lichtjahre entfernt. Was Beckham und Co. bisweilen auf den Rasen zauberten, war jedenfalls atemberaubend, mehr noch: Atem raubend, und das für die deutschen Spieler im brutalsten Sinne des Wortes: Dem Hochgeschwindigkeitsfußball der Briten kamen Deisler und Co. zu kaum einem Zeitpunkt hinterher, weder physisch noch psychisch.«

England feiert den größten Triumph seit Wembley 1966: »Jürgen Klinsmann, Otto von Bismarck, BMWs, Schwarzwälder Torte, Ludwig van Beethoven: Eure Jungs haben eine höllische Abreibung erhalten«, freut sich *The Mirror* und zeigt auf der Titelseite eine Todesanzeige mit den brennenden Handschuhen von Oliver Kahn. »In herzlichem Gedenken an den arroganten, klinischen, Elfmeter verwandelnden, schlichtweg krank machenden deutschen Fußball, der am 1. September 2001 im Münchner Olympiastadion verstarb, zutiefst unbetrauert von einer großen Zahl englischer Fans.« Und sogar die österreichischen Nachbarn, selbst gerade von Spanien mit einem 0:4 abgewatscht, freuen sich über die Niederlage der Piefkes. Mit schicksalhaftem Unterton orakelt der *Kurier*: »Die Untergangsstimmung klingt nach Wagner.«

»Kritische Solidarität«

Doch die Stimmung in Deutschland gleicht keiner pompösen Endzeitsymphonie, es hört sich eher nach Blumfeld an. Als ob der November nicht grau genug wäre. Fansein ist schon schlimm, aber Fußballfansein ist gnadenlos. Alles steckt voller Vorzeichen und Andeutungen. Der Song mit dem Titel *Diktatur der Angepaßten* könnte glattweg für den DFB geschrieben worden sein:

> Ihr habt immer nur weggesehen,
> es wird immer so weitergehn.
> Gebt endlich auf! Es ist vorbei!
> Ihr habt alles falsch gemacht,
> habt Ihr nie drüber nachgedacht?
> Gebt endlich auf! Es ist vorbei!

Leider verhallen Jochen Distelmeyers kluge Worte wirkungslos. Wahrscheinlich hat er sowieso nicht an Fußball gedacht, als er das geschrieben hat. Sicher interessiert er sich nicht einmal für so etwas Banales. Und umgekehrt ist es auch nicht besser. Wer beim DFB hört schon Blumfeld, und wer von den Fußballfans? Was ist los mit der Nationalmannschaft, *wir* waren doch mal Weltmeister? Dreimal sogar, und jetzt das. Nach der Schlappe gegen England kommt auch noch ein grottenschlechtes 0:0 gegen die Fußballgroßmacht Finnland dazu. Es könnte den Pfeifen sogar noch reichen, denn Konkurrent England liegt bis zum Schluß mit 1:2 gegen Griechenland zurück. Darauf scheint die DFB-Elf zu spekulieren. Ich habe kein bißchen Mitleid mit Rudi Völler und seinen Jungs, als Beckham in der Nachspielzeit mit einem genialen Freistoß den Ausgleich erzielt. Ich kann nur noch fassungslos den Kopf schütteln. Damit muß die deutsche Nationalmannschaft in die Relegation gegen die Ukraine. Das ist die letzte Chance für die WM-Teilnahme.

Zum Hinspiel in Kiew am zehnten November haben wir Freunde zu uns nach Hause eingeladen. Während ich koche, läuft vorn im Zimmer der Fernseher. Ich pendle genervt immer hin und her. Das Spiel macht mich völlig fuchsig, und Max und Oskar, meine dreijährigen Patenkinder, lernen an diesem Abend einen neuen Ausdruck: »Diese Flaschen!« Sie kriegen sich nicht mehr ein vor Lachen, wenigstens ihnen macht das Spaß. Im Dynamo-Stadion zeigen *uns* die Ukrainer von Beginn an, was sie draufhaben. Schon nach zwei Minuten taucht ein gegnerischer Stürmer allein vor Kahn auf und schießt – an den Pfosten, allgemeines Aufstöhnen. Eine Viertelstunde später gehen die Ukrainer tatsächlich in Führung, das war absehbar. Der Ausgleich durch Michael Ballack fällt typischerweise nach einem Freistoß. Das war nicht absehbar, ich weiß gar nicht, ob ich mich freuen soll. Wieder gehe ich in die Küche und kümmere mich ums Essen. Das köchelt eigentlich selbst vor sich hin, aber ich muß wenigstens nicht dauernd hinsehen. Nur mit Glück bleibt es am Ende beim 1:1 in Kiew. Keiner von uns gibt den Deutschen beim Rückspiel in vier Tagen eine richtige Chance. Wenigstens schmeckt uns das Essen.

In den nächsten Tagen bestimmt ein anderes Thema die Diskussion. Die rot-grüne Koalition streitet sich über den Einsatz der Bundeswehr in Afghanistan. Bundeskanzler Schröder hat verkündet, er werde die Abstimmung im Bundestag mit der Vertrauensfrage koppeln. Acht Bundestagsabgeordnete der Grünen haben verkündet, sie würden gegen einen Einsatz stimmen. Das wäre das Ende der rotgrünen Regierung. Die Opposition triumphiert, und die Koalition wackelt.

Am Mittwoch, zwei Tage vor der Abstimmung, treffen wir uns zu acht in der Leibnizstraße im *Black Swann*, um das entscheidende Spiel zu sehen. Es wird noch viel über die politische Lage gesprochen, bevor es im Westfalenstadion endlich losgeht. Ich wage die Prophezeiung: »Wenn die Deutschen heute gewinnen, dann bleibt es auch bei der rot-grünen Regierung!« Ich bin mir nicht sicher, ob dieses Spiel gut ausgehen wird, aber wenn Rudi Völler heute seine Vertrauensabstimmung übersteht, dann schafft es auch Gerhard Schröder. Und so wie Fritz Kuhn die Beziehung der Grünen zu den USA beschreibt, so ist auch mein heutiges Verhältnis zur Nationalmannschaft: Ich übe »kritische Solidarität«, obwohl Asamoah nicht in der Anfangsaufstellung ist. Diesmal werden die Deutschen nicht von Anfang an von den Ukrainern überrannt, die spielen extrem defensiv. Völlers Team geht sehr viel motivierter in dieses »Schicksalsspiel«, und schon in der 4. Minute heißt es durch einen Kopfball von Michael Ballack 1:0. Anerkennendes Raunen und erleichtertes Jubeln erfüllen das Pub. Die Vorlage kam von René Schneider, der das Spiel seines Lebens macht. Ich kann Rudi Völler nicht einmal böse sein, daß der Leverkusener für Asamoah spielt. Die Ukrainer sind vom Schwung der Deutschen verunsichert und werden überrollt. So habe ich die Nationalmannschaft schon ewig nicht mehr spielen sehen. Neuville wirbelt und kreist unermüdlich am gegnerischen Strafraum, nur sieben Minuten später schießt er das 2:0. Und nach weiteren drei Minuten köpft der Berliner Marco Rehmer nach einer Ecke das dritte Tor. Alle sind aufgesprungen, Riesenjubel im *Black Swann*. Irgendwo ruft jemand: »Herthaaa!« Und das Spiel geht gut weiter, nach der Halbzeit wird es etwas entspannter. Am Ende steht es 4:1, und *wir* sind doch noch für die Weltmeisterschaft qualifiziert. Die gesamte Kneipe feiert, ich bleibe still sitzen und rauche. Erst beim nächsten Bier spüre ich die Erleichterung. Im Fernsehen laufen Interviews und Stellungnahmen, die Tore werden noch einmal gezeigt, die Nationalspieler feiern auf dem Rasen, als hätten sie die WM schon gewonnen. Es ist laut im Westfalenstadion, aus irgendeiner Ecke tönt Gesang. Es ist der einzige Song von Wolfgang Petry, den ich kenne, denn er läuft oft in den Stadien: »Wahnsinn, warum schickst du mich in die Hölle?« Ich muß grinsen, und zusammen mit Tausenden anderer Fans, die das auch kennen, antworte ich: »Hölle, Hölle, Hölle.«

Genauso war es.

Ausklang und Abpfiff

Aus den Lautsprechern dröhnen Die Toten Hosen: »Es kann soviel passieren, es kann soviel geschehen, nur eins weiß ich hundertprozentig, nie im Leben würde ich zu den Bayern gehen.« Wahrscheinlich kennt Sebastian Kehl das Lied, deshalb hat er lieber zum BVB gewechselt. Aber die Bayern werden uns schon noch eine Weile beschäftigen. Ausgerechnet Edmund Stoiber, Mitglied bei Bayern *und* bei 1860 München, will jetzt Bundeskanzler werden. Dabei weiß jeder Fußballfan, daß das überhaupt nicht geht. So was ist kein Zeichen von Charakterstärke. Was soll man denn von einem solchen Menschen erwarten?

Für mich ist es an der Zeit, mir Gedanken zu machen, wie es weitergehen wird mit dem Fußball. Eigentlich sollte es mir jetzt reichen. Seit Monaten ist Fußball wirklich mein Leben, weil ich darüber schreibe und lese. Morgen geht nach der langen Winterpause die Bundesliga los, und wahrscheinlich wird sich gar nichts geändert haben. Ich werde weiterhin mit Borussia Dortmund zittern und fluchen oder mich freuen, wenn die Jungs gewinnen. Genauso werde ich die Daumen drücken, daß St. Pauli und Cottbus nicht absteigen, da wüßte ich bessere Kandidaten. Und ich werde mich auch weiterhin auf die Seite der Mannschaft schlagen, die gerade gegen den FC Bayern spielt, und mich freuen, daß Uli Hoeneß beleidigt ist, wenn die anderen gewinnen.

Meine Vorbereitungen für die WM in Japan und Südkorea müssen auch bald anlaufen, ich muß planen. Wegen der Zeitverschiebung heißt es, sich den Terminkalender freizuhalten. Ich will ja schließlich kein Spiel verpassen, egal, ob Südkorea gegen Polen oder Deutschland gegen Kamerun spielt. Und ich werde die DFB-Elf auch weiterhin mit kritischer Solidarität begleiten, sie hat noch einiges gutzumachen bei mir.

Inzwischen bin ich mir sicher, daß Norbert Seitz' These über den Zusammenhang von Fußball und Politik absolut zutreffend ist. Je länger ich mich damit beschäftige, desto mehr Übereinstimmungen finde ich. Darum wird von der Leistung der Nationalmannschaft auch abhängen, ob Gerhard Schröder und Joschka Fischer nach den Bundestagswahlen weiter im Amt bleiben. »Es kann soviel passieren, es kann soviel geschehen ...« Also, nie die Bayern unterschätzen. Sonst kommt Stoiber, und Lothar Matthäus wird doch noch Sportminister. Oder sogar Bundestrainer – Asamoah, hilf!

Berlin, im Januar 2002

Ausgewählte Literatur

Matthis Bardong, Hermann Demmler, Christian Pfarr: Lexikon des deutschen Schlagers, Ludwigsburg 1992

Christoph Bausenwein: Geheimnis Fußball – Auf den Spuren eines Phänomens, Göttingen 1995

Franz Beckenbauer: Einer wie ich, München-Gütersloh-Wien 1975

Robert Becker: Uwe Seeler und seine goldenen Tore, München 1960

Christoph Biermann: Wenn du am Spieltag beerdigt wirst, kann ich leider nicht kommen – Die Welt der Fußballfans, 2. Auflage, Köln 1996

Jürgen Bitter: Deutschlands Fußball-Nationalspieler – Das Lexikon, Berlin 1997

Thomas Blees: 90 Minuten Klassenkampf – Das Länderspiel BRD-DDR 1974, Frankfurt a. M. 1999

Helmut Böttiger: Kein Mann, kein Schuß, kein Tor – Das Drama des deutschen Fußballs, München 1997

Kirsten Boie: Lena hat nur Fußball im Kopf, Hamburg 1993

Paul Breitner, Bernd Schröder (Hrsg.): Kopfball, Berlin-Frankfurt a. M.-Wien 1982

Thomas Brussig: Leben bis Männer, Frankfurt a. M. 2001

Volker Caysa: Sport ist Mord – Texte zur Abwehr körperlicher Betätigung, Leipzig 1996

Friedrich Christian Delius: Der Sonntag, an dem ich Weltmeister wurde, Reinbek 1996

Johannes Dräxler, Harald Braun: Fußball – Kleine Philosophie der Passionen, München 1998

Sammy Drechsel: Elf Freunde müßt ihr sein, Stuttgart 1965

Christian Eichler: Lexikon der Fußballmythen, Frankfurt 2000

Christiane Eisenberg (Hrsg.): Fußball, soccer, calcio – Ein englischer Sport auf seinem Weg um die Welt, München 1997

Gerhard Fischer, Ulrich Lindner: Stürmer für Hitler – Vom Zusammenhang zwischen Fußball und Nationalsozialismus, Göttingen 1999

Gerhard Fischer, Jürgen Roth: Leben voller Fallrückzieher. Fußballer erzählen – von Fritz Walter bis Lothar Matthäus, Leipzig 1998
Alfred Georg Frei: Finale Grande – Die Rückkehr der Fußballweltmeister 1954, Berlin 1994
Horst Friedemann (Hrsg.): Sparwasser und Mauerblümchen – Die Geschichte des Fußballs in der DDR 1949-1991, Essen 1991

Norbert Gabriel: Studien zur Geschichte der deutschen Hymne, München 1992
Geschichtswerkstatt (Hrsg.): Elf Freunde müßt ihr sein – Einwürfe und Anstöße zur deutschen Fußballgeschichte, Freiburg i. Br. 1995
Hardy Grüne: 90 Jahre deutscher Ligafußball, Kassel 1995

Klaus Hansen (Hrsg.): Verkaufte Faszination – 30 Jahre Fußball-Bundesliga, Essen 1993
Ludwig Harig, Dieter Kühn (Hrsg.): Netzer kam aus der Tiefe des Raums: Notwendige Beiträge zur Fußball-Weltmeisterschaft, München 1974
Eckhard Henscheid: Die Vollidioten – Ein historischer Roman aus dem Jahr 1972, 28. Auflage, Frankfurt a. M. 1986
Eckhard Henscheid: Geht in Ordnung – sowieso – genau –. Ein Tripelroman über zwei Schwestern, den ANO-Teppichladen und den Heimgang des Alfred Leobold, 26. Auflage, Frankfurt a. M. 1986
Eckhard Henscheid: Erledigte Fälle – Bilder deutscher Menschen, Frankfurt a. M. 1986
Eckhard Henscheid: Wie Max Horkheimer einmal sogar Adorno hereinlegte. Anekdoten über Fußball, kritische Theorie, Hegel und Schach, Zürich 1983
Eckhard Henscheid: Standardsituationen – Fußballdramen. Mit einigen Beiträgen von F. W. Bernstein, Zürich 1988
Tommy Herrwerth: Katzeklo und Caprifischer – Die deutschen Hits aus 50 Jahren, Berlin 1998
Roman Horak, Wolfgang Reiter (Hrsg.): Die Kanten des runden Leders – Beiträge zur europäischen Fußballkultur, Wien 1991
Nick Hornby: Ballfieber – Die Geschichte eines Fans, Hamburg 1996
Karl-Heinz Huba: Fußball-Weltgeschichte, München 1974

Holger Jenrich (Hg.): Radi, Buffy und ein Sputnik – Ausländer in der Fußball-Bundesliga 1963–1995, Essen 1996

Uwe Karte, Jörg Röhrig: Kabinengeflüster – Geschichten aus 40 Jahren DDR-Elf, Kassel 1997
Jürgen Leinemann: Sepp Herberger – Ein Leben, eine Legende, Berlin 1997
Erich Loest: Der Mörder saß im Wembley-Stadion, Frankfurt a. M. 1985

Diego Armando Maradona: El Diego – Mein Leben, München 2001
Cesar Luis Menotti: Fußball aus der Tiefe des Volkes, in: TransAtlantik – Das Kulturmagazin Nr. 3/1986, S. 52–54
Rudi Michel erzählt Geschichten zur Fußballgeschichte, kommentiert von Martin M. Schwarz, Hamburg 2001
Lothar Mikos, Harry Nutt: Als der Ball noch rund war – Sepp Herberger – ein deutsches Fußballeben, Berlin 1998
Rainer Moritz: Immer auf Ballhöhe – Ein ABC der Befreiungsschläge, München 1997
Rainer Moritz (Hrsg.): Doppelpaß und Abseitsfalle: Ein Fußball-Lesebuch, Stuttgart 1995

Petar Radenkovic: Bin i Radi … – bestes Torwart von Welt, München 1968
Helmut Rahn: Mein Hobby: Tore schießen, München 1959
Karl Riha: Fünf Mal Fußball – Im Gedicht, Siegen 1982
Karl Riha (Hrsg.): Fußball literarisch oder Der Ball spielt mit den Menschen. Erzählungen, Texte, Gedichte, Lieder, Bilder, Frankfurt a. M. 1982
Thomas Roth: Die großen Spiele der deutschen Nationalelf, München 1997

Dirk Schümer: Gott ist rund – Die Kultur des Fußballs, Berlin 1996
Dietrich Schulze-Marmeling: Der gezähmte Fußball – Zur Geschichte eines subversiven Sports, Göttingen 1992
Toni Schumacher: Anpfiff – Enthüllungen über den deutschen Fußball, München 1987
Ulfert Schröder: Günter Netzer, aktualisierte Neuauflage, München 1991
Martin M. Schwarz: 5 Jahrzehnte Fußball im Originalton – 5 CD, Hamburg 2000
Norbert Seitz: Bananenrepublik und Gurkentruppe – Die nahtlose Übereinstimmung von Politik und Fußball 1954-1987, Frankfurt a. M. 1987

Norbert Seitz: Doppelpässe – Fußball und Politik, Frankfurt a. M. 1997
Werner Skrentny (Hrsg.): Als Morlock noch den Mondschein traf – Die Geschichte der Oberliga Süd 1945-1963, Kassel 2001

Fritz Walter: 3:2, München 1955
Ror Wolf: Das nächste Spiel ist immer das schwerste – Alte und neue Fußballspiele, Zürich 1990
Ror Wolf: Der Ball ist rund, Aufnahme der Ursendung vom 30. 1. 1979 im Hessischen Rundfunk, LP, Berlin 1987
Ror Wolf: Radiocollagen (1): Rückblick auf große Tage: Fußball-WM 1974 – Cordoba Juni 13 Uhr 45, CD, Frankfurt a. M. 1998

Erwähnung und Dank gebühren den Machern der Sport- und Kulturseiten der *Süddeutschen Zeitung*, des *Tagesspiegel*, der *taz*, der *Jungle World*, des *Spiegel* und last not least der *Bild* für ihre Steilvorlagen. Weitere Inspirationsquellen boten der *Kicker*, *Hattrick* (R.I.P), das Magazin für Fußballkultur *11 Freunde* und die Zeitschrift zur näheren Betrachtung des Fußballspiels *Der tödliche Paß*.
Hilfreich waren auch folgende Internetseiten:
www.fussballarchiv.de, www.fussballdaten.de, www.weltfussball.de, www.blutgraetsche.de.

Bildquellen

Hattrick Fußballmagazin (10); Michael Pöppl, Berlin (5); Schweizerischer Fußballverband (3); Bundesarchiv Koblenz (2); Fußball-Weltmeisterschaft 1954, Offenburg o. J. (2); R. Selda, Berlin (2); Oskar Boy (1); Sabine Münch, Berlin (1); Nordostdeutscher Fußballverband, Berlin (1); RTL, Köln (1); ZDF, Mainz (1).

Verlag und Autor danken allen Archiven und den privaten Leihgebern, die freundlicherweise Bildmaterial zur Verfügung gestellt haben. In einigen Fällen konnten die Rechte-Inhaber nicht ermittelt werden. Anspruchsberechtigte werden gebeten, sich gegebenenfalls an den Verlag zu wenden.

Für *glückliche* Ohren
FRIEDRICH DER GROSSE
Christian Graf von Krockow
FEATURE DER>AUDIO<VERLAG
ÜBER 6 MONATE PLATZ 1 DER HÖRBUCH-BESTSELLER-LISTE
DONNA W. CROSS DIE PÄPSTIN
HÖRSPIEL DER>AUDIO<VERLAG
Ob groß oder klein: Der Audio Verlag macht alle Ohren froh. Mit Stimmen, Themen und Autoren, die begeistern; mit Lesungen und Hörspielen, Features und Tondokumenten zum Genießen und Entdecken.
Mäuseken Wackelohr
Hans Fallada/Peter Brasch
KINDERHÖRSPIEL DER>AUDIO<VERLAG
DER>AUDIO<VERLAG D>A<V
Mehr hören. Mehr erleben.
Infos, Hörproben und Katalog: www.der-audio-verlag.de
Kostenloser Kundenprospekt: PF 193, 10105 Berlin

Hans S. Petersen

Letzte Helden

Roman

Originalausgabe

384 Seiten
Band 1715
ISBN 3-746-1715-4

Olympiastation, Berlin. Siebzigtausend Zuschauer bejubeln den jungen, genialen Jochen Hagner, als er das entscheidende Tor für seine Mannschaft schießt. Vier Stunden später wird er vor seiner Villa erschossen. Bald zeigt sich, daß es mehr als einen Menschen gab, der ein Motiv für den Mord hatte: Hagners Freundin, die er ständig betrogen hatte, sein Bruder, ein zweitklassiger Fußballer, dessen Karriere zu Ende war, und etliche seiner Mitspieler, die ihn um seinen Erfolg beneideten.

Nach Nick Hornby und Joe McGinniss hat niemand mehr so packend und intelligent über Fußball geschrieben wie Hans S. Petersen. Ein Spannungsroman der Sonderklasse!

AtV
Aufbau Taschenbuch Verlag

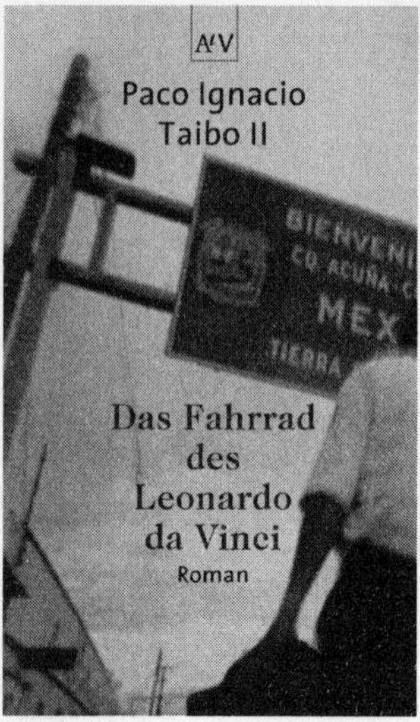

Paco Ignacio Taibo II

Das Fahrrad des
Leonardo da Vinci

Roman

*Aus dem mexikanischen
Spanisch von Jürgen Alberts,
Cristian Cortés und
Gebhard Krämer*

*366 Seiten
Band 1814
ISBN 3-7466-1814-2*

»Taibo läßt sein wunderbares Talent für magischen Realismus spielen. Er zeigt Charakter und schafft Atmosphäre, ohne um die Bedeutung der Handlung zu betrügen. Leonardos Fahrrad ist so unkonventionell, wie Kriminalromane nur selten sind. Liebhaber der modernen lateinamerikanischen Literatur sollen ihn sich ebenso zu Gemüte führen wie Krimi-Fans. Ein Buch für alle, die Erzählweisen lieben, die so gebrochen sind wie die Zeit, in der wir leben.«

Washington Post

»Angesichts der Tatsache, daß nach wie vor ein oft müder Realismus das Feld des Krimis und Thrillers beherrscht, wirkt Taibos anspruchsvolle Romankonstruktion ausgesprochen erfrischend.«

Neue Zürcher Zeitung

Endlich wieder lieferbar! Der beste Roman vom Lieblingsautor Bill Clintons: geistreich, klug, erfinderisch, raffiniert, surrealistisch und von mitreißendem Tempo.

AtV

Aufbau Taschenbuch Verlag

William Monahan
Light House
Roman

Aus dem Amerikanischen
von Ulrike Seeberger

190 Seiten
Band 1722
ISBN 3-7466-1722-7

Eigentlich wollte der Kunststudent Tim Picasso nach Italien, statt dessen findet er sich mit einem Rucksack voll gestohlenem Geld in einem heruntergekommenen Hotel in Neuengland wieder. Doch der Besitzer des Geldes, Drogenboß Jesus Castro, spürt ihn selbst dort auf und ist finster entschlossen, Rache zu nehmen an dem frechem Neuling in seinem Geschäft. Das Hotel wird zu einem Sammelpunkt schräger Gestalten, und ein plötzlich eintretender Blizzard bindet sie alle auf Gedeih und Verderb aneinander. Ein schriller, respektloser, amüsanter Roman, in dem fast jeder jeden umbringen möchte.

AtV
Aufbau Taschenbuch Verlag

Jens-Uwe
Sommerschuh

Carcassone

Roman

262 Seiten
Band 1790
ISBN 3-7466-1790-1

Im Nachtzug trifft ein Mann, der auf der Flucht in Richtung Süden ist, auf eine eigenwillige junge Frau. Beide werden in Avignon Zeuge eines Überfalls, bei dem eine Tasche zurückbleibt. Sie in die Berge mitzunehmen, erweist sich als verhängnisvoller Fehler, denn plötzlich werden sie unzweifelhaft verfolgt. Gilt das ihnen, dem weißen Pulver oder den schwer verständlichen Schriften aus der Tasche? Wenigstens Nadia, seine kratzbürstige Begleiterin, will der Mann loswerden, ehe er weiter nach Carcassonne flieht.

»Hinreißende Dialoge, Situationskomik, erotische Spannungen und über allem der wolkenlose Himmel Südfrankreichs ... Unterhaltungsliteratur vom Feinsten.«

Marko Martin, Der Tagesspiegel

AtV
Aufbau Taschenbuch Verlag

Thomas Brussig

Wasserfarben

Roman

229 Seiten

Band 1689

ISBN 3-7466-1689-1

Bevor Thomas Brussig mit »Helden wie wir«, dem Film »Sonnenallee« und der Romanfassung »Am kürzeren Ende der Sonnenallee« überwältigende Erfolge feierte, war unter dem Pseudonym Cordt Berneburger sein erster Roman »Wasserfarben« erschienen: Es ist die ein wenig trotzige, ein wenig traurige, ein wenig komische Geschichte eines Abiturienten, der nicht so recht weiß, was er mit seinem Leben anfangen soll. Ein Buch über das Erwachsenwerden, in dem der Held wie schon Generationen vor ihm bei Salinger, Kerouac oder Plenzdorf lässig-ironisch die großen Sinnfragen stellt, aber mit seinen Problemen ziemlich allein dasteht.

AtV

Aufbau Taschenbuch Verlag

Edgar Rai

Ramazzotti

Roman

Originalausgabe

249 Seiten
Band 1739
ISBN 3-7466-1739-1

Rai lebt ein karrierefreies Leben im Herzen Kreuzbergs. Als Barpianist hält er sich über Wasser, ansonsten treibt er mit seinen Freunden durch die grellen Berliner Nächte. Doch dann ist er einmal zur falschen Zeit am falschen Ort, und alles ist anders. Dabei hat er nichts weiter getan, als eine junge Frau vor einer Vergewaltigung zu bewahren. Ihr Name ist Mila, sie hat zwei verschiedenfarbige Augen, und Rai verliert sich darin …

Ein junges, erfrischendes Buch über die Liebe und das Leben.

AtV

Aufbau Taschenbuch Verlag